江汉大学中国语言文学重点学科资助项目
湖北省人文社会科学重点研究基地
江汉大学武汉语言文化研究中心资助项目

江汉大学中国语言文学学术文库（第一辑）

主编　彭松乔　吴艳

张芳　著

汉语液体核心词研究

中国社会科学出版社

图书在版编目(CIP)数据

汉语液体核心词研究／张芳著．—北京：中国社会科学出版社，2017.10
ISBN 978-7-5203-0811-3

Ⅰ.①汉… Ⅱ.①张… Ⅲ.①水—汉语—词义—比较词汇学
Ⅳ.①H13

中国版本图书馆 CIP 数据核字（2017）第 194282 号

出 版 人	赵剑英
责任编辑	刘 芳
责任校对	冯英爽
责任印制	李寡寡

出　　版	中国社会科学出版社
社　　址	北京鼓楼西大街甲 158 号
邮　　编	100720
网　　址	http://www.csspw.cn
发 行 部	010-84083685
门 市 部	010-84029450
经　　销	新华书店及其他书店

印刷装订	北京明恒达印务有限公司
版　　次	2017 年 10 月第 1 版
印　　次	2017 年 10 月第 1 次印刷

开　　本	710×1000　1/16
印　　张	16.5
插　　页	2
字　　数	260 千字
定　　价	68.00 元

凡购买中国社会科学出版社图书,如有质量问题请与本社营销中心联系调换
电话：010-84083683
版权所有　侵权必究

《江汉大学中国语言文学学术文库》学术委员会
（以姓氏笔画为序）

庄桂成　吴艳　肖敏　张贞　黄珏　彭松乔　曾丹　潘世松

总　序

"苟日新，日日新，又日新。"在今天这个"比历史上任何时期都更接近中华民族伟大复兴"梦想的时代，先进文化的积极引领，对于丰富人民精神世界，增强民族精神力量显得尤为重要！适逢这样文化昌明的盛世，作为有担当的高校学术研究者，我们理应以优秀文化的赓续者为己任，守正创新，不断推动学术研究走向深入。正是在这一文化筑梦的历史际遇时期，历经多年学术积累和孵化，《江汉大学中国语言文学学术文库》终于破壳而出。

"求木之长者，必固其根本；欲流之远者，必浚其泉源。"作为历史并不太长的地方性高校一级学科，江汉大学中国语言文学学科经过几代学人的不懈建设，在学术上取得了长足进步，但我们深知坚守学术命脉的重要性，因此，不为时世左右，注重学术积淀，扶持优秀人才，积极探索创新，始终是我们立足学科建设的初心和动力。正是由于坚守学术命脉，近年来本学科先后出版"文艺生态探索丛书"、"领域语言研究丛书"和"武汉作家论丛"，在学术界产生了较好的影响。

当然，这并不是说，我们的学科建设就止步于此！我们深知，在这个"大众创业，万众创新"的时代，传统如"中国语言文学"学科也必须在"创新"的熔炉中浴火重生！这不仅意味着学术研究需要新的视野、新的思路、新的方法、新的材料和新的发现，而且亟需我们在中西兼容、古今汇通、语言与文学并包的多元立体的格局中寻找新的学术生长点。在练好专业内功的同时，积极介入当下思想文化建设与社会改革潮流，发挥大学人文学科应有的"思想库"和"文化智囊"的作用；在条件趋于成熟的前提下，加大横向文化整合力度，创建跨学科、跨语际、跨文化的学科群；在尊重学术个体独立性、创造性和学术多样化的基础上，探寻融个人与团体于一炉新型学术运行机制，整体推出对社会产生重大影响的标志性成果……

正是秉持这样的学术理念，江汉大学中国语言文学学科（武汉市重点建设学科）和江汉大学武汉语言文化研究中心（湖北省人文社会科学重点研究基地）联手推出《江汉大学中国语言文学学术文库》丛书。丛书第一辑共十本，其内容相当广泛，涉及中国语言文学学科的多个二级学科。十本专著的共同特点是材料较为扎实、具有一定的跨学科与开放性，所阐释的观点或尖锐、或公允，或有待商榷，但都力避平庸，力求有所发现，有所创新。至于其学术价值，则仁者见仁智者见智，无须我们赘言。为了保证丛书选编的公正、公平和公开，我们专门成立了学术委员会对丛书进行了遴选，大家坚守学术命脉的初心，提出了很多建设性的修改意见，这是值得特别提及的。

丛书的出版得到江汉大学校领导的支持与指导，得到人文学院领导班子的呵护与扶持，也得到了中国社会科学出版社的支持和帮助，借此机会我们表示由衷的感谢！与此同时，我们也希望，这套丛书出版后能得到方家的指导、同仁的关注和读者的喜爱，并希望有更多更新的成果延续出版，以推出丛书的第二辑乃至更多辑。所谓薪火相传，生生不息是也。

"春阴垂野草青青，时有幽花一树明。晚泊孤舟古祠下，满川风雨看潮生。"在信息化和全球化的时代浪潮下，漫步于在诗和远方的中国语言文学学科正面临着前所未有的挑战，也赶上了千载难逢的机遇。愿我们不辜负伟大时代的召唤，乘着学术创新的东风，把江汉大学中国语言文学学科引向更加美好的未来。

彭松乔　吴艳

2016 年 8 月 21 日

序

水是万物之源，人的生活不可须臾离开水。水是纯洁的，水有个性，水可载舟，亦能覆舟，正因为如此重要，如此多样，在人类自然语言里，水占据极为重要的地位，就一点儿也不奇怪了。

张芳博士的专著《汉语液体核心词研究》，对如此重要的水在语言里的演变，进行了深入的探讨。本书犹如涓涓细流，积成一泓清水，这股出山的泉水，必将汇入语言学的汪洋之海。我能有幸在出版前再次读到这本著作，是近水楼台先得月，何其幸也。作者让我写个序，却让我颇为踟蹰，因为作者用尽了水磨工夫，早已滴水成河。加之本书裁云剪水，故尔水陆毕陈，琳琅满目，让我写序，真好比是担水河头卖。

不得已，只好硬着头皮，谈我读这本书的一点儿粗浅的体会。词汇是一个庞大的系统，早期的词语可能量并不大，后来词义不断向外扩张，形成新的词语，构成一个个的大小词汇系统。研究词汇，理清这些系统是很重要的一个工作。中国的学者，很早就意识到词汇系统研究的重要性。《尔雅》里的《释诂》《释言》汇释的是单音节词，《释训》则是对双音节词语进行解释。这个区别，可以看作是从音节上来切分的。天地丘山水诸篇，很明显是专题的词汇研究。戴东原的《释车》，沈肜的《释骨》，是专题的名物研究，而王怀祖的《释大》，对汉语的"大"这个概念作了穷尽的研究。现代学者的《死雅》，继承的也是古代学者的这种传统。中国古今学者的这种研究思路，正符合西方语言学所倡导的语义场研究方法。古今殊途同归，要追求的目标大致是一样的。张芳博士的这本书，以汉语为中心，按照"语义场—次语义场—词"研究思路，对水的相关词语进行了穷尽性的爬梳，走的也是这条路子。这种研究，非常必要，要有更多的人参加进来。

本书的次语义场是一个很巧妙的处理办法。次语义场包含一个语义场底下的词语，有些是同族词，有些则只是语义有关联，并没有派生的关系。用次语义场这个术语，正好把这些词语拢聚在一起。本书的第二章到第七章，采用"语义场—次语义场—词"的研究思路，对"水"的语义场展开研究。系统的整理和归纳，探讨了水这一语义场中词语的组合和聚合问题。同时，也引进汉藏语系诸语言，以及世界其他自然语言，探讨水的语义演变。

词义比较的研究方法，对汉语水语义的演变，梳理起来更加明晰。汉语的词汇研究，进行得比较早，是中国传统语言学中最早的分支学科，积累的成果也最为丰富。可是以往的研究，大多仅仅局限在汉语内部材料的收集和整理，没有跟其他的语言进行比较。没有比较，就不大容易看出词语演变的一般规律。本书的讨论，大致是以语义类型为参照，收集和整理汉语的材料。尤其是第八章和第九章，集中笔墨，系统运用比较词义的研究方法，把自然之水和身体之水的语义演变放入世界诸语言的背景下，从类型学的角度探讨其共同的语义演变规律。这是本文值得称赞的地方。

2011年，张芳进入华中科技大学攻读语言学博士。经过几年的潜心写作，完成本书的草稿，并通过了答辩。2013年，张芳毕业，我推荐到我的师兄汪维辉教授处，进一步深造。张芳最近几年，一直在修订此书，现在终于出版，这是很值得高兴的事情。

词义的跨语言研究，刚刚起步，还有许多的路要走。张芳年富力强，学术上有很好的积累，相信她能在这块美丽的土地上辛勤耕耘，结出更多的果实。

黄树先

2017年8月3日于望京寓所

目 录

第一章 绪论 ……………………………………………… (1)
 第一节 研究对象与范围 ………………………………… (1)
 第二节 研究目的和意义 ………………………………… (2)
 第三节 研究现状和述评 ………………………………… (5)
 第四节 研究思路和方法 ………………………………… (12)
 第五节 研究线索与脉络 ………………………………… (13)
 第六节 本书语料来源 …………………………………… (13)
 第七节 本书行文说明 …………………………………… (14)

第二章 上下义视点下"水"之语义场 ………………… (17)
 第一节 "水"之上位词 ………………………………… (17)
 第二节 小水 ……………………………………………… (20)
 第三节 大水 ……………………………………………… (23)
 第四节 清水 ……………………………………………… (25)
 第五节 浊水 ……………………………………………… (26)
 第六节 水滴 ……………………………………………… (28)
 第七节 热水 ……………………………………………… (30)
 第八节 卤水 ……………………………………………… (32)
 第九节 其他水 …………………………………………… (33)

第三章 水之状态 ………………………………………… (35)
 第一节 水流 ……………………………………………… (35)

第二节　水波 …………………………………………（46）
第三节　水泡 …………………………………………（50）
第四节　水面 …………………………………………（52）

第四章　汇聚之水 ……………………………………（54）
第一节　汇聚之水之上位词 …………………………（54）
第二节　沟渠 …………………………………………（57）
第三节　池塘坑 ………………………………………（65）
第四节　潭渊 …………………………………………（74）
第五节　水湾 …………………………………………（77）
第六节　瀑布 …………………………………………（78）
第七节　泉 ……………………………………………（79）
第八节　小溪 …………………………………………（82）
第九节　江河 …………………………………………（83）
第十节　泽 ……………………………………………（89）
第十一节　海洋 ………………………………………（97）

第五章　吃喝之水 ……………………………………（100）
第一节　酒 ……………………………………………（100）
第二节　汁液 …………………………………………（115）
第三节　油脂 …………………………………………（126）
第四节　饮料 …………………………………………（133）
第五节　茶 ……………………………………………（136）
第六节　醋 ……………………………………………（137）
第七节　酪 ……………………………………………（139）
第八节　糖 ……………………………………………（141）
第九节　酱 ……………………………………………（143）
第十节　粥 ……………………………………………（147）

第六章　身体之水 ……………………………………（152）
第一节　体液之上位词 ………………………………（152）

第二节　汗液 …………………………………………… (153)
　　第三节　唾液 …………………………………………… (153)
　　第四节　眼泪 …………………………………………… (155)
　　第五节　鼻涕 …………………………………………… (156)
　　第六节　尿液 …………………………………………… (158)
　　第七节　精液 …………………………………………… (160)
　　第八节　血液 …………………………………………… (161)
　　第九节　黏液 …………………………………………… (164)
　　第十节　骨髓 …………………………………………… (166)
　　第十一节　脓汁 ………………………………………… (166)

第七章　自然界之水 ………………………………………… (167)
　　第一节　雨 ……………………………………………… (167)
　　第二节　雪 ……………………………………………… (179)
　　第三节　冰霜 …………………………………………… (181)
　　第四节　露 ……………………………………………… (183)
　　第五节　气 ……………………………………………… (184)
　　第六节　泥 ……………………………………………… (186)
　　第七节　胶脂 …………………………………………… (189)
　　第八节　涂料 …………………………………………… (189)
　　第九节　墨 ……………………………………………… (191)

第八章　身体之水与相关动作
　　——名动转换(1)：一种常见的语义衍生方式 ………… (193)
　　第一节　眼泪与流泪 …………………………………… (194)
　　第二节　鼻涕与流涕 …………………………………… (196)
　　第三节　乳汁与相关动作 ……………………………… (199)
　　第四节　口水与相关动作 ……………………………… (201)
　　第五节　尿与撒尿及相关动作 ………………………… (206)
　　第六节　汗液与出汗及相关动作 ……………………… (208)
　　第七节　血与相关动作 ………………………………… (211)

第八节　精液与相关词语及其动作 ……………………（212）
第九节　眼屎、耳屎及其相关意义 ………………………（214）
第十节　脓与腐烂及相关词语 ……………………………（215）
第十一节　小结 ……………………………………………（216）

第九章　名动/形转换与自然之水
　　——名动/形转换（2）：一种常见的词义衍生方式 ……（218）
第一节　雨与下雨及相关动作 ……………………………（218）
第二节　雪/冰/霜与相关词语 ……………………………（224）
第三节　雾与相关词语 ……………………………………（231）
第四节　小结 ………………………………………………（237）

第十章　结束语 ………………………………………………（239）

参考文献 ………………………………………………………（244）

后记 ……………………………………………………………（252）

第一章 绪论

第一节 研究对象与范围

"水"是生命之源,在人们的生产和生活中扮演着至关重要的角色,是金、木、水、火、土五行之一,也曾是上古先民的姓氏,可以用作河流的通称泛指一切水域,也可以泛指一切汁和液等。

"水"是词汇研究中的核心,是最重要的核心词之一。在斯瓦迪士"百词表"①、郑张尚芳"华澳语言比较三百核心词表"②、黄布凡"藏缅语300核心词词表"③、江荻"汉藏语言语义词表"④中均有收录,为最核心的词。

本书的"水"是一种宽泛意义上的指称,泛指一切水域或汁液(包括其物理变化形态),还包括相关的动词和形容词。从这个意义上讲,"水"是一个语义场,其下包括若干次语义场和相关词语。本次研究我们以核心名词为纲,兼涉相关动词和形容词,对"水"语义场及相关词语以"语义场—次语义场—词"三级比较思路和词义比较方法进行深入系统的研究。

---

① [美]斯瓦迪士(M. Swadesh):《一百词的修订表》,喻真译,《音韵学研究通讯》1990年第14期,第33页。

② 郑张尚芳:《汉语与亲属语同源根词及附缀成分比较上的择对问题》,《中国语言学报》1995年第2期,第461页。

③ 黄布凡:《同源词比较词表的选词范围和标准——以藏缅语同源词比较词表的制定为例》,《民族语文》1997年第4期,第15页。

④ 江荻:《论汉藏语言历史比较词表的确定》,《民族语文》2000年第3期,第36页。

第二节 研究目的和意义

我们拟通过对语义场"水"的研究,探讨这一语义场中成员在汉语中的构成和分布情况,探讨它们之间的组合和聚合关系,分析它们的来源和演变。另一方面,我们在类型学视角下对比汉藏语系语言(方言)和其他语系语言,以寻求发现其中共同的语义演变规律。

同时,我们也期望为比较词义学进一步夯实基础,能为核心词研究提供一种新的研究范式,为汉语核心词、汉藏语系核心词以及其他语系核心词全面系统研究提供一份资料,为汉语词汇教学、词典编纂、古籍整理提供依据。

具体而言,至少具有以下意义。

(1)核心词研究本身具有重要意义。早在20世纪上半叶,王力就指出,"无论怎样'俗'的一个字,只要它在社会上占了势力,也值得我们追求它的历史"①。张永言、汪维辉也极力主张对常用词进行研究,还诠释了必须对常用词进行研究的原因:"因为不对常用语作史的研究,就无从窥见一个时期的词汇面貌,也无从阐明不同时期之间词汇面貌,也无从阐明不同时期之间词汇的发展变化,无从为汉语史分期提供科学的依据。""它(词汇史)的目的是为了阐明某一种语言的词汇的发展历史及其演变规律。"②

黄树先主要是站在词汇比较的基础上说的,强调汉语核心词研究对汉藏语系核心词研究的意义。他说:"我们研究核心词,特别是研究派出的这一部分词语,对于训诂学的研究,尤其是比较罕见的那一部分词语、词义是有帮助的。原因就在于,这些罕见的词语、词义,有可能就是从常见词语或词义派出的。我们研究的核心词,研究核心词词义的派出,派出来的这些词语或词义可能是比较罕见的,但跟这些词语、词义有关联的那些词语和词义却是常见的。所以加强对这些常见词语和词义

---

① 王力:《新训诂学》,《王力语言学论文集》,商务印书馆2000年版,原载《开明书店二十周年纪念文集》,1947年,第173—188页。
② 张永言、汪维辉:《关于汉语词汇史研究的一点思考》,《中国语文》1995年第6期。

的研究，尤其是加强对于这些常见词语或词义的派出，以及派出途径和动因进行研究，对于训诂学是非常有意义的。"①

当然，核心词研究也具有一定的应用价值，在古籍整理、辞书编纂、汉语词汇教学等领域中都具有十分重要的意义。比如古籍整理，词义注释是非常重要的一环，然而一个时期的常用词和常用词的常用义总是在不断地变化当中，如果我们不重视这种常用义的变化，往往会望文生义、张冠李戴。再如《汉语大字典》和《汉语大词典》，虽然是汉语历时词汇研究中的鸿篇巨制，是词汇史研究和古书浏览中运用最多、最为重要的工具书之一，但还是存在一些不尽如人意的地方，比如始见书证偏晚或不当、释义不准确、缺少义项等。要改善这些缺陷，就需要我们不断加强常用词及其发展演变的研究。在汉语词汇教学中也能运用到核心词研究成果，基于类型学对比的比较词义学，基于世界诸语言的共同的语义演变规律，对于激发学生汉语词汇习得兴趣、提高学生汉语词汇习得效果将具有十分重要的作用。

（2）具有一定的方法论和研究论价值。不管是"语义场—次语义场—词"三级比较的研究思路还是比较词义的研究方法，都具有一定的方法论和研究论价值。

引用一个例子：

> ［羡］《说文》："羡，贪欲也。从次，羑省。"段注："《大雅》：无然歆羡。毛传云：无是贪羡。此羡之本义也。"《说文》："次，慕欲口液也。从欠水。"段注："有所慕欲而口生液也，故其字从欠水会意。俗作涎。郭注、尔雅作䂭。"汉语有成语"垂涎三尺"，表示极想得到某种希望得到的东西。还有"盗"字的构字。《说文》："盗，厶利物也。从次皿。"段注："周公曰：窃贿为盗，盗器为奸。米部曰：盗自中出曰窃。次，欲也，欲皿为盗。说从次之意。"
>
> 可见，汉语的"口水、唾液"可以演变成"垂涎、羡慕"义。
> 比较：
>
> 印度尼西亚语：liur（＝airliur）"唾液，口水。be（r）liur,

---

① 黄树先：《词义发展论说》，《汉语学报》2011年第3期，第4页。

meliur 流口水，垂涎。terliur 垂涎，非常想吃"；iler "〔爪〕唾沫，口水。mengiler 流口水；〔喻〕十分羡慕，渴望得到，垂涎三尺"；ngiler "〔爪〕流口水；垂涎，羡慕"。

西班牙语 babear 流口水；〔转，口〕迷恋（一个女人）；baboso 好流口水的；〔转，口〕好向女人献殷勤的。①

这个例子中，"水"是语义场，"口水、唾液"是该语义场下的次语义场，"羡、涎、次、眶、盗"等则是次语义场下的词语。"语义场—次语义场—词"三级比较，构成一个统一的整体，同时兼顾和其他语言比较，探讨语言中语义演变的共性。从上边例证可以看出："口水＞羡慕＞渴望得到"是一条共同的演变规律。

（3）具有一定的开创性意义。

①这是一种新的研究范式。全文以核心义场"水"为切入点，采用"语义场—次语义场—词"三级比较的研究思路，探讨该语义场中成员的语义演变问题。同时对比汉藏语系语言（方言）和其他语系语言，寻求共同的语义演变规律。具体来说，我们先通过全面检索汉语文献中与"水"有关的词语，然后以一定的标准对其进行归类，探讨各类词语的组合、聚合问题以及它们在汉语里的构成和分布情况，同时讨论每类词语的词义演变问题，并尽可能寻求其他语言的证据，从类型学的角度探讨语义演变的共通性。

②从类型学视角下探讨比较词义具有一定的创新性。以往探讨词义演变时，多局限于某一种语言内部或者也只是跟同一个语系语言中的词语对比，视野不够开阔。基于人类认知的一致性，很多词义演变在许多语言中具有共通性，我们完全可以把汉语放在世界语言的背景下，从类型学的视角探讨汉语词义的演变。具体从两方面展开，一是探讨"派进"，即由其他意义派生出"水"的意义；二是探讨"派出"，即由"水"的意义派生出其他意义。"派进"和"派出"的探讨都在类型学视角下展开。

---

① 黄树先：《比较词义探索》，巴蜀书社 2012 年版，第 364 页。

第三节 研究现状和述评

既然要研究汉语核心词，我们需要对核心词的研究历史和近况做出梳理，要研究核心概念"水"，因此也需要对"水"的研究成果做出归纳。

一 核心词的研究历史和近况

词汇学作为一门独立学科存在的时间并不长，而关注核心词、全面系统地研究核心词的时间则更短。吴宝安以张永言、汪维辉 1995 年在《中国语文》上发表的《关于汉语词汇史研究的一点思考》为界，将核心词研究分为两个阶段：1995 年以前为常用词研究的准备和滥觞阶段；1995 年以后为常用词研究的繁荣阶段。① 黄树先则概括了最近几年汉语核心词研究的几个趋势：（1）研究汉语核心词的替换。（2）研究汉语核心词的虚化。（3）研究汉语核心词的构成和早期形式。②

在常用词研究的准备和滥觞阶段，传统训诂学是语汇研究的重心。这一时期，训诂的目的是为解读文献服务的，关注重点不是常用词。这一块的研究历史悠久，20 世纪 40 年代以后出现的代表性成果有张相的《诗词曲语词通释》③、蒋礼鸿的《敦煌变文字义通释》④、江蓝生的《魏晋南北朝词语汇释》⑤、李崇兴等编的《元语言词典》⑥、李维琦的《佛经释词》⑦ 等。直至今天，训释文献中的疑难词仍然是词汇学研究的一块重要内容。

较早倡导全面对汉语常用词进行研究的当属王力。他在《汉语史

---

① 吴宝安：《西汉核心词研究》，巴蜀书社 2011 年版，第 3 页。
② 参见黄树先、郑春兰《试论汉藏语系核心词比较研究》，《广东技术师范学院学报》2006 年第 2 期，第 7 页。
③ 张相：《诗词曲语词通释》，中华书局 1953 年版。
④ 蒋礼鸿：《敦煌变文字义通释》，上海古籍出版社 1997 年版。
⑤ 江蓝生：《魏晋南北朝词语汇释》，语文出版社 1988 年版。
⑥ 李崇兴等编：《元语言词典》，上海教育出版社 1998 年版。
⑦ 李维琦：《佛经释词》，岳麓书社 1993 年版。

稿》① 中讨论的"汉语基本词汇的形成及其发展"可以看作是早期汉语常用词的研究。其中论述了他对基本词汇的理解，并勾勒了若干组常用词变迁更替的轮廓。其《同源字典》② 更是材料丰富，内容翔实，在研究方法上注意语音和语义的双重控制，宁缺毋滥，是研究同源词的重要成果。此外，这一时期郑奠的《汉语词汇史随笔》③、王凤阳的《古辞辨》④ 等也值得我们关注。

目前常用词的研究多为对常用词的演变和替换研究。这其中以汪维辉的《东汉—隋常用词演变研究》⑤ 和李宗江的《汉语常用词演变研究》⑥ 为代表。前者对 41 组常用实词（其中 10 组名词，21 组动词，10 组形容词）的演变替换进行了翔实的研究。后者以虚词的演变和替换为主，并且注意把词汇和语法两方面结合起来进行研究。按照黄树先等⑦的看法，这代表当前汉语核心词研究的前两个趋势，即汉语核心词的替换和虚化研究。此外，对其作了深入研究的还有李宗江⑧、董志翘⑨、王小莘⑩、王秀玲⑪、牛太清⑫、陈秀兰⑬、史光辉⑭、徐时仪⑮等。

常用词演变和替换研究中，常用语义场的演变和替换研究值得注

---

① 王力：《汉语史稿》，中华书局 2004 年版。
② 王力编：《同源字典》，商务印书馆 1982 年版。
③ 郑奠：《汉语词汇史随笔》，《中国语文》1959 年第 6 期。
④ 王凤阳：《古辞辨》，吉林文史出版社 1993 年版。
⑤ 汪维辉：《东汉—隋常用词演变研究》，南京大学出版社 2000 年版。
⑥ 李宗江：《汉语常用词演变研究》，汉语大词典出版社 1999 年版。
⑦ 黄树先、郑春兰：《试论汉藏语系核心词比较研究》，《广东技术师范学院学报》2006 年第 2 期。
⑧ 李宗江：《"进"对"入"的历时替换》，《中国语文》1997 年第 3 期。
⑨ 董志翘：《再论"进"对"入"的历时替换——与李宗江先生商榷》，《中国语文》1998 年第 2 期。
⑩ 王小莘：《从魏晋六朝笔记小说中看中古汉语新旧质素的共融和更替》，《南京师范大学学报》2003 年第 1 期。
⑪ 王秀玲：《浅谈"慢"常用义之演变》，《华南师范大学学报》2003 年第 2 期。
⑫ 牛太清：《常用词"隅、角"历时更替考》，《中国语文》2003 年第 3 期。
⑬ 陈秀兰：《从常用词看魏晋南北朝文与汉文佛典语言的差异》，《古汉语研究》2004 年第 1 期。
⑭ 史光辉：《常用词"焚、燔、烧"历时替换考》，《古汉语研究》2004 年第 1 期。
⑮ 徐时仪：《玄应〈众经音义〉所释常用词考》，《语言研究》2004 年第 12 期。

意。这一块的先行者是蒋绍愚。其专文《白居易诗中与"口"有关的动词》①是这方面的重要成果，该文探讨了与"口"有关的四组动词从《世说新语》到白居易诗，再到《祖堂集》的发展演变情况，并运用了判别新词和旧词的两种基本方法——统计使用频率和考察词的组合关系，这为以后的相关研究提供了比较好的研究范式。他的学生中有不少也从事语义场的研究，如吕东兰②、崔宰荣③等。此外，学者作了相关研究成果的还有解海江、张志毅④、王建喜⑤、汪维辉等⑥。

语义场研究便于发现同一概念的词之间的关系，便于发现它们在演变过程中的此起彼伏的变化状况。我们的研究也以语义场为切入点，探讨"水"语义场中词语之间的各种关系，探讨它们的语义演变规律以及演变过程中此起彼伏的变化。

当前核心词研究的第三个趋势是研究汉语核心词的构成和早期形式。王念孙《释"大"》⑦是这一块的早期代表。20 世纪 80 年代张永言⑧通过收集上古汉语中与"色彩"有关的词汇，按照声母对这些词进行整理和分类，目的在于为上古汉语同义词和词族的研究、构词法的研究、词的理据的研究以及汉语与邻近语言的关系的研究提供一份材料。

也许正因为这个传统（从时间上考察其纵向的传承，从空间上探索其横向的渊源），这一派的语言学家（一般都是历史比较语言学家）多注重与亲属语言或民族语文的对比，通过与亲属语言或民族语文对比，探讨核心词的构成、来源和早期形式等问题。为此学者们采用了多

---

① 蒋绍愚:《白居易诗中与"口"有关的动词》,《语言研究》1993 年第 1 期。
② 吕东兰:《从〈史记〉、〈金瓶梅〉等看汉语"观看"语义场的历史演变》,《语言学论丛第 21 辑》,商务印书馆 1998 年版。
③ 崔宰荣:《汉语"吃喝"语义场的历史演变》,《语言学论丛》第 24 辑,商务印书馆 2002 年版。
④ 解海江、张志毅:《汉语面部语义场历史演变——兼论汉语词汇史研究方法论的转折》,《古汉语研究》1993 年第 4 期。
⑤ 王建喜:《"陆地水"语义场的演变及其同义语素的叠置》,《语文研究》2003 年第 1 期。
⑥ 汪维辉、[日] 秋谷裕幸:《汉语"站立"义词的现状与历史》,《中国语文》2010 年第 4 期。
⑦ 王念孙:《释"大"》,罗振玉辑《高邮王氏遗书》,江苏古籍出版社 2000 年版。
⑧ 张永言:《论上古汉语的"五色之名"兼及汉语和台语的关系》,《语文学论集》,语文出版社 1998 年版。

8　汉语液体核心词研究

种研究方法，比如单个相近或相同词的比较、同族词的比较、深层对应（语义学比较法）等，以黄树先为代表的学者采用"语义场—词族—词"三级比较法。他在《从核心词看汉缅语的关系》① 中首次明确提出该方法。具体来说，就是先建立语义场，再建词族，然后跟民族语文进行对比。建立语义场或收集资料时，采用"经之以义，纬之以声"；在建立词族或整理资料时，则"经之以声，纬之以义"，即按照语音来分析、整理收集到的材料。在此基础上和民族语文进行对比，探讨核心词的构成、来源和早期形式。②

但有几个问题：首先，以往这方面的研究多是零星的，列举性的。③ 例如伍铁平的系列文章中也有不少例子：

> 英语 Canicula、法语 Canicule（"大犬座"又名"天狼星"）来自拉丁语 Canicule，拉丁语 Canis 意为"狗"，英语也叫 Dog Star。太阳位于犬星座，犬星座与太阳同时升起的七月下旬至八月下旬，是一年中最热的时候，因此英语和法语中的 canicule, thecaniculardays 和 jourscaniculaires 都指七、八月这段酷暑期间。Dogdays 也是如此。德语 Hund 意为"狗"，Hundstern（犬星座）由 Hund（犬）和 Stern（星星）组成，德语中 Hundstage 也指"盛暑天"，由 Hund（狗）和 Tag（日子）构成，Hundstagsferien（Ferien 意为"假期"）则指"暑假"。此外，俄语和波兰语也有相类似的引申。汉语"伏天"，"伏"是"副"的同音假借字，"副"即"剖"，我国古代的伏祭在夏至后的第三个庚日以后正好是初伏后举行，伏祭时剖狗祭祀，因此"伏天"的来源也与"狗"有关。④⑤

---

① 黄树先：《从核心词看汉缅语的关系》，《语言科学》2005 年第 3 期。
② 黄树先：《说"膝"》，《古汉语研究》2003 年第 3 期。
③ 黄树先《比较词义研究："薪柴"与"燃烧"》可说是第一篇系统运用"比较词义"这一方法来研究的文章。文章运用"比较词义"的方法，阐述在世界诸语言中表示"薪柴"和"燃烧"的一组词，有着共同的来源。
④ 但很明显，德语和英语、法语的词义引申方式一样，都由"狗"至"大犬座"至"酷暑"，汉语的引申方式则不太相同，它来源于一种祭祀仪式。
⑤ 伍铁平：《比较词源初探》，《外国语言文学》1984 年第 1 期，第 5 页。

但不管怎么说，这些成果都是列举性的，缺少那种成系统的研究。如果能基于某一语义场，对该语义场内的成员做出系统整理和分类，对比各语系语言探讨他们的词义演变规律，无疑将是系统性的研究。

其次，在词的语义形成和演变方面，比较词义和比较词源尽管都主张广泛援引非亲属语言材料，但二者所指并不相同。比较词源学主张追溯词的最古的构拟形式和意义，并倾向于认为只有这样才叫词源学。伍铁平说："严格意义上的狭义的词源学必须追溯出词的最古的构拟形式和意义。凡有历史文献记载的词形和词义就已经属于历史语义学的研究对象，而不再属于词源学的研究范围了。"① 而"比较词义"在追溯最古的构拟形式和意义的同时，考虑得更多的是语义演变的一般规律问题。因此，"比较词义"的研究范围明显要比"比较词源"大得多。

还有，人类尽管有着共同的物理、生理和心理基础，有着共同的思维方式，各民族生存的社会环境和生活方式也有一些地方相同，但生活方式、文化传统和风俗习惯等却区别很大。因此，各语言即使词语的词源一致，后来的引申方式也并不一定相同，或者词源并不一致，但也可能会派生出相同的词义。但不管怎样，存在一般的词义演变规律这点是肯定的，各语言之间词语的词源和词义引申方式可以相互参考。

因此，我们一方面拟探讨"水"语义场中词语的最古形式和意义，另一方面分析该语义场中成员的语义演变，寻求它们演变的一般规律。观察汉语中这些词语的语义演变与世界诸语言或方言相比有哪些相同或不同的地方。此外，通过词义比较联系"水"语义场中的同族词，为历史比较语言学中的择词问题提供科学的而非经验性的参考。

二 "水"的研究现状与述评

关于"水"的研究大致有如下几类：（1）关于"水"的文化阐释；（2）关于水泽类词语的地理分布研究；（3）关于"水"的隐喻研究；（4）关于"水"的词源和考辨研究；（5）关于"水"语义场研究。

（1）关于"水"的文化阐释。他们通过对"水"及相关词汇的探

---

① 伍铁平：《比较词源再探——为〈外国语文教学〉公开发行而作》，《外国语文教学》1985年第1—2期，第23—24页。

讨，试图发现"水"类词汇所反映出来的民族文化特征。如陈克炯[①]、刘绪义[②]、张昭[③]和熊露露[④]、杨镇[⑤]等。

（2）关于水泽类词语的地理分布研究。这一块的研究以张树铮为代表，张先生[⑥]连续发表的两篇文章都是探讨水泽类词语的地理分布的。通过统计《中国古今地名大辞典》，探讨了如"江""河""水""川""溪"等词语的地理分布情况。

（3）关于"水"的修辞、隐喻及词义演变研究，如陆镜光等[⑦]、陈咏渝[⑧]、曾侨骄等[⑨]和曹振怡[⑩]等。

（4）关于"水"的词源和考辨研究。这是研究成果最多的一块，主要集中在对"江""河""汤""羹""泪""涕""州""洲"等词语的考释和辨析上。"江""河"的主要成果有 Jerry Norman 和 Tsu‐lin-Mei[⑪]、张洪明[⑫]、李梦龙[⑬]、王玉柱[⑭]、吴桂芳[⑮]等。关于"羹"

[①] 陈克炯：《"水"中沉淀的民族文化说略——文化词汇学问题探讨之一》，《中南民族学院学报》（哲学社会科学版）1991年第6期。

[②] 刘绪义：《〈说文解字〉"水部"的文化阐释》，《语文学刊》2006年第1期。

[③] 张昭：《从〈说文〉"水部"看水的文化母题》，《长沙大学学报》2007年第4期。

[④] 熊露露：《〈说文〉"水"部字的文化观照》，《现代语文》2007年第9期。

[⑤] 杨镇：《江、河、湖、海、川文化义阐释》，硕士学位论文，内蒙古大学，2006年。

[⑥] 张树铮：《河流名称"水"和"川"的地理分布及其语言背景》，《山东大学学报》（哲学社会科学版）1993年第2期；张树铮：《汉语水泽词语的地理分布初探》，《古汉语研究》1994年第2期。

[⑦] 陆镜光等：《香港粤语表钱财义的"水"》，《方言》2001年第4期。

[⑧] 陈咏渝：《香港粤语"水"义的修辞引申》，《修辞学习》2002年第4期。

[⑨] 曾侨骄等：《论汉语"水"的概念隐喻》，《宁波教育学院学报》2009年第5期。

[⑩] 曹振怡：《长沙方言"水"析》，《湖南师院学报》（哲学社会科学版）1981年第3期。

[⑪] Jerry Norman, Tsu‐linMei, *The Austro Asiaticsin Ancient South China: Some Lexical Evidence*, Monumenta Serica, Vol. 32, 1976, pp. 274–301.

[⑫] 张洪明：《汉语"江"词源考》，颜洽茂等译，《浙江大学学报》（人文社会科学版）2005年第1期。

[⑬] 李梦龙：《释"河"》，《语言研究》1993年第1期。

[⑭] 王玉柱：《"江""河"词源义试探》，《四川理工学院学报》（社会科学版）2008年第4期。

[⑮] 吴桂芳：《"江""河"义释》，《中学语文教学参考》1999年第5期。

"汤",有王力①,黄金贵、胡丽珍②,宋玉珂③,等等。此外,还有如"泪""涕""州""洲""池""塘""潘"等词语词源的考察成果,如任学良④,刘成玉、陈素君⑤,张觉⑥,王畅⑦,林木⑧,等等。

(5) 关于"水"语义场研究。这一块研究多见于黄树先本人的论著及其所带学生所作的博硕士论文。大致有四类:①汉语核心词研究。如黄树先⑨等。②专书核心词研究,如施真珍⑩、郑春兰⑪、刘俊⑫、李敏⑬、刘曦⑭、黎李红⑮等。③断代核心词研究。如龙丹⑯、吴宝安⑰等。④少数民族语言核心词研究,如陈孝玲⑱等。⑲

总之,已有文献中,暂时还没有研究者对核心词"水"以"语义场—次语义场—词"的研究思路进行全面系统的整理,运用比较词义的研究方法对核心词"水"进行系统研究的成果更是不多见。本研究由此也具有一定的开创性意义。

---

① 王力:《古代汉语》(第4册),中华书局1981年版。
② 黄金贵、胡丽珍:《评王力的"羹、汤"说》,《浙江大学学报》(人文社会科学版)2005年第1期。
③ 宋玉珂:《释"羹"》,《语文研究》1989年第3期。
④ 任学良:《〈古代汉语·常用词〉订正》,浙江大学出版社1987年版,第151页。
⑤ 刘成玉、陈素君:《"涕""泪"说》,《攀枝花大学学报》1999年第3期,第58—59页。
⑥ 张觉:《"池塘"说解辨正》,《辞书研究》1990年第3期。
⑦ 王畅:《诠"涿"》,《辞书研究》1983年第1期。
⑧ 林木:《说"州""洲"》,《语文建设》1992年第1期。
⑨ 黄树先:《比较词义探索》,巴蜀书社2012年版。
⑩ 施真珍:《〈后汉书〉核心词研究》,巴蜀书社2011年版。
⑪ 郑春兰:《甲骨文核心词研究》,博士学位论文,华中科技大学,2007年。
⑫ 刘俊:《〈颜氏家训〉核心词研究》,硕士学位论文,华中科技大学,2007年。
⑬ 李敏:《〈潜夫论〉核心词研究》,硕士学位论文,华中科技大学,2007年。
⑭ 刘曦:《〈论衡〉核心词研究》,硕士学位论文,华中科技大学,2006年。
⑮ 黎李红:《汉语身体类4个核心词研究》,硕士学位论文,华中科技大学,2004年。
⑯ 龙丹:《魏晋核心词研究》,巴蜀书社2015年版。
⑰ 吴宝安:《西汉核心词研究》,巴蜀书社2011年版。
⑱ 陈孝玲:《侗台语核心词研究》,巴蜀书社2011年版。
⑲ 相关研究成果还有闰春慧的《汉语"洗涤"类动词语义场的历史演变》(硕士学位论文,内蒙古大学,2006年)、王洋的《汉语"烹煮"语义场的历史演变研究》(硕士学位论文,西北大学,2008年)。这些都属动词研究,暂且不归于核心词"水"的研究。

第四节　研究思路和方法

一　"语义场—次语义场—词"研究思路

考虑到我们的比较研究不限于同一语系，我们仿照黄树先提出的"语义场—词族—词"三级比较法，运用"语义场—次语义场—词"的研究思路。"水"是本书中最大的语义场。"次语义场"，是根据某一共同的语义特征概括出来的类。本书中的次语义场有"水之状态""汇聚之水""吃喝之水""身体之水"和"自然界之水"等。每一个次语义场下又包含若干词语。语义场和次语义场之间具有相对性，一个角度下的次语义场是另一个角度的语义场。比如"水"，在自然事物这一语义场下，它是次语义场；但在水之状态等次语义场下它又是语义场。

采用"语义场—次语义场—词"至少有如下好处：（1）可以对该语义场中的成员做出系统的整理和归纳，对成员之间的组合和聚合关系给予深入探讨。（2）也可以在语义场和次语义场内比较汉藏语系语言（方言）和其他语系语言，探讨词义演变的共同规律。（3）还可以拓展核心词研究的范围。众所周知，以往核心词研究一般是以斯瓦迪士的"百词表"为依据的，且多以前100词为主。采用"语义场—次语义场—词"的研究思路后，我们可以对核心词表进行一定的调整，只要与"水"相关，我们都可以归入"水"语义场研究的范围。

二　"比较词义学"的研究方法

黄树先曾说："我们以往研究汉语词义的引申，系联同族词，基本上是局限于汉语内部的材料，没有别的语言的支持，视野是不开阔的；在进行历史比较的时候，我们拿一个语言的词跟另外一个语言进行比较，也有很大的主观性，基本上没有其他语言的支持。"为此，他提出了"比较词义"的研究方法，探讨语言中某一个核心概念，会有哪些共同的语义演变规律。[1]

也就是说，把汉语核心词放在汉藏语系语言（方言）和世界诸语

---

[1] 黄树先：《比较词义学初探》，《汉藏语学报》，商务印书馆2009年版。

言的背景下，探讨其中共同的语义演变规律。我们试图把"比较词义"的研究方法全面系统地运用到汉语核心词"水"的语义演变研究当中，探讨与其他语言相比，它们有哪些共同的语义演变规律。

第五节 研究线索与脉络

绪论部分就研究对象与范围、研究目的与意义、研究现状与述评、研究思路与方法、研究线索与脉络以及本书的语料来源等做了一个交代。正文分九章。第二章到第七章采用"语义场—次语义场—词"的研究思路，对"水"语义场进行了研究，系统整理和归纳了汉语"水"语义场中的词语，以相对一致的标准把"水"语义场分为若干次语义场，在次语义场下罗列相关词语。也比较汉藏语系语言（方言）和其他语系语言，探讨其中共同的语义演变规律。后两章系统运用"比较词义"方法，把汉语"水"的语义演变放入世界诸语言的背景下，从类型学的角度探讨其共同的语义演变规律。"水"语义场下的次语义场无比丰富，以不同的标准可以分出不同的次语义场来，本书不可能对所有次语义场都采用比较词义的方法进行深入研究，因此，我们只是从中选取了身体之水和自然之水两个义场，对它们及相关词语作了较为全面的探讨，以图说明名动转换和名形相转是一种常见的语义衍生方式。

第六节 本书语料来源

本书主要的语料来源有：

（1）各种典籍和词典。汉文词典主要有：《汉语大字典》[①]；《汉语大词典》[②]；《汉语方言大词典》[③]；《现代汉语词典》[④]。外文词典主要

[①] 汉语大字典编辑委员会编：《汉语大字典》，湖北辞书出版社 1987 年版。
[②] 罗竹风主编：《汉语大词典》，四川辞书出版社 2010 年版。
[③] 许宝华等编：《汉语方言大词典》，中华书局 1999 年版。
[④] 中国社会科学院语言研究所词典编辑室编：《现代汉语词典》，商务印书馆 2016 年版。

有：《牛津高阶英汉双解词典》①；《柬汉词典》②；《精选乌汉汉乌词典》③；《泰汉词典》④；《新编德汉词典》⑤；《现代意汉汉意词典》⑥；《瑶汉词典》⑦；《日汉双解学习词典》；⑧《新法汉词典》；⑨《新印度尼西亚汉语词典》；⑩《葡汉词典》；⑪《新西汉词典》；⑫《新捷汉词典》；⑬《缅汉词典》⑭；等等。

（2）少数民族语料。（主要是各少数民族语言简志）

（3）前人论著中提供的相关语料。

（4）本人调查的相关语料。

第七节　本书行文说明

我们需要对语义归纳、拟音选取及本书的安排的原则做一些说明：

（1）如果一个词语兼有多个义项，我们以义项为依据，在每个义项标上记号后分别归入不同的次语义场。例如：

汤：兼有热水、饮料、温泉、汁液、护城河以及水名六个与液体相关的义项。我们把"汤"的六个义项分别标作"汤¹、汤²、汤³、汤⁴、汤⁵、汤⁶"后归入不同的次语义场。"汤¹"表示"汤"的第一个义项，

---

① ［英］A.S.霍恩比等编：《牛津高阶英汉双解词典》，王玉章等译，商务印书馆2009年版。

② 北京外国语大学亚非学院《柬汉词典》编写组编：《柬汉词典》，外语教学与研究出版社2008年版。

③ 郑述谱等编：《精选乌汉汉乌词典》，商务印书馆2008年版。

④ 广州外国语学院编：《泰汉词典》，商务印书馆1990年版。

⑤ 张才尧等编：《新编德汉词典》，外语教学与研究出版社2004年版。

⑥ 王焕宝等编：《现代意汉汉意词典》，外语教学与研究出版社2000年版。

⑦ 蒙朝吉、蒙凤姣编：《瑶汉词典》，民族出版社2008年版。

⑧ 日本株式会社旺文社编：《日汉双解学习词典》，外语教学与研究出版社2005年版。

⑨ 张寅德编：《新法汉词典》，上海译文出版社2000年版。

⑩ 北京大学东方语言文学系印度尼西亚语言文学教研室编：《新印度尼西亚汉语词典》，商务印书馆1997年版。

⑪ 陈用仪编：《葡汉词典》，商务印书馆2007年版。

⑫ 北京外国语学院西班牙语系《新西汉词典》组编：《新西汉词典》，商务印书馆2008年版。

⑬ 北京外国语大学《新捷汉词典》编写组编：《新捷汉词典》，商务印书馆1998年版。

⑭ 北京大学东方语言文学系编：《缅汉词典》，商务印书馆1990年版。

"汤²"表示"汤"的第二个义项,依次类推。

(2) 有些词明确表示是某个湖或者某条河的名字,我们把它归于湖类、河类,而不归于水名。

(3) 有些词在某一义项上可以与其他词互换,意思一样,是异体字。我们把它们合并成一个词条。如"濂"和"溓",《古今韵会举要·盐韵》:"溓,水名。或作濂。""濂""溓"声韵也相同,《广韵》"勒兼切,平添来"。我们记作"濂(溓)"。当然,有时两个词在某个义项上可以互换,并不代表其他义项上完全相同。

(4) 有些词属于古今字,例如:"酉",《广韵》"与久切,上有以"。《六书故·工事四》:"酉,醴之通名也……借为卯酉之酉,借义擅之,故又加水作酒。"我们记作"酉(酒)",表示它们是同一个词。

(5) 有些词语义项不好明确分类,我们把它处理成兼属不同的词类。比如"湫",《广韵·尤韵》:"湫,水池名,北人呼。"汉扬雄《蜀都赋》:"火井龙湫。"章樵注:"湫,潭。"严格来说,水池和水潭还是有一定区别的。因此我们把它既归入水池,又归入水潭。

(6) 有些词语的字形存在一定的争议,但鉴于精力有限,我们只按照意义把它归入相应义场,不去讨论其争议。例如"糪",《广韵·豪韵》:"糪,今之饎餅曰糪。"周祖谟校勘记:"糪,《集韵》作糕,此以睪作糪,误。"但我们按照意义把它归入糖类。再如"灜",《玉篇·冫部》:"灜,水。"一说冰。《字汇·冫部》:"灜,冰也。"我们按照意义把它归属不同义场,既归入水类,又归入冰类。

(7) 我们讨论"水"这个大的语义场,其内涵包含一切液体。但,词义有其模糊性。有一部分词,属于不典型的液体。比如粥、糖等,我们也把它们纳入了讨论的范围。

(8) 本书所采用的上古拟音,如无特殊说明,我们引用的是郑张尚芳和潘悟云两位先生的拟音,前者为郑张先生所构拟,后者为潘悟云所构拟,用"\\"隔开。下文不再赘述。

(9) 本书涉及的所有词条都在第一次出现的页面以页下注的形式给出其所有义项,供读者查阅。

(10) 最后需要说明的是,我们尽力探讨每个词的来源以及词义演变的规律,但把所有词的来龙去脉弄清楚是目前不现实的事情。所以,我们在每个条目下把基本弄清楚来源的词标上一个小标题，加粗表示。其余暂时没有结论、需要继续探讨的词则归入"其余词"一类，以示有待进一步讨论。

第二章　上下义视点下"水"之语义场

《说文·水部》："水，准也。北方之行。象众水并流，中有微阳之气也。"许慎是从"水"的状态来说的，"准也""北方之行""象众水并流""中有微阳之气"等都是"水"的状态。事实上，"水"在周代初期就既能表示水这种物质，又固定地表示"河流、流动的水"，甲骨文里就有了这个词。按沙加尔所说，可能"流动的水"这个意思可能更古老。①

本章从上下义的角度对"水"语义场做出归纳。上位词是概念上外延更广的主题词，下位词指概念上内涵更窄的主题词。严格说来，各种状态之水、汇聚之水、自然之水、身体之水等都是泛指义"水"的下位词，因为它们在语义上具有一致性且所含词语较多，故此暂不讨论。本章主要概括那些语义上一致性不强或所含词语较少的下位词。

第一节　"水"之上位词

在上下义视点下建立的"水"语义场中，"水"的上位词为"液体"。该语义场中，泛指"液体"义的词语有"水"和"液"两个。此外，我们把所释不太明确的"水"也归入此类，通常的训释模式是"～，水也。"这类词语有溘、浆、津、灡、潅、濛、潓、滀、滑、汊"10个。有的也许是"水"下位词。

---

① [美]沙加尔：《上古汉语词根》，龚群虎译，上海教育出版社2004年版，第174页。

(1) 水¹ʹ①,《广韵》式轨切,上旨书。《诗·小雅·沔水》:"沔彼流水,朝宗于海。"

据郑春兰,甲骨文中出现了"水",表液体义。也可以做动词用:王其水寝。②

据吴宝安,《说文》:"水,准也。"《说文》的解释不是"水"的本义,古代训释中,《论衡·顺鼓》的解释符合"水"的本义:"云积为雨,雨流为水。""水"在西汉时期主要表"水",也有表"河流、水域"义的例证。③

"水"除表示无色无味的透明液体外,还可以指其他一些液态物。宋苏轼《行香子·茶词》:"斗赢一水,功敌千钟。"这一例子中,"水"表示茶。元方夔《食西瓜》:"香浮笑语牙生水,注入衣襟骨有风。"这一例子中,"水"表示口水。"水"还可以表示酒。《史记·孝武本纪》:"其牛色白,鹿居其中,彘在鹿中,水而洎之。"张守节正义:"水,玄酒也。"但这几例应只是其代指用法。

(2) 液,《广韵》羊益切,入昔以。"液"指液体。《庄子·人间世》:"散木也,以为舟则沉,以为棺椁则速腐,以为器则速毁,以为门户则液樠,以为柱则蠹。"陆德明释文:"司马云:'液,津液也。樠,谓脂出樠樠然也。'崔云:'黑液出也。'"《说文·水部》:"液,尽也。"黄树先曾讨论过"液":

液 * lăk < * k·lăk ပန်းရည် pan³ rak⁴ 花蜜;အရက် a¹ rak⁴ 酒。《说文》:"液,津也。"白保罗拿汉语的"液"和藏缅语 * ryak "动物脂、油、汁液"进行比较。* ryak 见其正文#204:缅语 pan – rak,wat – rak "花的汁"。汉语的"液"通"醳"(《周礼·弓人》郑司农注),是二字读音同。"醳"是古代的一种酒,又叫"昔酒",见《周礼·酒正》。"醳" * k·lăk 和缅文 အရက် a¹ rak⁴ 酒音义皆合。汉语的"涼" * g·răŋ,《说文》:"涼,薄也。"段玉裁注:"以水和酒,

---

① "水"有3个与水有关的义项:水¹:水。水²:河流,江河湖海的通称。水³:雨。
② 郑春兰:《甲骨文核心词研究》,博士学位论文,华中科技大学,2007 年,第 109 页。
③ 吴宝安:《西汉核心词研究》,巴蜀书社 2011 年版,第 277 页。

故为薄酒。""凉"是兑了水的淡酒。"酪"* g·raak，《礼记·礼运》："以为醴酪。""浆"，《说文》："浆，酢浆也。""浆"* skăŋ 是带酸味的饮料。"浆凉醳液"音义有关，可以构成一个词族。①

其他语言中的情况类似，也有相近的词义发展。法语：eau，水；雨，雨水；大片的水；温泉，矿泉；（人的）汗水，口水；（水果的）汁；水色；水表；化学溶液。liqueur 除了表示液，溶液，还可以泛指液体和体液等。日语すい，水；江河湖海；液体，汁；氢；星期三的简称（星期三在日语里叫"水耀日"）。②

以下是一些所释不太明确的词，可能泛指水，但也可能是水的下位词。

（3）溘$^{1/}$③，《广韵》口答切，入合溪。"溘"泛指水。《玉篇·水部》："溘，水也。"

（4）浆$^{1/}$④，《广韵》即良切，平阳精。"浆"表示水。《字汇补·水部》："水亦曰浆。""浆"还可以表示汁液和饮料，是个具有多个液体义项的词。黄树先认为，"浆凉醳液"属于同族词，详见"水之上位词"条下"液"。

（5）津$^{1/}$⑤，《广韵》将邻切，平真精。"津"指水。南朝梁沈约《新安江水至清浅深见底贻京邑游好》："沧浪有时浊，清济涸无津。"

（6）濑$^{1/}$⑥，《广韵》落盖切，去泰来。"濑"表示从沙石上流过的水。《楚辞·九歌·湘君》："石濑兮浅浅，飞龙兮翩翩。"《说文·水部》："濑，水流沙上也。"除此义项外，还可以表示水流、水名。

（7）灛，《集韵》力展切，上狝来。"灛"指水。《玉篇·水部》："灛，水。"

---

① 黄树先：《汉缅语比较研究》，华中科技大学出版社 2003 年版，第 75 页。
② 日本株式会社旺文社编：《日汉双解学习词典》，外语教学与研究出版社 2005 年版，第 323、580、841 页。
③ "溘"有 2 个与水有关的义项：溘^1：水。溘^2：波浪。
④ "浆"有 3 个与水有关的义项：浆^1：水。浆^2：汁液。浆^3：饮料。
⑤ "津"有 2 个与水有关的义项：津^1：水。津^2：体液。
⑥ "濑"有 3 个与水有关的义项：濑^1：水。濑^2：水流。濑^3：水名。

（8）瀿[1]①，《玉篇》阻懺切。"瀿"泛指水。《玉篇·雨部》："瀿，水。"除表示"水"外，还可以表示小雨。

（9）㴺[1]②，《玉篇》卢帝切。"㴺"表示水。《玉篇·氵部》："㴺，水。"一说表示冰。

（10）澢，《广韵》都郎切，平唐端。"澢"指水。《集韵·唐韵》："澢，水也。"

（11）潝，《广韵》虚业切，入业晓。"潝"表示水。《玉篇·水部》："潝，水。"

（12）閌，《改并四声篇海》引《川篇》音冈。"閌"泛指水。《改并四声篇海·门部》引《川篇》："閌，水也。"

小结：总之，"水"泛指液体义是语言中一条共同的语义演变规律，很多语言都有类似的词义发展情况。

第二节　小水

"小水"这一次语义场中，包含"滢、溇、荥、渍、汕、㵎（溓）、窊、浒、涓、湢、涽、沁、澈"13个词语。

（一）小水与清澈/小/连续反复

（13）滢[1]③，《广韵》乌定切，去径影。"滢"表示小水。《广韵·径韵》："滢，小水。"还可以表示水名。我们认为"滢"表"小水"可能与其表"清澈"义有关。唐韩愈《奉酬卢给事云夫四兄曲江荷花行见寄》："玉山前却不复来，曲江汀滢水平杯。"另外，"汀滢"组成叠韵词，也指小水。汀[1]④，《广韵》他定切，去径透。晋葛洪《抱朴子·内篇·极言》："不测之渊，起于汀滢。"《集韵·径韵》："汀，汀滢，小水。"此外，"汀"还可以表示稀泥浆。"汀滢"其来源可能与"连续反复"义有关。其相似的词还有"叮咛"：叮，咛，表"反复申说"

---

① "瀿"有2个与水有关的义项：瀿¹：水。瀿²：小雨。
② "㴺"有2个与水有关的义项：㴺¹：水。㴺²：冰。（一说是水，一说是冰。与其他多个义项的词实际上是不一样的，我们也暂时分别归类）
③ "滢"有2个与水有关的义项：滢¹：小水。滢²：水名。
④ "汀"有2个与水有关的义项：汀¹：小水。汀²：稀泥浆。

义。《玉篇·口部》："叮咛，嘱咐也。"

（14）渨，《广韵》乌回切，上回影。"瀔渨"叠韵，也表示小水。《文选·扬雄〈甘泉赋〉》："梁弱水之瀔渨兮，蹑不周之逶蛇。"李善注："瀔渨，小水貌也。"瀔¹/①，《广韵》他定切，去径透。《集韵》："瀔，瀔渨，小水。"我们认为，"滢""渨"同源。"汀滢""瀔渨""荥泞"同源。

（15）荥¹/②，《广韵》户扃切，平青匣。"荥"表示很小的水。《淮南子·泰族》："故丘阜不能生云雨，荥水不能生鱼鳖者，小也。"除此义项外，还可以表示水名。张博认为"荥"与"嫈""謍""萤""嘤""婴""荧""荣"等词组成词族，与"小"义有关。③ 我们认为是。另，"荥泞"叠韵，表示小水，又作"汀泞"。泞¹/④，《集韵》囊丁切，平青泥。《说文·水部》："泞，荥泞也。"王筠句读："'荥泞'叠韵。""泞"既表示"小水"义，还可以表示泥泞。

（二）小水与崖岸

（16）濆¹/⑤，《广韵》符分切，平文奉。谆部。"濆"表示大水漫衍而形成的小水。《集韵·文韵》："濆，大水溢出别为小水之名。"此外，还表示水名。"濆"的"小水"义可能与"水边；崖岸"义有关。《诗·大雅·常武》："铺敦淮濆，仍执丑虏。"毛传："濆，涯。"《说文·水部》："濆，水厓也。"

（三）小水与沟渠

（17）洫¹/⑥，《广韵》况逼切，入职晓。"洫"表示小水。扬雄《太玄·达》："大达无畛，不要止洫。"范望注："洫，小水也。""洫"是个可以表示多个液体义项的词，除"小水"义外，还可以表示沟渠、护城河、水名。

---

① "瀔"有2个与水有关的义项：瀔¹：小水。瀔²：水名。
② "荥"有2个与水有关的义项：荥¹：很小的水。荥²：水名。
③ 张博：《汉语同族词的系统性与验证方法》，商务印书馆2006年版，第131页。
④ "泞"有2个与水有关的义项：泞¹：小水。泞²：泥泞。
⑤ "濆"有2个与水有关的义项：濆¹：小水。濆²：水名。
⑥ "洫"有4个与水有关的义项：洫¹：小水。洫²：水沟，沟渠。洫³：护城河。洫⁴：水名。

(四）小水与狭窄

（18）溓¹/①，《广韵》勒兼切，平添来。又力忝切。"溓"指小水。《集韵·忝韵》："溓，小水。"此外，还可以表示薄冰和水名两个与液体有关的义项。"溓""濂"表示小水、薄水，"溓"还指薄冰，其来源可能与"廉"有关。廉，《广韵》力盐切，平盐来。表"狭窄"义。《说文·广部》："廉，仄也。"《齐民要术·耕田》："凡秋耕欲深，春夏欲浅；犁欲廉，劳欲再。""狭窄"义与"薄"义相通。

濂¹/②，《广韵》勒兼切，平添来。"濂"同"溓"，表示薄水，指大水中断小水流出。《古今韵会举要·盐韵》："溓，《说文》：'薄水也。从水，兼声一曰中绝小水。'或作濂。"《广韵·添韵》："濂，薄也。"此外，"濂"还可以表示水名。

（五）大水与小水

（19）濴，《集韵》乌横切，去映影。《集韵·映韵》："濴，小水也。""濴"表小水应与"泓"有关。"泓"有"大"义，表"水深貌"，又表示"潭"。《说文·水部》："泓，下深儿。"唐元稹《说韧》："为斩泓下蛟，莫试街中狗。"我们猜测，"泓"表"大水"，从"穴"中过是不是就成"小水"了。

下面这个例子情况类似，大水溢出成为小水。

（20）浒，《广韵》呼古切，上姥晓。"浒"表示淮水溢出的小水。《尔雅·释水》："淮为浒。"郭璞注："皆大水溢出，别为小水之名。"

（六）小水与细缓貌

（21）涓¹/③，《广韵》古玄切，平先见。"涓"指细小的水流。《说文·水部》："涓，小流也。""涓"还可以表示小河、水名。"涓"其"小水"义与其表示"水流细缓貌"相关。《荀子·法行》："《诗》曰：涓涓源水，以雕不塞。"

（七）其余词

（22）渲，《广韵》息绢切，去线心。"渲"指小水。《玉篇·水部》：

---

① "溓"有3个与水有关的义项：溓¹：小水。溓²：薄冰。溓³：水名。
② "濂"有2个与水有关的义项：濂¹：薄水。濂²：水名。
③ "涓"有3个与水有关的义项：涓¹：流水。涓²：河。涓³：水名。

"洍，小水。"

（23）浾，《广韵》羊晋切，去震以。《玉篇·水部》："浾，音靷。小水。"

（24）泲，《篇海类编》子结切。《篇海类编·地理类·水部》："泲，小水也。"

（25）濈，《广韵》子结切，入屑精。又姊末切，资昔切。《广韵·昔韵》："濈，小水。"

小结："小水"次语义场的词其来源各不相同。"荥""濴"同源，其来源可能与"小""清澈"义有关。"汀濴""潗潗""荥汀"同源，其来源可能与"连续反复"义相关。"濆"其小水义可能与"崖岸"义有关，"洫"的小水义与沟渠有关。"濂"应来源于"廉"，与狭窄义相关。"窞"之"小水"义可能来源于"泓"之"大水"义，"泘"指"溢出的小水"，也来自"大水"。"涓"其"小水"义与其表示"水流细缓貌"有关。

第三节 大水

"大水"这一次语义场包含 9 个词，分别是洪、涨、溅、洚、浲、潮、激、汪、濛。

（一）大水与大

（26）洪[1]①，《广韵》户公切，平东匣。"洪"表示大水。《书·尧典》："汤汤洪水方割。"《说文·水部》：洪，洚水也。王筠句读："《玉篇》引无'水'字，是也。""古音洪、洚同声，故《孟子》以洪释洚，许君本之。""洪"除了可以表示大水外，还可以表示水流、深沟、水名。张博认为"洪"与"谼""宏""闳""雄""泓""飌""仜""虹""鞏""公""妐""翁"等组成词族，与"大"义有关。

"浩"，《广韵》胡老切，上皓匣。表示大水貌。《书·尧典》："汤汤洪水方割，荡荡怀山襄陵，浩浩滔天。"孔传："浩浩盛大若漫天。"

---

① "洪"有4个与水有关的义项：洪[1]：水。洪[2]：水流。洪[3]：深沟。洪[4]：水名。

(27) 涨¹ⁿ①,《广韵》知亮切,去漾知。又陟良切。《集韵》展两切。"涨"表示大水。《广韵·漾韵》:"涨,大水。""涨"还可以表示南海的别名。"涨"表大水应与"张"有关。张,《广韵》陟良切,平阳知。《诗·大雅·韩奕》:"四牡奕奕,孔修且张。"毛传:"张,大。"孔颖达疏:"言四牡之马奕奕然,其形甚长而且高大。"王力认为"张、胀、涨"属于同源词。② 张博认为,张,平声。帐胀涨,去声。这一组词属于义衍同族词。③

(28) 沄,《广韵》许月切,入月晓。又王伐切。"沄"表示大水。《广韵·月韵》:"沄,大水。""沄"其"大水"义与"大水貌"有关。又《广韵·月韵》:"沄,水貌。"《文选·郭璞〈江赋〉》:"溃濩沄潏"李善注:"皆水势相激汹涌之貌。"据张博,"汤""洋"与"瀁""沄"为声韵皆转同族词。④

(二) 其余词

(29) 洚¹ⁿ⑤,《广韵》户公切,平东匣。又户冬切,下江切,古巷切。音与"洪"同。"洚"表示洪水。《说文·水部》:"洚,水不遵道。"段玉裁注:《孟子·滕文公》篇:"《书》曰:洚水警予。洚水者,洪水也。"此外,"洚"也可以表示水名。

(30) 滃¹ⁿ⑥,《说文系传》胡翁反。"滃"表示大水。五代徐锴《说文系传·水部》:"滃,大水也。""滃"也表示水名。

(31) 溷¹ⁿ⑦,《广韵》古困切,去恩见。又《集韵》具运切。"溷"指大水。《玉篇·水部》:"溷,大水。""溷"也可以表示水名。

(32) 潡,《集韵》杜本切,上混定。《玉篇·水部》:"潡,大水也。"

(33) 汧,《改并四声篇海》引《川篇》音犴。《改并四声篇海·

---

① "涨"有2个与水有关的义项:涨¹:大水。涨²:南海的别名。
② 王力编:《同源字典》,商务印书馆1982年版,第354页。
③ 张博:《汉语同族词的系统性与验证方法》,商务印书馆2006年版,第45页。
④ 同上书,第341页。
⑤ "洚"有2个与水有关的义项:洚¹:洪水。洚²:水名。
⑥ "滃"有2个与水有关的义项:滃¹:大水。滃²:水名。
⑦ "溷"有2个与水有关的义项:溷¹:大水。溷²:水名。

水部》引《川篇》:"洭,大水。"

(34) 濛¹ʹ①,《广韵》莫孔切,上董明。【濛澒】或作"濛鸿"。表示大水。《广韵·董韵》:"濛,濛澒,大水。"

小结:总之,大多数"大水"与"大"义有关,比如"洪""泽""涨""溉"等。

第四节 清水

"清水"这一次语义场只包括4个词,分别是清、浪、窊、潼。

(一) 清水与清澈

(35) 清¹ʹ②,《广韵》七情切,平清清。"清"表示清水。《水经注·江水》:"春冬之时,则素湍绿潭,回清倒影。""清"表示液体的义项也比较多,既可以指清澈的水,也可以表示甜酒、饮料和水名。"清"之所以表多个"液体"义项,与其表"清澈"义有关。《诗·魏风·伐檀》:"河水清且涟漪。"

(二) 其余词

(36) 浪¹ʹ③,《广韵》鲁当切,平唐来。"浪"指清水。三国魏嵇康《幽愤诗》:"虽曰义直,神辱志沮。澡身沧浪,岂云能补?""浪"还能指波浪和水名,是一个可以表示多项液体义项的词。

(37) 窊¹ʹ④,《广韵》乌瓜切,平麻影。鱼部。"窊"指清水。《广韵·麻韵》:"窊,《说文》曰:'清水也。'""窊"还可以表示小水坑和水名。

(38) 潼,《改并四声篇海·水部》引《龙龛手鉴》常伦切。《改并四声篇海·水部》:引《龙龛手鉴》:"潼,清水也。"

小结:"清水"次语义场的研究成果较少。"清"其"清水"义与"清澈"义有关。

---

① "濛"有3个与水有关的义项:濛¹:大水。濛²:小雨。濛³:水名。
② "清"有4个与水有关的义项:清¹:清澈的水。清²:甜酒。清³:饮料。清⁴:水名。
③ "浪"有3个与水有关的义项:浪¹:清水。浪²:波浪。浪³:水名。
④ "窊"有3个与水有关的义项:窊¹:清水。窊²:小水坑。窊³:水名。

第五节 浊水

我们所说的"浊水"是相对于"清水"而言的，实际上是有杂质的水，包括淘米水、洗澡水、浊水。虽说淘米水就是米汁，也可以归入"汁液"类。但"泔"可以指淘米用过的水，却偏重于"脏水、浊水"义。所以我们把"淘米水"归入"浊水"类。"浊水"这一次语义场包括 10 个词，分别是潃、濯、沐、泔、滫、堕、渚、潘、糈、澜（瀾）。

（一）浊水与洗涤

（39）潃，《广韵》息有切，上有心。"潃"表示酸臭的陈淘米水，可以引申为污水。《荀子·劝学》："兰槐之根是谓芷，其渐之潃，君子不近，庶人不服。"杨倞注："潃，溺也。"王先谦集解引卢文弨曰："潃，久泔也。"《说文·水部》："潃，久泔也。""潃"表示"陈淘米水"应与其表"淘洗"义有关。《说文·鬲部》："䤈，潃米器也。"段玉裁注："潃米犹渐米，渐之以得其泔也。"

（40）濯，《广韵》直角切，入觉澄。"濯"指沐浴用过的脏水。《仪礼·士丧礼》："浴用巾，抵用浴衣，澡濯弃于坎。"郑玄注："沐浴余潘水，巾柿浴衣亦并弃之。"《广雅·释器》："潃、濯，潃也。"王念孙疏证："臭汁谓之潃，亦谓之滫，亦谓之濯。""濯"表"脏水"义与其表"洗涤"义有关。《诗·大雅·泂酌》："泂酌彼行潦，挹彼注兹，可以濯罍。"毛传："濯，潃也。"《说文·水部》："濯，瀚也。"王力认为，"濯"与"涤"同源。①

（41）沐[1/②]，《广韵》莫卜切，入屋明。"沐"表示古人用以洗发的淘米汁。《诗·魏风·伯兮》："岂无膏沐，谁适为容。""沐"还可以表示水名。"沐"表"淘米汁"与其表"洗头发"有关。《诗·小雅·采绿》："予发曲局，薄言归沐。"引申出洗涤。《文选·宋玉〈神女赋〉》："沐兰泽，含若芳。"李善注："沐，洗也。"还可以表示润泽。

---

① 王力编：《同源字典》，商务印书馆 1982 年版，第 24 页。
② "沐"有 2 个与水有关的义项：沐[1]：淘米汁。沐[2]：水名。

《后汉书·明帝纪》:"京师冬无宿雪,春不燠沐。"李贤注:"燠,暖也。沐,润泽也。言无暄润之气也。"

(二) 浊水与浸渍

(42) 泔¹/①,《广韵》古三切,平谈见。"泔"指淘米、洗刷锅碗等用过的水。《管子·水地》:"秦之水泔冣而稽,埻滞而杂。"《说文·水部》:"泔,周谓潘曰泔。"朱骏声通训定声:"渐米汁也,亦曰滽,今苏俗尚呼泔脚水。""泔"既表示臭水,又表示水名。"泔"还可以表示用淘米水浸渍。《荀子·大略》:"曾子食鱼有余,曰:'泔之。'门人曰:'泔之伤人,不若奥之。'曾子泣涕曰:'有异心乎哉?'伤其闻之晚也。"杨倞注:"泔与奥皆烹和之名,未详其说。"

(三) 浊水与落下

(43) 潲,《广韵》所教切,去效生。"潲"表示臭水,也指用淘米水等制成的猪食。《广韵·释器》:"潲,潘也。"王念孙疏证:"《玉篇》:'潲,臭汁也,潘也。'《集韵》云:'汎潘以食豕也。'""潲"可以表示"落下"义,指雨斜着落下来。《广韵·效韵》:"潲,雨溅也。"转引朱建颂语料:武汉称"泔水"为"潲水"②。我的家乡湖南冷水江也是这种说法。

(44) 堕,《龙龛手鉴》徒果反。"堕"指淘米、洗菜或刷锅等用过的水。《字汇补·土部》:"堕,泔也。""堕"同"堕",可以表示"落"。《龙龛手鉴·土部》:"堕,同'堕'"。

(四) 浊水与混杂

(45) 淆,《广韵》胡茅切,平肴匣。"淆"指浊水。《广韵·肴韵》:"淆,浊水。""淆"表示"浊水"与其表"混杂;混乱"义有关。《玉篇·水部》:"淆,浑也。"

(五) 其余词

(46) 潘¹/③,《广韵》普官切,平桓滂。"潘"表示淘米水。《左传·哀公十四年》:"陈氏方睦,使疾,而遗之潘沐,备酒肉焉,饔守

---

① "泔"有2个与水有关的义项:泔¹:水。泔²:水名。
② 朱建颂:《武汉方言概要》,华中师范大学出版社2009年版,第213页。
③ "潘"有3个与水有关的义项:潘¹:淘米水。潘²:漩涡。潘³:水名。

因者，醉而杀之，而逃。"杜预注："潘，米汁，可以沐头。"《说文·水部》："潘，淅米汁也。""潘"还可以表示水名。王力认为"燔""膰"同源。燔，烤。膰，烤熟的祭肉。① 我们猜想，"潘"所表示的米汁是不是也有可能是加热过的呢？上古时代，人们已经广泛地使用火，用来洗头的米汁水有可能是热水。另外，在我的家乡湖南冷水江，有一种用来洗碗的土方法。把米加水烧开以后，倒出米汁用来洗碗，去油的效果非常好。据说，在洗洁精广泛使用之前，老家家家户户都是用这种米汁来洗碗的。"潘"这种米汁用来洗头是不是也有可能是因为去油效果很好呢？

(47) 粡，《龙龛手鉴》音烦。"粡"表示米汁。《龙龛手鉴·米部》："粡，米汁也。""粡"的"米汁"义应与"潘"有关。

(48) 澜¹/②，《广韵》落干切，平寒来。又朗旰切。"澜"表示淘米水。《广雅·释器》："泔、潘，澜也。"王念孙疏证："灡与澜同。""澜"既同"灡"，指淘米水；同时也可以表示波纹。

灡，《集韵》郎干切，平寒来。《说文·水部》："灡，潘也。"

小结："浊水"次语义场的词也各有来源：或与"洗涤"有关，或与"浸渍"有关，或与"落下"义有关，或与"混杂"义有关。其来源多围绕着"浊"义展开，"洗涤"之后的水都是浊水，"浸渍"之后的水也是浊水，"混杂"了东西的水还是浊水。"落下"之后溅起的"水"也是浊水。

第六节 水滴

"水滴"次语义场只包含4个词。分别是：滴、溜、涿、点。

（一）水滴与滴下

(49) 滴，《广韵》都壓切，入锡端。"滴"表示水滴。《玉篇·水部》："滴，水滴也。"俞敏认为藏文 thigs（水滴）与其同源。③ 丁邦新

---

① 王力编：《同源字典》，商务印书馆1982年版，第35页。
② "澜"有2个与水有关的义项：澜¹：淘米水。澜²：波纹。
③ 俞敏：《汉藏同源字谱稿》，《俞敏语言学论文集》，商务印书馆1999年版，第90页。

等也曾讨论过"滴":认为一部分侗台语"滴"的说法可以与汉语对应,如:兴义布依 çat⁷,侗语 sət⁷,仫佬 thət⁷,拉珈 thet⁷。侗台语"滴"的说法也和汉语、藏语说法同源,如:拉珈 tek⁷,仫佬 t ɛk⁷ᶜ,侗语 țik⁷ᶜ,thjak⁷,黎语 dak⁷,莫家 jok⁷,武鸣 dik⁷,龙州 dik⁷。①"滴"之"水滴"义可能与其"滴下"义有关。《玉篇·水部》:"沥,滴沥,水下。"

(50) 溜¹ᐟ②,《广韵》力救切,去宥来。"溜"表示水滴或者细小的水流。汉杜笃《首阳山赋》:"青罗落漠而上覆,穴溜滴沥而下通。"也表示水或其他液体向下流。南朝宋孔欣《置酒高堂上》:"生犹悬水溜,死若波澜停。"唐玄应《一切经音义》卷十八引《仓颉解诂》曰:"溜,谓水垂下也。"王力认为,"溜""流""霤""廇""扁""漏"都表示水流下的意思,同源。③

(二) 水滴与连续触击

(51) 涿¹ᐟ④,《广韵》竹角切,入觉知。又《集韵》都木切。"涿"指流下的水滴,《说文·水部》:"涿,流下滴也。"段玉裁注:"今俗谓一滴曰一涿,音如笃。""涿"还能表示水名。张博认为"涿"与"连续触击"义有关,与"啄""嘱""塚""椓""琢""诼"等词组成词族。⑤

(三) 水滴与点痕

(52) 点,《广韵》多忝切,上忝端。"点"表示液体的小滴。宋陆游《雨中作》:"风声如翻涛,雨点如撒菽。""点"表"水滴"来源与其表"细小的黑色斑痕"。《说文·黑部》:"点,小黑也。""点痕"义与"玷污"有关。《楚辞·九辩》:"窃不自聊而愿忠兮,或黙点而污之。"王逸注:"点,污也。"《广雅·释诂二》:"点,污也。"

小结:"水滴"次语义场的来源各不相同,"滴""溜"来源与"滴下"。黄树先认为:印度尼西亚语 - tik 对应汉语"滴"字。《说文》:

---

① 丁邦新、孙宏开:《汉藏语同源词研究(二)——汉藏、苗瑶同源词专题研究》,广西民族出版社 2001 年版,第 126 页。
② "溜"有 3 个与水有关的义项:溜¹:水滴。溜²:急流。溜³:水名。
③ 王力编:《同源字典》,商务印书馆 1982 年版,第 192 页。
④ "涿"有 2 个与水有关的义项:涿¹:水滴。涿²:水名。
⑤ 张博:《汉语同族词的系统性与验证方法》,商务印书馆 2006 年版,第 137 页。

"滴，水注也。从水，啻声。"段注："《埤仓》有渧字，读去声，即滴字也。"转引其他语言的证据：印度尼西亚语 titik "（露水等的）点，滴；（液体）滴下"，rintik "斑点；水点；rintikhujan 雨点"。英语 drop "点，滴；（液体）滴落"。① "涿"与"连续触击"有关，"点"来源与"点痕"义。

第七节 热水

"热水"次语义场一共有 6 个词，分别是汤、洏、澳（濡、㵩）、涗、洎、洝。

（一）热水与加热/暖和

（53）汤[1][2]，《广韵》吐郎切，平唐透。"汤"表示热水。《论语·季氏》："见善如不及，见不善如探汤。"刘宝楠正义："探汤者，以手探热。""汤"既表示热水、沸水；还表示温泉、护城河、汤汁、饮料以及水名，是表示液体类义项最多的一个词。张博认为，"汤"与"炀"同源。炀，《说文》："炀，炙燥也。"王筠句读："言炙之令燥也。"《庄子·寓言》："舍者避席，炀者避灶。"陆德明释文："炀，炊也。"张博还认为，"热水"义其来源于"烧烤、烹煮"义有关，形成动—形类转同族词系列，包括"爇—热""煮—暑""炀—汤""燂—炎"等同源词。③ 另外，"汤"还可以表示水盛貌。《广韵》式羊切，平阳书。又他郎切。《诗·卫风·氓》："淇水汤汤，渐车帷裳。"毛传："汤汤，水盛貌。"《玉篇》："汤汤，水盛。""汤""洋"与"瀁""泱"为声韵皆转同族词。④ 山东临朐方言"喝白开水"用"喝汤"表示。⑤

（54）洏，《广韵》如之切，平之日。之部。《说文·水部》："洏，

---

[1] 黄树先：《比较词义探索》，巴蜀书社 2012 年版，第 367 页。
[2] "汤"有 6 个与水有关的义项：汤¹：热水。汤²：泉。汤³：护城河。汤⁴：汤汁。汤⁵：饮料。汤⁶：水名。
[3] 张博：《汉语同族词的系统性与验证方法》，商务印书馆 2006 年版，第 184 页。
[4] 同上书，第 341 页。
[5] 钱曾怡：《临朐方言简记》，《钱曾怡汉语方言研究文选》，山东大学出版社 2008 年版，第 195 页。

洝也。"段玉裁注："沵与澳音近。"桂馥义证："洝也者，徐锴本作'安'，通作'濡'。《庄子·徐无鬼》：'有濡需者。'注云：'濡需，谓伦安须臾之顷。'"朱骏声通训定声："按：沵水，即今直隶遵化州之沶河……《水经》作濡，或以澳为之。沵、濡、澳、沶，皆一声之转。又按：《说文》列字次弟：'洝，澳水也。''沵，洝也。'不与水名相次。疑'洝'、'澳'即苏俗温敦字，谓不寒不热水也，叠韵连语。沵、澳双声。""沵"表"热水"与"加热、煮熟"有关。《说文·水部》："沵，煮孰也。"段玉裁注："《肉部》曰：'胹，烂也。'然则沵与胹同也。"

（55）澳¹ˊ①，《广韵》乃管切，上缓泥。又奴乱切。"澳"表示热水。《仪礼·士丧礼》："浴用巾，挋用浴衣，澳濯弃于坎。"郑玄注："沐浴余潘水，巾栉浴衣亦并弃之。古文澳作缘〈渜〉，荆、沔之间语。"贾公彦疏："潘水既经温者，名之为澳；已将沐浴，谓之为濯。""澳"也可以表示水名。张博认为"煗（暖）"与"澳"同源，来源于"暖和"义。属于 *kjiang［大/硬/强/冷］与 *njəg［小/软/弱/暖］两组词源义相反的同族词相应分化的义衍同族词系列中 *njəg［暖］族。煗（暖），《说文》："煗，温也。"《墨子·辞过》："当今之主，其为衣服，则与此异矣。冬则轻煗，夏则轻清。"《玉篇》："暖，温也。"②

濡¹ˊ③，《集韵》乳兖切，上狝日。"濡"同"澳"，表示热水。《礼记·丧大记》："濡濯弃于坎。"《集韵·换韵》："澳，沐浴余溎。或从需。"除此之外，还可以表示水名。

渜¹ˊ④，"渜"同"澳"，也指热水，特指洗过澡的水。《仪礼·士丧礼》："澳濯弃于坎"。汉郑玄注："古文澳作渜。""渜"还可以表示水名。

（二）热水与清澈

（56）涗，《广韵》舒芮切，去祭书。"涗"表示温水，不太热的温水。《说文·水部》："涗，财温水也。"王筠句读："财温者，不太热

---

① "澳"有2个与水有关的义项：澳¹：热水。澳²：水名。
② 张博：《汉语同族词的系统性与验证方法》，商务印书馆2006年版，第184页。
③ "濡"有2个与水有关的义项：濡¹：热水。濡²：水名。
④ "渜"有2个与水有关的义项：渜¹：热水。渜²：水名。

也。""涚"表"温水"义可能与"清澈"义有关。《周礼·考公记·慌氏》:"慌氏湅丝:以涚水沤其丝七日,去地尺暴之。"郑玄注:"涚水,以灰所沸水也。"

(三)其余词

(57)湛,《广韵》胡感切,上感匣。"湛"指澡丝所用的沸水。《说文·水部》:"湛,缫丝汤也。"段玉裁注:"缫丝必用沸汤,名曰湛。"

(58)浂[1]①,《广韵》乌旰切,去翰影。"浂"指温水。《说文·水部》:"浂,㵿水也。"段玉裁注:"《日部》曰:'安䮕,温也'。然则浂㵿,犹安䮕,皆叠韵字。"此外,"浂"还表示水名。

小结:"热水"次语义场中的词大多与"加热、暖和"有关,如:汤、泲、㵿(濡、渌)。"涚"其来源则与"清澈"有关。

第八节 卤水

我们理解的"卤水"是指咸水。在收集语料的过程中,我们发现有几个词专门表示"卤水",于是把它们单独列出,归为一类。"卤水"次语义场有2个词,分别是:卤、䱉(醎、咸)。

卤水与苦

(59)卤[1]②,《广韵》郎古切,上姥来。又昌石切,徒历切。鱼部。《玉篇·水部》:"卤,咸水。""卤"既指咸水,也可以表示浓汁。"卤"表示"咸水"义应与其"苦、盐碱地"义有关。《尔雅·释言》:"卤,苦也。"郭璞注:"卤,苦地也。"邢昺疏:"郭云'卤,苦地也'者,谓斥卤可煮盐者。"

(60)䱉,指卤水。清袁枚《随园随笔·杂记类》:"私煮䱉者至十斤者,死。"明焦竑《俗书刊误·俗用杂字》:"鹻,卤水曰鹻。又作醎、咸、醎、䱉。""䱉"同"鹻"。"鹻"可以表示咸味。③

---

① "浂"有2个与水有关的义项:浂[1]:温水。浂[2]:水名。
② "卤"有2个与水有关的义项:卤[1]:咸水。卤[2]:浓汁。
③ 黄树先:《说"盐"》,《汉藏语论集》,华中科技大学出版社2007年版,第82页。

鹼¹[①]，《蜀语》音减。"鹼"与"醎"同，表示卤水。明李实《蜀语》："卤水曰鹼，醎同。""鹼"除了表示卤水之外，还表示醋。"鹼"与"硷"有关。硷，《广韵》古斩切，又七廉切。表示盐卤。《说文·盐部》："硷，卤也。"

咸，《本草纲目》音减。"咸"同"醎"，指卤水。明焦竑《俗书刊误·俗用杂字》："鹻，卤水曰鹻。又作咸、醎、醶。""咸"表示"卤水"义应与其"咸"义、"苦"义有关。《广韵》胡谗切，平咸匣。《周书·洪范》："润下作咸。"《荀子·正名》："甘苦咸淡，辛酸奇味，以口异。"《尔雅·释言》："咸，苦也。"郭璞注："苦即大咸。"郝懿行义疏："咸极必苦。"

小结："卤水"次语义场中有2个词，都与"苦"有关。其中，"卤"表示盐碱地。俗话说，"盐极必苦"，"卤水"与"苦"有关是自然的。

第九节 其他水

"其他水"次语义场里包含了8个词，分别是澼、塎、蕾、鑐、洐、汔、覆、鯱。分别表示肠间水、堤水、荷覆水、铁水、沟行水、去饭水、覆水和牛角上水。我们把这些不太好归类的词归到这一次语义场。

（一）肠间水与漂洗

（61）澼，《集韵》匹辟切，入昔滂。"澼"指肠间水。《素问·通评虚实论》："帝曰：肠澼便血何如？"《集韵·昔韵》："澼，肠间水。""澼"表"肠间水"可能与其表"漂洗"有关。《广韵》普擘切，入锡滂。锡部。《庄子·逍遥游》："宋人有善为不龟手之药者，世世以洴澼絖为事。"成玄英疏："洴，浮；澼，漂。"

（二）堤水与堤坝

（62）塎，《集韵》讫业切，入业晓。"塎"表示堤水。《玉篇·土部》："塎，堤水也。""塎"表示"堤水"与其表示"堤坝"有关。《集韵·业韵》："塎，堤也。"

[①] "鹼"有2个与水有关的义项：鹼¹：卤水。鹼²：醋。

（三）荷覆水与草药

（63）蕅，《广韵》他合切，入合透。又都槛切。"蕅"指荷覆水。《广韵·盍韵》："蕅，荷覆水。""蕅"表示"荷覆水"可能与其表"草药名"有关。《齐民要术》卷十："蕅菜，生水中，大叶。"《汉语大字典》解释："蕅"为药草泽泻的别名。《汉语大词典》："泽泻，多年生草本植物。叶椭圆形，开白色小花。块茎可入药，为利尿剂。"而关于"荷"的解释是："荷，植物名。莲。多年生水生宿根草本。夏天开花，色淡红或白……花谢后形成莲蓬，内生多数坚果，俗称莲子，为滋补食品。荷的肥大根茎为藕，可食。藕节、莲子、荷叶可供药用。"可以看出，泽泻的叶子也是椭圆形的，与"荷"相似。我们没有进一步考证两者是否就指同一物，但起码非常相似。所以，把"泽泻"的叶子叫"荷"是可能的。"荷覆水"指的应就是"泽泻"叶子上倒出的水。

（四）铁水与熟铁

（64）鑐，《集韵》汝朱切，平虞日。"鑐"表示铁水。《集韵·虞韵》："鑐，金铁销而可流者。通作濡。""鑐"表示"铁水"义可能与其表"熟铁"有关。《集韵》而由切，平尤日。《本草纲目·金石部·铁》："初炼去矿，用以铸泻器物者为生铁，再三销拍，可以作鍱者为鑐铁，亦谓之熟铁。"

（五）其余词

（65）洐，《广韵》户庚切，平庚匣。"洐"表示沟行水。《玉篇·水部》："洐，沟水行也。"徐锴系传作"沟行水也"。

（66）汽[1]①，《集韵》亿姞切，入质影。"汽"指去饭水。《集韵·质韵》："汽，今谓去饭水为汽。""汽"又可以表示水蒸气。

（67）覆，《集韵》芳六切，入屋敷。"覆"表示倒出的水。《集韵·屋韵》："覆，覆水也。"

（68）觚，《篇海类编》胡本切。"觚"指牛角上的水。《篇海类编·鸟兽类·角部》："觚，牛角上水。"

小结："其他水"次语义场的词其来源多种多样。其中，"瀹"其"肠间水"与"漂洗"有关，"塯"其"堤水"与"堤坝"有关，"蕅"其"荷覆水"与"草药"有关，"鑐"其"铁水"与"熟铁"有关。

---

① "汽"有2个与水有关的义项：汽[1]：去饭水。汽[2]：水蒸气。

第三章　水之状态

水之状态这一小语义场也包括若干个次语义场，分别是：水波、水流、水泡、水面。我们所说的"水波"次语义场包含表示水由于波动形成高低不同的水面状态的词；"水流"次语义场包含表示水流动状态的词；"水泡"包含表示水形成泡沫状态的词；"水面"则包含表示水表层的词，严格地说，"水面"一类词不完全算是一种状态词，但我们认为放到"水之状态"这一章最合适。另外，"水波"也可以算是"水流"的一种状态，表示的是水流动的状态，但是两者还是有区别的，所以我们把两组词分开来讨论。

第一节　水流

"水流"这一次语义场里的词比较多，所以又分成若干个小次语义场。包括：水流之上位词、源流、支流、回流、急流、山间之水流等。我们所说的"水流之上位词"次语义场包含泛指水流的词，"水源"次语义场包含表示水流源起地方的词，"支流"次语义场包含表示水流的分支之词，"回流"次语义场包含表示往回流的水之词和表示回旋的水流之词，"急流"次语义场包含表示湍急的水流之词。

一　水流之上位词

纯粹表水流的词有 5 个，分别是沜、浏、波、㲼、汄。

（一）水流与崖岸

（69）沜，《广韵》普半切，去换滂。"沜"指水流。《玉篇·水部》:"沜,水流也。""沜"表"水流"义可能与其"崖岸"义有关。《广韵·换韵》:"沜,水涯。"

（二）水流与水深清澈貌

(70) 浏$^{1/}$①,《广韵》力求切,平尤来。又力久切。"浏"表示水流。《太玄·减》:"次八,浏涟涟,减于生根。"范望注:"浏,沇（流）也。"此外,"浏"还表示水名。"浏"表"水流、水名"义可能与其表"水深而清澈貌"有关。《诗·郑风·溱洧》:"溱与洧,浏其清矣。"毛传:"浏,深貌。"

（三）其余词

(71) 波$^{1/}$②,《广韵》博禾切,平戈帮。"波"表示水流。《书·禹贡》:"导弱水,至于合黎,余波入于流沙。"孔传:"弱水余波西溢于流沙。""波"表示水之状态的多个义项,除了"水流"义以外,还可以表示水面以及水波。

(72) 巜,"巜"指水流。《说文·巜部》:"巜,水流也。"

(73) 汥,《广韵》阻力切,入职庄。"汥"表示水流。《玉篇·水部》:"汥,流也。"

小结:经过考察,"水流之上位词"有不同的来源:或与崖岸有关,或与"水深清澈貌"有关。

二 源流

"源流"次语义场有2个词:原（源、隙）、泉。"源流"与"根源、本源"有关。

（一）水流与根源

(74) 原,《广韵》愚袁切,平元疑。"原"表示水流起头的地方。《说文·灥部》:"厵（原）,水泉本也。""原"还指根本,根源,因由。《吕氏春秋·异用》:"万物不同,而用之于人异也,此治乱存亡死生之原也。"

源,《广韵》愚袁切,平元疑。"源"表示水源。《国语·晋语一》:

---

① "浏"有2个与水有关的义项:浏^1:水流。浏^2:水名。
② "波"有3个与水有关的义项:波^1:水,水流。波^2:水面。波^3:水名。

"伐木不自其本，必复生；塞水不自其源，必复流。"《广韵·元韵》："源，水原曰源。"黄树先曾讨论过"源"：认为其在藏文中的同源词为 ɦgo < Ngo "水的源流"。与"愿"同源：*ŋgǒns，《说文》："大头也。"与"元"同根。①

陑，"陑"指水流所流出的地方，也作"源"。

(75) 泉¹ᐟ②，《广韵》疾缘切，平仙从。"泉"表示水源。《说文·泉部》："泉，水原也。"桂馥义证："水原也者，《一切经音义》十二：'水自出为泉。'"此外，"泉"还可以表示地下水，泉水。"泉"既指"泉水"和"水源"，还能表示钱币。伍铁平认为"泉"表示"钱币"义并非偶然。《汉书·食货志下》："故货宝于金，利于刀，流于泉。"颜师古注："流行如泉也。"《周礼·地官》注："其藏曰货，其行曰泉，取名于水泉，其流行无不偏也。"英语的 currency（货币）也是从 current（水流、流行的）派生。③

小结："源流"次语义场的词均与"根源、本源"义有关，且"原"与"泉"属于同族词。且其他语言当中有相似的词义发展，转引黄树先的相关讨论：泉是泉水，又指源泉。泉水，黄陂话叫"浸水凼"，也有源泉的意思。印度尼西亚语 sumber "泉源，井；资源，来源，根源；（消息的）来源"。德语 Brunnen "井；泉；源泉"。意大利语 fónte "泉水；根源"。俄语 источник/jstochnjk "泉；源泉"；родни́к/rodnjk "泉，泉水；源泉"。④

三 支流

（一）支流之上位词

"支流"次语义场包括 3 个词：派（沠、厎）、汊（汉）、湠。

(76) 派，《广韵》匹卦切，去卦滂。"派"表示水的支流。《说文·

---

① 黄树先：《汉语及其亲属语言的"日"和"首"》，《语言科学》2009 年第 3 期，第 255 页。
② "泉"有 2 个与水有关的义项：泉¹：水源。泉²：泉水，地下水。
③ 伍铁平：《论语言中所反映的价值形态的演变——比较词源四探》，《解放军外语学院学报》1992 年第 2 期，第 12 页。
④ 黄树先：《比较词义探索》，巴蜀书社 2012 年版，第 358 页。

水部》："派，别水也。""派"可以泛指分支。南朝梁江淹《杂词·访道经》："百学兮异文，锦派兮绮分。"王力认为，"派"与"辰"同音也同源。"派"与"脉"也同源。①

派¹/②，《龙龛手鉴》普卖反。"派"同"派"，表示水的支流。《文选·郭璞〈江赋〉》："源二分于岷嵊，流九派乎浔阳。"李善注："水别流为派。"此外，还可以表示水名。

辰，《广韵》匹卦切，去卦滂。支部。"辰"表示水的支流，作"派"。《说文·辰部》："辰，水之衺流别也。"段玉裁注："辰与水部派音义皆同，派盖后出耳。"

（77）汉，《集韵》楚嫁切，去祃切。"汉"指水流的分支。《集韵·祃韵》："汉，水歧流也。"

汉¹/③，"汉"指水流的分支，同"汉"。《正字通·水部》："汉，或疑汉即汉之讹。""汉"还可以表示水名。

（78）渿¹/④，《广韵》七接切，入叶精。"渿"既指水的支流。《正字通·水部》："渿，水支流也。""渿"也指水名。

小结："支流"次语义场的词还待进一步研究其来源。虽然"支流"次语义场中单个词没有与"手"有关的，黄树先认为"支流"与"手"有关：汉语"支"指手足四肢，也当分支讲。德语 Arm "人的胳膊，臂，猿猴的前肢；支流，河汊"。西班牙语 brazal "臂铠；袖章，袖标；支流，支渠"，brazo "臂，手臂；支流"。塞尔维亚克罗地亚语 grána "树枝；分支，部门；支流；（手、脚）掌"。⑤

（二）汊

"汊"表示分支的小河，从严格意义上来说，"汊"表示的也是支流，但我们观察发现，"汊"与一般的水流在语义和语音上都有一定的区别，所以专门列出，作一个次语义场。"汊"次语义场一共有5个词，分别是：港、澥、涓、涌、潢。

---

① 王力编：《同源字典》，商务印书馆1982年版，第118页。
② "派"有2个与水有关的义项：派¹：水的支流。派²：古水名。
③ "汉"有2个与水有关的义项：汉¹：港汊。汉²：水名。
④ "渿"有2个与水有关的义项：渿¹：水支流。渿²：水名。
⑤ 黄树先：《比较词义探索》，巴蜀书社2012年版，第265页。

1. 小河与港口

(79) 港，《广韵》古项切，上讲见。"港"指与江河湖泊相通的小河。今多用于河流名。唐玄应《一切经音义》卷三引《字略》："港，水分流也。"《玉篇·水部》："港，水派也。""港"又可以表示港口，船只停泊的地方。范致明《岳阳风土记》："岳阳楼旧岸有港，名鸵鹤港，商人泊船于此。"

2. 湖汊与山谷

(80) 澥²/①，《广韵》胡买切，上蟹匣。"澥"表示湖汊。今湖北省武昌县有豹子澥，是梁子湖的一个分汊，故名。"澥"表"湖汊"与其"山谷"义有关，详见"水湾"条下"澥"。

3. 小河与细缓貌

(81) 涓²，《广韵》古玄切，平先见。"涓"指从大河分流出的小河。《说文·水部》："涓，《尔雅》曰：汝为涓。"段玉裁注："见《释水》，亦大水溢出别为小水之名也。郭本作濆。""涓"其"小河"义应来源与其"小水""水流细缓貌"义。关于"小水"义，上文讨论过，不再赘述。

4. 河汊与涌出

(82) 涌¹/②，方言。"涌"表示河汊。陈残云《香飘四季》第三十章："天黑了，风越来越紧，徐炳华把船驶进就近的小河涌里。"此外，"涌"还表示水名。"涌"表"河汊"应与其表示"水往上冒"有关。《山海经·东山经》："（跂踵之山）有水焉，广员四十里皆涌。"郭璞注："今河东闻喜县有瀵水，源在地底，濆沸涌出，其深无限，即此类也。"

5. 其余词

(83) 潢²，《广韵》胡光切，平唐匣。"潢"指港汊。清朱彝尊《日下旧闻遗补》引《禹贡山水考》："海道多潢，犹陆地多歧。"

小结："汊"次语义场的词来源不一。或与港口有关，或与山谷有关，或与细流有关，或与涌出有关。另外，"潢"来源不明，待进一步研究。

---

① "澥"有3个与水有关的义项：澥¹：海湾。澥²：湖汊。澥³：海。
② "涌"有2个与水有关的义项：涌¹：河汊。涌²：水名。

四 回流

"回流"小语义场既包括回旋的水流,也包括从主道流出再流回的水流。共有 14 个词,分别是:漩、洄、沄、涡、渊、澓、潘(審)、猛、辩、辨、盘、灉(澭)、汜、渴。

(一) 回流与旋转

(84) 漩,《集韵》旬宣切,平仙邪。"漩"指回旋的水流。唐司空图《诗品·委曲》:"水理漩洑,鹏风翱翔。"杨廷芝浅解:"漩,回泉也,波浪回旋之貌。"我们认为此义项与"漩"表示水流旋转有关。唐元稹《遭风二十韵》:"龙归窟穴深潭漩,蜃作波涛古岸隤。"又引申为卷入。鲁迅《书信·致陶亢德》(一九三三年十月廿十三日夜):"现在和《论语》关系尚不深,最好是不再漩进去,因为我其实不能幽默……"

(85) 洄[1']①,《广韵》户恢切,平灰匣。"洄"既表示回旋的水。唐孟郊《峡哀十首》之一:"峡水声不平,碧洰牵清洄。""洄"的此义项与其表示"水回旋而流"义有关。《后汉书·循吏传·王景》:"凿山阜,破砥绩,直截沟涧,防遏冲要,疏决壅积,十里立一水门,令更相洄注,无复遗漏之患。"唐玄应《一切经音义》卷一引《三苍》:"洄,水转也。"此外,"洄"还指湖名。"洄"的词义发展应该是这样的:逆流而上(本义)→水回旋而流→回旋的水→湖名。张博也持同一观点。②

(86) 沄,《广韵》王分切,平文云。表示水波汹涌回旋。《说文·水部》:"沄,转流也。"段玉裁注:"回转之流沄沄然也。"《楚辞·王逸〈九思·哀岁〉》:"窥见兮溪涧,流水兮沄沄。"自注:"沄沄,沸流。"据张博:"沄"与"洄"属于同族词,来源于"回环旋转"义。③

(二) 回流与涡状物

(87) 涡[1']④,《广韵》乌禾切,平戈影。"涡"表示回旋的水流。《尔雅·释水》:"涡辨回川。"晋郭璞注:"旋流。"唐陆德明释文:"过,

---

① "洄"有 2 个与水有关的义项:洄[1]:回旋的水。洄[2]:湖名。
② 张博:《汉语同族词的系统性与验证方法》,商务印书馆 2006 年版,第 117 页。
③ 同上书,第 118 页。
④ "涡"有 2 个与水有关的义项:涡[1]:水流。涡[2]:水名。

本或作涡,同。"此外,"涡"还表示水名。"涡"的"回旋的水流"义可能与"涡状;涡状物"义有关。宋苏轼《百步洪二首》之二:"不知诗中道何语,但觉两颊生微涡。"黄树先认为"回水"与"旋转、弯曲"等义有关:脸上的"酒窝",头上的"旋涡"以及回水,形状形似,都来自圆形。"淀",赣语指旋涡,头上的旋。闽语旋涡叫"水田螺",亦以形命名。①

(三) 回流与深

(88) 渊$^{1/}$②,《广韵》鸟玄切,平先影。"渊"指回流水。《说文·水部》:"渊,回水也。"除此之外,"渊"还指深潭。"渊"表"回流水"可能与其表"深潭"义有关。流水深处往往有漩涡,故曰"回水"。另外,"渊"之"回流水"义可以引申出"源头"义。《汉书·董仲舒传赞》:"(仲舒) 为群儒首。然考其师友渊源所渐,犹未及乎游、夏,而曰笃、晏弗及,伊、吕不加,过矣。"

(四) 其余词

(89) 澓,《广韵》房六切,入屋奉。"澓"表示回流。《玉篇·水部》:"澓,澓流也。"《文选·郭璞〈江赋〉》:"迅澓增浇,涌湍迭跃。"李善注:"澓,澓流也。"

(90) 潘^2,《字类》蒲官切。"潘"表示漩涡。《列子·黄帝》:"鲵旋之潘为渊,止水之潘为渊……"《字汇·水部》:"潘,水之盘旋曰潘。"

窾,《字汇补》普官切。"窾"表示洄漩的水流,也作"潘"。《字汇补·穴部》:"窾,《六书索引》曰:'窾,水洄也。'通作潘。《庄子》:'止水之窾为渊。'与窾不同,今本皆误为窾矣。"按:《庄子·应帝王》:"止水之窾为渊"。唐陆德明释文:崔本作潘,云:'回流所钟之域也。'"《列子·皇帝》字作"潘"。

(91) 㴊,《广韵》忧俱切,平虞影。又哀都切。"盘㴊"指水旋流。《广韵·模韵》:"㴊,盘㴊,旋流也。"

(92) 辩,《集韵》婢典切,上铣并。"辩"表示旋流。《集韵》:"辩,旋流。"又可以指急流。《集韵》纰沔切,去霰并。《集韵》:"辩,急

---

① 黄树先:《比较词义探索》,巴蜀书社2012年版,第413页。
② "渊"有2个与水有关的义项:渊^1:回水。渊^2:深潭。

流也。"

(93) 辬[1]①，《玉篇》皮恋切。"辬"表旋流。《篇海类编·地理类·水部》："辬，旋流。""辬"还表示水波。"辬"与"辩"同源。

(94) 盘，"盘"指长江三峡中水的漩涡。明杨慎《升庵诗话·盘涡》："蜀江三峡中，水波圆折者名曰盘。'盘'音'漩'。""辩""辬""盘"可能是同源词。

(95) 灉[1]②，《广韵》于容切，平锺影。又于用切。"灉"指从黄河主道分出又流回主河道的水。《尔雅·释水》："灉，反入。"郭璞注："即河水决出又还入者。河之有灉，犹江之有沱。""灉"还表示水名。

澭[1]③，《集韵》于用切，去用影。又《玉篇》音雕。"澭"同"灉"，指河水决出复流入的支流。《集韵·用韵》："灉，《尔雅·释水》：'水自河出为灉。'或作澭。""澭"还指湖名。

(96) 汜[1]④，《广韵》祥里切，上止邪。"汜"指由主流分岔流出后又流回主流的水。《尔雅·释水》："水决之泽为汧，决复入为汜。"郭璞注："水出去复还。""汜"又表示水沟、水名。

(97) 渴，《字汇补》何葛切。"渴"表示反流的水。唐柳宗元《袁家渴记》："楚越之间方言，谓水之反流者为渴，音若衣褐之褐。渴上与南馆高嶂合，下与百家濑合。""渴"表"水"义可能与其表"干涸"义有关。《广韵》渠列切，入薛群。《周礼·地官·草人》："凡粪种……渴泽用鹿。"孙诒让正义："渴泽，犹竭泽也。泽故有水，今涸渴，则无水而可耕种。"王力认为，"渴""涸""枯"同源。渴，人缺水。涸，江河缺水。枯，草木缺水。⑤

小结：我们考察出来的"回流"次语义场的词来源比较一致，大多来源于旋转义，如：漩、洄、沄。"涡"则与涡状物有关，其他语言中也有类似的词义发展，比较：英语 volute "蜗螺，涡形；盘旋的"。葡萄牙

---

① "辬"有 2 个与水有关的义项：辬¹：旋流。辬²：水波。
② "灉"有 2 个与水有关的义项：灉¹：从黄河主道分出又流回主河道的水。灉²：水名。
③ "澭"有 2 个与水有关的义项：澭¹：河水的支流。澭²：水名。
④ "汜"有 3 个与水有关的义项：汜¹：水。汜²：水沟。汜³：水名。
⑤ 王力编：《同源字典》，商务印书馆 1982 年版，第 29 页。

语 caracol "蜗牛；螺旋形；盘旋路"。印度尼西亚语 pusar "头发的旋儿，旋毛"，berpusar（-pusar）"（水、风等）旋转，形成旋涡，转动"，memusar "旋转，绕"。汉语"锅"指车毂内镶嵌的金属圆形器物，又指车上盛放膏油的器物。后指炊具。烟斗上圆形金属物也叫"烟锅"。这些器物得名于圆形。比较西班牙语：olla "锅，沙锅；河流的旋涡"。①

底下还有一个词，表示的也是水流的流向。附在"旋流"次语义场之后。

(98) 厎，《集韵》蒲糜切，平支并。"厎"表示水斜流。《集韵·支韵》："厎，水邪流。"

五 急流

"急流"次语义场包括 11 个词，分别是：湍、泷、礑、洪、溜、浟、碛、濑、浇、漆、灢。

（一）急流与湍急

(99) 湍¹②，《广韵》他端切，平桓透。"湍"表示急流。《楚辞·九章·抽思》："长濑湍流，沂江潭兮。"王逸注："湍亦濑也。"《说文·水部》："湍，疾濑也。"段玉裁注："疾濑，濑之急者也。""湍"也可以表示水名。"湍"其"急流"义可能与其表"水势急"有关。《孟子·告子上》："性犹湍水也，决诸东方则东流，决诸西方则西流。"赵岐注："湍水，园也。"也可以指冲刷。《史记·河渠书》："（汉武帝）拜汤子卬为汉中守，发数万人作褒斜道五百余里。道果便近，而水湍石，不可漕。"

(100) 泷¹③，《广韵》吕江切，平江来。"泷"指湍急的流水。唐元结《欸乃曲》："下泷船似入深渊，上泷船似欲升天。""泷"也可以表示水名。"泷"表"急流"可能与其表"湍急"义有关。《集韵·江韵》："泷，奔湍。"

(101) 礑，"礑"表示穿过石洞的急流。唐元结《说楚何荒王

---

① 黄树先：《比较词义探索》，巴蜀书社2012年版，第413页。
② "湍"有2个与水有关的义项：湍¹：水。湍²：水名。
③ "泷"有2个与水有关的义项：泷¹：湍急的流水。泷²：水名。

赋》:"请说相江之流,有礚有泷。""礚"应与"泷"是同源词。

(二)急流与大水

(102)洪²,《广韵》户公切,平东匣。"洪"表示急流。《水经注·河水三》:"(漯水)左合一水,出善无县故城西南八十里,其水西流,历于吕梁之山,而为吕梁洪。""洪"表"急流"义应与其表"大水"义有关,"大水"其水势急,形成急流是极其正常的现象。

(三)急流与流下

(103)溜²,《广韵》力救切,去宥来。"溜"表示急流。唐上官昭容《游长宁公主流杯池二十五首》之二十:"瀑溜晴凝雨,丛篁画似昏。""溜"其"急流"义与"水流下"义有关,详见"水滴"条下"溜"。

(四)其余词

(104)淢¹①,《广韵》雨逼切,入职云。"淢"指急流。《淮南子·本经》:"抑淢怒濑,以扬激波。"高诱注:"淢,怒水也。""淢"也指沟渠。

(105)碛,《广韵》七迹切,入昔清。"碛"表示急流。《汉书·武帝纪》:"甲为下濑将军。"唐颜师古注:"服虔曰:'甲,故越人归汉者也。'臣瓚曰:'濑,湍也。吴越为之濑,中国谓之碛。'"

(106)濑²,《广韵》落盖切,去泰来。"濑"表示急流。《淮南子·本经》:"抑淢怒濑,以扬激波。"高诱注:"淢,怒水也;濑,急流也。"

(107)浇¹②,《广韵》五吊切,去啸疑。"浇"表示急流。《集韵·效韵》:"浇,湍也。""浇"也表示水回波。

(108)漎¹③,《广韵》藏宗切,平冬从。又徂红切,职戎切。"漎"表示急流。唐李白《送王屋山人魏万还王屋》:"鬼谷上窈窕,龙潭下奔漎。""漎"也可以指水流的汇合处。

(109)瀷²,《广韵》与职切,入职以。又昌力切。"瀷"指急流。《集韵·职韵》:"瀷,水凑急也。"

小结:"急流"次语义场中有一部分词与"湍急"有关,如:湍、泷、礚。一部分词与"大水"有关,如:洪。一部分词与"流下"有

---

① "淢"有2个与水有关的义项:淢¹:急流。淢²:沟渠。
② "浇"有2个与水有关的义项:浇¹:急流。浇²:水回波。
③ "漎"有2个与水有关的义项:漎¹:急流。漎²:水流汇合处。

关，如：溜。还有一部分词暂时来源不明。

六　山间之水流

"山间之水流"包含3个词：谷、垺、谿。

（一）山间之水流与山谷

（110）谷¹①，《广韵》古禄切，入屋见。"谷"既表示两山之间的水流。《公羊传·僖公三年》："无障谷，无贮粟。"何休注："无障断川谷。专水利也。"《说文·谷部》："泉出通川为谷。""谷"也表示水道。这两个液体义项应与"谷"的"山谷"义有关。详见"沟渠"条下的"谷"。

（二）山间之水流与崖岸

（111）垺，"垺"表示山上的水流。《尔雅·释山》："山上有水，垺。""垺"表"山间水流"可能与其"田塍"义有关。《尔雅·释丘》："水潦所还，垺丘。"郭璞注："谓丘边有界垺，水环绕之。"郝懿行义疏："形似稻田塍垺，因名垺丘矣。""垺"实际上是指水岸边。

（三）山间之水流与弯曲

（112）谿¹②，《广韵》苦奚切，平齐溪。"谿"表示山间的流水。《左传·隐公三年》："涧谿沼沚之毛……可荐于鬼神，可羞于王公。"杜预注："谿，亦涧也。"孔颖达疏："李巡曰：'水出于山入于川。'""谿"还可以指小溪。张博认为"谿"表示山间蜿蜒的小水流，与"徯、蹊、傒"组成同族词，都得名于弯曲。③

小结："山间之水流"次语义场来源不一，或与"山谷"有关，或与"崖岸"有关，或与"弯曲"有关。

七　其他水流

"其他水流"收入的是不太好分类的水流，包括：霤、尾、蠹。分别表示屋檐的流水、下游水流以及众流。

---

① "谷"有2个与水有关的义项：谷¹：水流。谷²：水道。
② "谿"有2个与水有关的义项：谿¹：山间流水。谿²：小溪。
③ 张博：《汉语同族词的系统性与验证方法》，商务印书馆2006年版，第52页。

(113) 霤，《广韵》力救切，去宥来。"霤"指屋檐的流水。《玉篇·雨部》："霤，雨屋水流下。"又指往下流的水。束晳《补亡诗·华黍》："奕奕玄霄，蒙蒙甘霤。"李善注："凡水下流曰霤。""霤"表"屋檐的流水"与其表"屋檐"有关。《礼记·玉藻》："颐霤垂拱，视下而听上。"孔颖达疏："颐霤者，霤，屋檐，身俯，故头临前，垂颐如屋霤。"也可以引申为下流的水。《汉书·枚乘传》："泰山之霤穿石，单极之绠断干。"王力认为，"霤""流""溜""廇""霸""漏"都表示水流下的意思，同源。①

(114) 尾，《广韵》无匪切，上尾微。"尾"表示水流的下游。《左传·昭公十二年》："楚子狩于州来，次于颍尾。"杜预注："颍水之尾，在下蔡。""尾"的这一义项，我们认为应来源于其"尾巴"义，"尾"表示水流的下游可能不是词义的引申，而是该词的一种比喻用法。

(115) 灥¹/②，《广韵》详遵切，平谆邪。又昌缘切。"灥"表示众流。《集韵》："灥，众流也。""灥"又同"泉"，表示水源。《集韵》从缘切，平仙从。《集韵》："泉，《说文》：'水原也。'或作灥。"

小结："其他水流"次语义场中，屋檐的流水与屋檐以及往下流有关，"尾"表示水流的下游可能只是"尾巴"的一种比喻用法。"灥"来源不明。

第二节 水波

"水波"包括了波纹、波浪、潮水。"纹""浪""潮"实际上是三个不同大小的波。"波纹"最小，"波浪"比"波纹"稍大，"潮水"最大。这一词族包括 26 个词，分别是：潮、夕（汐）、泾、洢、涝、汩、浪、澜、涟、沦、涛、沢、溢、浇、澴、漪、沸、汰、瀿、涓、淌、汧、瀵、瀄、瀍、辫。

（一）水波与时间

(116) 潮，《广韵》直遥切，平宵澄。"潮"表示海水因受太阳和月亮的引力而引起的涨落现象。汉枚乘《七发》："江水逆流，海水上

---

① 王力编：《同源字典》，商务印书馆 1982 年版，第 192 页。
② "灥"有 2 个与水有关的义项：灥¹：水源，众流。灥²：三泉。

潮。"王力认为:"夕"和"汐"同源。① 张博持相似观点:"朝"指早晨,"夕"指晚上,是一对反义词。"朝"孳生出"潮","夕"孳生出"汐",分别指早潮和晚潮。"朝—潮""夕—汐"两组同族词由一对反义词相应分化而来,构成一个义衍同族词系列。② 我们认为是。

(117) 夕,《广韵》祥易切,入昔邪。"夕"表示夜间的潮,后作"汐"。《管子·轻重乙》:"天下之朝夕可定乎?"郭沫若案:"'朝夕'犹'潮汐',喻言起伏。""夕"其本义指傍晚。《周礼·天官·宫正》:"宫正掌王宫之戒令纠禁,以时比宫中之官府、次舍之众寡,为之版以待,夕击柝而比之。"郑玄注:"夕,莫也。莫行夜以比直宿者,为其有解惰离部署。""傍晚"义引申出"夜、晚上"义。《诗·唐风·绸缪》:"今夕何夕?见此良人!""夕"表夜间的海潮则来源于其"夜、晚上"义。

汐¹/③,《广韵》祥易切,入昔邪。"汐"指晚潮。《管子·度地》:"山川百泉踊,降雨下,山水出,海路距,雨露属,天地凑汐。""汐"还指水名。我们发现,"夕"是先出现的词,"汐"是后起词。"夕"只是表示晚潮,并不表示水名。而到了"汐",这个词可以表示水名了,我们猜想:水名的起源有一部分是否与其他表液体的词有关?

(二) 水波与道路

(118) 泾¹/④,《集韵》古定切,去径见。"泾"表示直流的水波。《诗·大雅·凫鹥》:"凫鹥在泾,公尸来燕来宁。"马瑞辰传笺通释:"'在泾'正泛指水中有直波处,非泾、渭之泾。""泾"还可以表示沟渠、泉、水名,是个包含多个液体义项的词。张博认为"泾"与"颈、经、茎、胫、硁、娙、径、陘"组成同族词,皆得名于"直"义。⑤ 黄树先认为:"泾"也指沟渠、水道,《管子·轻重戊》:"道四泾之水。"《释名·释水》:"水直波曰泾。泾,径也,言如道径也。"水道跟道路确实是相通的。⑥

---

① 王力编:《同源字典》,商务印书馆1982年版,第31页。
② 张博:《汉语同族词的系统性与验证方法》,商务印书馆2006年版,第155页。
③ "汐"有2个与水有关的义项:汐¹:晚潮。汐²:水名。
④ "泾"有4个与水有关的义项:泾¹:水波。泾²:沟渠。泾³:泉。泾⁴:水名。
⑤ 张博:《汉语同族词的系统性与验证方法》,商务印书馆2006年版,第52页。
⑥ 黄树先:《比较词义探索》,巴蜀书社2012年版,第391页。

（三）水波与回旋

（119）沿，《集韵》之由切，平尤章。"沿"指波纹。《玉篇·水部》："沿，水文也。""沿"其"波纹"义可能与"回旋"义有关。《字汇补》蒲官切。同"盘"回旋。《管子·小问》："意者，君乘骄马而沿桓，迎日而驰乎？"君知章注："沿，古盘字。"其他语言中也有相似的语言发展。乌克兰语 вал，①土堤（墙）；②波涛；③辊子，圆滚，滚筒。①

（四）水波与大

（120）涝[1]②，《广韵》鲁刀切，平豪来。又卢皓切。"涝"可以表示大波。木华《海赋》："飞涝相礚，激势相沏。"李善注："涝，大波也。""涝"还可以表示水名。"涝"与"潦"为同源词，都与"大/多"义有关，详见"汇聚之水之上位词"条下"潦"。

（五）其余词

（121）衄[1]③，《广韵》女六切，入屋娘。"衄"表示水纹。《说文·水部》："衄，水吏也。"钱大昕《潜研堂集·答问八》："'水吏'不见于经典，当是水文之讹。《广韵》：'踧衄，水文聚。'于《易》，物相杂为文，凡丑之字粗、狃皆为杂饭，则衄为水文审矣，木华《海赋》：'葩华踧衄。'李善注：'踧衄，蹙（蹙）聚也。'踧衄，即踧衄。""衄"还可以表示泥。

（122）浪[2]，《广韵》来宕切，去宕来。"浪"表示波浪。《玉篇·水部》："浪，波浪也。"

（123）澜[2]，《广韵》落干切，平寒来。又朗旰切。"澜"表示大波。《孟子·书心上》："观水有术，必观其澜。"赵岐注："澜，水中大波也。"又指微波，波纹。《释名·释水》："风行水波成文曰澜。澜，连也，波体转流相及连也。"

（124）涟[1]④，《广韵》力延切，平仙来。"涟"指风吹水面所形成的波纹。《诗·魏风·伐檀》："坎坎伐檀兮，寘之河之干兮，河水清且涟猗。"毛传："风行水成文曰涟。""涟"也指水名。

---

① 郑述谱等编：《精选乌克兰汉乌乌汉词典》，商务印书馆2008年版，第19页。
② "涝"有2个与水有关的义项：涝[1]：大波，潮。涝[2]：水名。
③ "衄"有2个与水有关的义项：衄[1]：水纹。衄[2]：泥。
④ "涟"有2个与水有关的义项：涟[1]：波纹。涟[2]：水名。

（125）沦[1]①，《广韵》力迍切，平谆来。"沦"表示水面上的小波纹。《说文·水部》："沦，小波为沦。""沦"也可以表示水名。

（126）涛[1]②，《广韵》徒刀切，平豪定。"涛"表示大波。《淮南子·人间》："经丹徒，起波涛。"高诱注："波者涌起，还者为涛。""涛"又表示潮水，后作"潮"。《集韵》陈留切，平尤澄。汉枚乘《七发》："将以八月之望，与诸侯远方交游兄弟，并往观涛乎广陵之曲江，至则未见江之行也，徒观水力之所到，则卹然足以骇矣。""涛"还可以表示水名。

（127）洈，《广韵》居六切，入屋见。"洈"指水波纹。《玉篇·水部》："洈，水文也。"

（128）溘[2]，《广韵》口答切，入合溪。"溘"指波浪。南朝宋鲍照《登大雷岸与妹书》："散涣长惊，电透箭疾；穿溘崩聚，坻飞岭覆。"

（129）浇[2]，《广韵》五吊切，去啸疑。"浇"表示水回波。《楚辞·九叹·离世》："波澧澧而扬浇兮，顺长濑之浊留。"李善注："王逸《楚辞》注曰：'回波为浇。'"

（130）澐，《广韵》王分切，平文云。"澐"专指长江大波。《说文·水部》："澐，江水大波谓之澐。"段玉裁注："专谓江水也。玉裁昔署理四川南溪县，考故碑，大江在县，有扬澐滩。""澐"与"沄"同源。沄，《广韵》王分切，平文云。表示水波汹涌回旋。《说文·水部》："沄，转流也。"段玉裁注："回转之流沄沄然也。"

（131）漪，《广韵》于离切，平支影。"漪"表示风吹水波成波纹。《广韵·支韵》："漪，水文也。"

（132）沫，《广韵》许贵切，去未晓。"沫"指水波纹。《广韵·未韵》："沫，水波纹也。"

（133）汰，《广韵》徒盖切，去泰定。"汰"指水波。《楚辞·九章·涉江》："乘舲船余上沅兮，齐吴榜以击汰。"王逸注："汰，水波也。"

（134）濆[1]③，《广韵》附袁切，平元奉。"濆"指水波。《玉篇·

---

① "沦"有2个与水有关的义项：沦[1]：小波纹。沦[2]：水名。
② "涛"有2个与水有关的义项：涛[1]：大波，潮。涛[2]：水名。
③ "濆"有2个与水有关的义项：濆[1]：波。濆[2]：水名。

水部》:"瀠,波也。""瀠"还可以表示水名。

(135) 𣵧,《玉篇》七肖切。"𣵧"同"潲(潲)",表示大浪。《玉篇·水部》:"𣵧,浚波也。"按:《广韵·笑韵》作"潲",《集韵·笑韵》作"潲"或"𣵧"。

(136) 淌,《集韵》尺亮切,去漾昌。"淌"表示大波。《玉篇·水部》:"淌,大波。"

(137) 汗,《广韵》古岸切,去翰见。"汗"指水波纹。《字汇·水部》:"汗,水文也。中从目。"

(138) 漙,《玉篇》音桓。"漙"表示水波。《玉篇·水部》:"漙,波也。"

(139) 澒,《玉篇》户工切。"澒"指大波。《玉篇·水部》:"澒,大波也。"

(140) 瀿,《集韵》孚袁切,平元敷。"瀿"表示大波。《说文·水部》:"瀿,大波也。"

(141) 㳽², 《玉篇》皮恋切。"㳽"指水波。《玉篇·水部》:"㳽,水波也。"

小结:"水波"次语义场的词一部分与"时间"义有关,如:潮、夕(汐)。一部分与"道路"义有关,如:泾。一部分与"回旋"义有关,如:洄。一部分与"大"义有关,如:涝。

第三节 水泡

"水泡"次语义场包含 11 个词,分别是:泡、沤、蛆、蚁、虮、醭、眼、馞、沫、膏、涪。

(一) 水泡与浸泡

(142) 泡¹①,《广韵》匹交切,平肴滂。"泡"指泡沫。《汉书·艺文志》:"杂山陵水云气雨旱赋十六篇。"颜师古注:"泡,水上浮沤也。""泡"又指泉水、水名。"泡"表示与液体有关的名词义可能与其表示"浸泡"义有关。《六书故·地理三》:"泡,以汤沃物亦曰泡。"

---

① "泡"有3个与水有关的义项:泡¹:泡沫。泡²:水泉。泡³:古水名。

(143) 沤¹①,《广韵》乌侯切,平侯影。"沤"指水泡。唐白居易《想东游五十韵》:"幻世春来梦,浮生水上沤。""沤"还指水名。"沤"表示"水泡"可能与其表示"长时间地浸泡"有关。《说文·水部》:"沤,久渍也。"

(二) 水泡与小动物

(144) 蛆,《广韵》七余切,平鱼清。"蛆"也指酒面的浮沫。宋欧阳修《招许主客》:"楼头破鉴看将满,瓮面浮蛆拨已香。""蛆"又表示蝇类的幼虫。《后汉书·杜根传》:"根遂诈死,三日,目中生蛆,因得逃窜。"

(145) 蚁,《广韵》鱼倚切,上纸疑。"蚁"表示酒上的浮沫。《文选·张衡〈南都赋〉》:"胶敷径寸,浮蚁若萍。"李善注:"《释名》:酒有泛齐,浮蚁在上,泛泛然如萍之多者。""蚁"还表示蚂蚁。《孙子·谋攻》:"将不胜其忿而蚁附之。"曹操注:"使士卒缘城而上,如蚁之缘墙。"

(146) 蚍,《广韵》居狶切,上尾见。"蚍"表示酒面上的浮沫。晋陆机《七徵》:"素蚍踊而瀺爵,滋芬溢而相徽,云沸渊涌,秋醪春酒。""蚍"又表示蚍子。《说文·虫部》:"蚍,虱子也。"段玉裁注:"虱,啮人虫也。子,其卵也。"

(三) 水泡与酒

(147) 醹¹②,《集韵》举岂切,上尾见。"醹"指酒浮。《集韵·尾韵》:"醹,酒浮也。""醹"也表示酒。"醹"表示"酒浮"可能与其表示"酒"有关。"醹"和"蚍"应是同源词。

(四) 水泡与孔穴

(148) 眼,《广韵》五限切,上产疑。"眼"指水初沸时泛起的小泡沫。明陆树声《茶寮记·三烹点》:"煎用活火,候汤眼鳞鳞,起沫饽鼓,泛投茗器中。""眼"的这一义项应与其表示"孔穴,窟窿"有关。唐杜甫《石笋行》:"古来相传是海眼,苔藓蚀尽波涛痕。"宋杨万里《小池》:"泉眼无声惜细流,树阴照水爱晴柔。""眼"的词义发展

---

① "沤"有2个与水有关的义项:沤¹:水泡。沤²:水名。
② "醹"有2个与水有关的义项:醹¹:酒浮。醹²:酒。

路线是：目，眼睛（本义）→孔穴，窟窿→水初沸时泛起的小气泡。

（五）水泡与溢出

（149）馞，《广韵》蒲没切，入没并。"馞"指茶上的浮沫。《切韵·没韵》："馞，茗馞。"唐陆羽《茶经·五之煮》："沫馞，汤之华也；华之薄者曰沫，厚者曰馞。""馞"又表示釜中沸水溢出。卷子本《玉篇·食部》："馞，《字书》亦鬻字也；鬻，炊釜溢也。"

（六）其余词

（150）沫¹①，《广韵》莫拨切，入末明。"沫"既表示液体形成的细泡，浮沫。《玉篇·水部》："沫，水浮沫也。""沫"又可以表示口水、水名。

（151）膏¹②，《广韵》古劳切，平豪见。"膏"指人尿上的白沫。《庄子·则阳》："漂疽疥癕，内热溲膏是也。"陆德明释文引司马云："膏，谓虚劳人尿上生肥白沫也。""膏"还指油脂。

（152）涪¹③，《集韵》蒲侯切，平侯并。"涪"表示水泡。《集韵·矦韵》："涪，涪沤，水泡。"此外，"涪"还能表示水名。

小结："水泡"次语义场的词一部分来源与浸泡，如：泡、沤。一部分来源于小动物，如：蛆、蚁、虮。一部分与酒有关，如：醱。一部分与洞穴有关，如：眼。还有与溢出有关的词：馞。

第四节 水面

严格地说，"水面"不算"水之状态"，但我们觉得附在"水之状态"之后比其他位置好，所以附于其后。"水面"次语义场包含2个词：浦、波。

（153）浦¹④，《广韵》滂古切，上姥滂。"浦"既指池、塘、江、河等水面。唐骆宾王《棹歌行》："叶密舟难荡，莲疏浦易空。""浦"

---

① "沫"有3个与水有关的义项：沫¹：泡沫。沫²：口水。沫³：水名。
② "膏"有2个与水有关的义项：膏¹：人尿上的白沫。膏²：油脂。
③ "涪"有2个与水有关的义项：涪¹：水泡。涪²：水名。
④ "浦"有2个与水有关的义项：浦¹：水面。浦²：沟渠。

又表示沟渠。"浦"表"水面"应与其表"水边"有关。《诗·大雅·常武》:"率彼淮浦,省此徐土。"毛传:"浦,涯也。"王力认为:"浦"与"步"同源。任昉述异记:"水际谓之步。""步"即"浦"的音转,后来字义亦小异。柳宗元《铁炉步志》:"江之浒,凡舟可縻而上下者曰步。"字亦作"埠"。①

(154)波², 《广韵》博禾切,平戈帮。"波"指江、河、湖、海等起伏的水面。《诗·小雅·渐渐之石》:"有豕白蹄,烝涉波矣。"

小结:"水面"次语义场很小,只有两个词。"浦"的水面义与"水边"有关。"波"其来源则还待进一步研究。

---

① 王力编:《同源字典》,商务印书馆1982年版,第176页。

第四章　汇聚之水

第一节　汇聚之水之上位词

表示纯粹的汇聚之水的词一共有 14 个，分别是：潴（猪、都）、委、涔、潦、沈、渍、瀵、潆、间、涠、汭、眓、霍、浍。

（一）水聚停的地方与汇聚/累积

（155）潴，《广韵》陟鱼切，平鱼知。"潴"表示水聚停的地方。《周礼·地官·稻人》："稻人掌稼下地，以潴蓄水。"郑玄注："谓偃猪者，畜流水之陂也。"

猪，《广韵》陟鱼切，平鱼知。"猪"表示水聚停的地方，后作"潴"。《书·禹贡》："大野既猪，东原底平。"孔传："水所停曰猪。"

都，《广韵》当孤切，平模端。"都"表示水停聚的地方。《素问·生气通天论》："溃溃乎若坏都，汩汩乎不可止。"《水经注·文水》："水泽所聚谓之都，亦曰潴。""都""潴"表示"水聚停的地方"，应与其表"汇聚；聚集"义有关。先看"都"。《广雅·释诂三》："都，聚也。"且可以特指水停聚。《管子·水地》："卑也者，道之室，王者之器也，而水以为都居。""潴"也指水停聚。《集韵·鱼韵》："潴，水所停曰潴。"而"汇聚、聚集"义又与"区划"义有关。

（156）委，《广韵》于诡切，上纸影。"委"表示水流的聚合之处。《礼记·学记》："三王之祭川也，皆先河而后海。或源也，或委也，此之谓务本。"郑玄注："委，流所聚也。""委"的词义发展脉络是："顺从，听任"义，是"委"之本义。《说文·女部》："委，委随也。"段玉裁注："随其所如曰委。"《淮南子·本经》："优柔委从，以养群类。""顺从，听任"义→"放置"义。《仪礼·乡射礼》："弟子取矢，北面坐委于楅。""放置"义→"累积；堆积"义。《公羊传·桓公十四年》："御廪者何？粢盛委之所藏也。"何休注："委，积也。""累积；堆积"义→"水流的聚合之处"义。

（二）雨后积水与大水

（157）涔¹ᐟ①，《广韵》锄针切，平侵崇。"涔"指雨后积水。《说文·水部》："涔，渍也。"王筠句读："涔主言雨之渐渍。"《淮南子·俶真》："牛蹄之涔，无尺之鲤。"高诱注："涔，潦水也。"由"雨后积水"义引申出"路上的积水"义。《淮南子·泛论》："夫牛蹄之涔，不能生鳣鲔，而蜂房不容鹄卵，小形不足以包大体也。""涔"也可指"涝灾"，《淮南子·主术》："妻子老弱仰而食之，时有涔旱灾害之患。""涔"还可以表示鱼池、小水坑和水名，是一个表液体义项较多的词。"涔"与表示久雨义的"霖（淋）"应属于同族词。

（158）潦¹ᐟ②，《广韵》庐皓切，上皓来。"潦"指雨后积水。《韩非子·外储说右上》："天雨，廷中有潦，太子遂驱车至于茆门。""潦"也可以表示水名。"潦"的"雨后积水"义与其"雨水大貌、雨后大水"义有关。《诗·召南·采蘋》："于以采藻，于彼行潦。"毛传："行潦，流潦也。"马瑞辰通释："行者，洐字之渻借，《说文》'洐'沟行水也。"《说文·水部》："潦，雨水大貌。"另外，"潦"同"涝"，表示"水淹、雨多成灾"义，且"潦水"即"涝水"。王力认为"潦"与"涝"为同源词。③

（三）积水与浸渍

（159）沈¹ᐟ④，《广韵》直深切，平侵澄。又直禁切。"沈"表示山岭上凹处的积水。《说文·水部》："沈，陵上滈水也。"段玉裁注："谓陵上雨积停潦也。"此外，"沈"又可以表示淤泥和水名。"沈"又表示沉没。《诗·小雅·菁菁者莪》："泛泛杨舟，载沈载浮。"也表示浸渍。《书·盘庚上》："汝曷弗告朕，而胥动以浮言？恐沈于众，若火之燎于原，不可向迩，其犹可扑灭？"

---

① "涔"有3个与水有关的义项：涔¹：积水。涔²：鱼池，水坑。涔³：水名。
② "潦"有2个与水有关的义项：潦¹：雨后积水。潦²：水名。
③ 王力编：《同源字典》，商务印书馆1982年版，第23页。
④ "沈"有3个与水有关的义项：沈¹：积水。沈²：污泥。沈³：水名。

(160) 漬¹ⁿ①，《广韵》疾智切，去寘从。"漬"表示积水。郭沫若《创造十年续编四》："门前和街心的电轨上有些水渍，街上一个行人都没有。"此外，"漬"还表示水名。"漬"表"积水"，与"浸泡"有关。《礼记·内则》："渍取牛肉，必新杀者，薄切之，必绝其理。"《说文·水部》："渍，沤也。"段玉裁注："谓浸渍也。"

（四）雨后聚积之水与急流

(161) 瀷¹ⁿ②，《广韵》与职切，入职以。又昌力切。"瀷"指雨后地面聚积之水。《管子·宙合》："泉逾瀷而不尽，薄承瀷而不满。""瀷"表雨后地面聚积之水与水急流有关。《集韵·职韵》："瀷，水凑急也。"

（五）其他词

(162) 潨²，《广韵》藏宗切，平冬从。又徂红切，职戎切。"潨"指水流汇合的地方。《诗·大雅·凫鹥》："凫鹥在潨，公尸来燕来宁宗。"毛传："潨，水会也。"包拟古认为，"潨"与藏文′dom－pa（来到一块）可以相比较。③

(163) 闾，《广韵》力居切，平鱼来。"闾"表示水聚集。《庄子·秋水》："尾闾泄之，不知何时已。"郭庆藩集释引司马彪注："闾者，聚也。水聚族之处，故称闾也。"

(164) 潿，《广韵》雨非切，平微云。"潿"表示混沌的积水。《说文·水部》："潿，不流浊也。"段玉裁注："谓薉浊不流去也。"

(165) 汭¹ⁿ④，《广韵》而锐切，去祭日。"汭"指两条河合流。《书·禹贡》："浮于积石，至于龙门西河，会于渭汭。""汭"也指水名。

(166) 甿¹ⁿ⑤，《广韵》各朗切，上荡见。又《集韵》居郎切。"甿"表示积水。清桂馥《札朴·乡里旧闻·名称》："积水曰甿，亦曰汪。""甿"还表示大泽。

---

① "漬"有2个与水有关的义项：漬¹：积水。漬²：水名。
② "瀷"有3个与水有关的义项：瀷¹：雨后地面聚集之水。瀷²：水急流。瀷³：水名。
③ [美] 包拟古：《藏文的 sdud（衣褶）与汉语的"卒"及"*st－假说"》，潘悟云等译，《原始汉语与汉藏语》，中华书局2009年版，第12页。
④ "汭"有2个与水有关的义项：汭¹：两条河合流。汭²：水名。
⑤ "甿"有2个与水有关的义项：甿¹：积水。甿²：大泽，盐泽。

（167）窊[1]①，《集韵》乌瓜切，平麻影。"窊"指牛马足迹坑中的水。《集韵·麻韵》："窊，蹄涔也。"《篇海类编》："窊，蹄涔也，牛马迹中水曰蹄涔。""窊"也表示小水坑。

（168）浛[1]②，《广韵》户八切，去黠匣。"浛"表示雨水汇集。《集韵》："浛，雨水合也。""浛"还指水沟、水名。

小结：这个次语义场的词我们考察其来源，一部分与"汇聚/累积"有关，如：潴（猪、都）、委。一部分与"大水"有关，如：涔、潦。一部分与"浸渍"有关，如：沈、渍。一部分与"急流"有关，如：瀼。

第二节 沟渠

上古先民对"沟、渠、池、塘、坑"的概念区分不是很明确，有些词既表示"沟"，也表示"塘"或者"坑"，我们觉得把"沟、渠"归入一类，"池、塘、坑"归入一类较妥当。

"沟渠"次语义场包含水沟、水渠以及水道。在收集资料的过程中，我们发现，"沟渠"与"护城河"的关系比较紧密，应当是"护城河"最开始就是由水沟或者挖掘水沟而成的。然而不是所有的"沟渠"都是护城河，而且护城河发展到后来，就不能用小沟渠来形容了，两者还是有很大区别的，所以我们把"护城河"单独列出，归入"河"次语义场。"沟渠"次语义场包含 38 个词，分别是：窦、渎、巂、隤、谷、壑、堑、洫（洪、谼）、沟、畎（甽）、道、术、遂、遂、障、澄、泾、瓴、汙、浦、浜、浍（巜）、庸、穿、涀、澜、溇、壕（壣）、渠、池、匽、峡、洫（减）、氾、穴、槽、洇、潞。

（一）沟渠与山谷/孔穴/挖掘

（169）窦，《广韵》田候切，去候定。"窦"指水沟。《周礼·考工记·匠人》："窦其崇三尺。"郑玄注："宫中水道。""窦"之"水沟"义可能来源于"孔穴"义。《左传·哀公元年》："后缗方娠，逃出自窦。"

---

① "窊"有2个与水有关的义项：窊¹：牛马足迹坑中的水。窊²：小水坑。
② "浛"有3个与水有关的义项：浛¹：雨水汇集。浛²：水沟。浛³：水名。

《说文·穴部》："窦，空也。"段玉裁注："空、孔，古今语，凡孔皆谓之窦。"据张博，"孔洞—挖掘"系列属于"结果—动作"同源词系列，其中包含"堀（窟）—掘""肈，突—抉""窦—窬（劀）""穵—穵（挖）""窜—刨"等同源词。①

（170）渎，《广韵》徒谷切，入屋定。"渎"指沟渠，邑中的沟。《易·说卦》："坎为水，为沟渎。"《书·禹贡》："奠高山大川。"孔传："大川，四渎。"孔颖达疏："川之大者，莫大于渎。四渎谓江、河、淮、济也。"黄金贵认为，"渎"本是"江、河、淮、济"四大河流的专称，后泛称大小人工河道，入湖泊的小渠、河。②此说有理。依张博，"沟""渎"与"购""赎""覯""觌""垢""黩"等一样，是同源词。③张树铮认为，以"渎"为名的地名以江苏、山东、安徽、河南为中心，"渎"应是一个以苏鲁皖豫为中心的方言词。④

（171）㜏，《广韵》徒谷切，入屋定。"㜏"指沟渠；沟渎。《尔雅·释山》："山㜏无所通，溪。"邢昺疏："㜏即沟渎也。"

（172）隫，《广韵》徒谷切，入屋定。"隫"表示沟洫。《说文·阜部》："隫，通沟也。""窦""渎""㜏""隫"四个词音、形、义均相近，属同源词无疑。"渎""㜏""隫"可能均来源于"窦"。

（173）谷²，《广韵》古禄切，入屋见。"谷"表示两山中间的流水道。《古今韵会举要·屋韵》引《书》注："谷是两山间流水之道。""谷"其"液体"义与其"山谷"义、"洞穴"义有关。《诗·小雅·十月之交》："高岸为谷，深谷为陵。"《淮南子·齐俗》："水处者渔，山处者木，谷处者牧，陆处者农。"《易·井》："井谷射鲋。"其他语言中也有类似的用法。"坑穴"义可以派出"困境"义。《诗·大雅·桑柔》："人亦有言，进退维谷。"毛传："谷，穷也。"孔颖达疏："古之贤人亦有言曰：无道之世，其民前无明君，却迫罪役，其进与退，维皆困穷。此即今时是也。"

---

① 张博：《汉语同族词的系统性与验证方法》，商务印书馆2006年版，第175页。
② 黄金贵：《水·渎·江·河·川词义辨析》，《湖北大学学报》（哲学社会科学版）1994年第3期。
③ 张博：《汉语同族词的系统性与验证方法》，商务印书馆2006年版，第100页。
④ 张树铮：《汉语水泽词语的地理分布初探》，《古汉语研究》1994年第2期。

(174) 壑¹ᐟ①,《广韵》呵各切,入铎晓。"壑"表示水沟。《说文》:"叡(壑),沟也。"段玉裁注:"凡穿地为水渎皆称沟,称叡(壑)。""壑"还表示坑、护城河。"壑"也表示山谷。《国语·晋语八》:"是虎目而豕喙,鸢肩而牛腹,溪壑可盈,是不可餍也。"另外,"壑"其"水沟"义与其"坑井"义也有关。其他语言中也有类似的语义发展。泰语,mɯ:aŋ¹沟渠,坑,井。②

(175) 堑¹ᐟ③,《广韵》七艳切,去艳清。"堑"指壕沟。《墨子·备城门》:"堑中深丈五,广比扇。""堑"同"壑"一样,既指壕沟,也指水坑、护城河。另外,"堑"表示水坑、壕沟等义都与其表"挖掘"义有关。详见"池塘坑"条下"堑"。

(176) 谼,《广韵》户公切,平东匣。"谼"表示大谷;深沟。《广韵·东韵》:"谼,大壑。""谼"还表示山谷名。《玉篇·谷部》:"谼,大谷名。"

洪²,《广韵》户公切,平东匣。"洪"同"谼",指大谷;深沟。清段玉裁《说文解字注·水部》:"洪,大壑曰谼,字亦作洪。"

谹,《正韵》胡公切。"谹"同"谼"。大谷;深沟。《洪武正韵·东韵》:"谹,大壑也。"《字汇·谷部》:"谹与谼同。""谹"又表示山谷名。《广韵·江韵》:"谹,谹谷。在南郡。"

(177) 沟¹ᐟ④,《广韵》古侯切,平侯见。"沟"表示田间水道。《周礼·考工记·匠人》:"九夫为井,井间广四尺、深四尺谓之沟。""沟"又表示坑堑、壕沟。《墨子·兼爱下》:"今岁有病疫,万民多有勤苦冻馁,转死沟壑中者。"还可以表示护城河。

张博曾讨论过"沟",认为其来源于"冓":

"冓"指材木交积,有"交合"义,而"途中相遇""纵横交错的水渠""架搭""看见""以钱换物""交配"等事情或现象也与"交合"有关,于是人们就用"冓"音指称这些事物或现象,

---

① "壑"有3个与水有关的义项:壑¹:壕沟。壑²:水坑。壑³:护城河。
② 陈孝玲:《侗台语核心词研究》,巴蜀书社2011年版,第179页。
③ "堑"有3个与水有关的义项:堑¹:壕沟。堑²:水坑。堑³:护城河。
④ "沟"有2个与水有关的义项:沟¹:水道,壕沟。沟²:护城河。

逐渐从"冓"中分化出"遘""沟""构""觏""购""媾"等词，这些词与"冓"构成一组同族词。①

"沟"表"水沟"义可能与其"挖掘"义有关。《周礼·考工记·匠人》："凡沟逆地阞，谓之不行。"郑玄注："沟谓造沟，阞谓脉理。"

（178）甽，《广韵》姑泫切，上铣见。又《集韵》甽迥切，苦泫切。"甽"表示田间的小沟。《书·益稷》："予决九川距四海，浚甽浍，距川。""甽"其"小沟"义应与"山谷"义有关。《书·禹贡》："岱甽，丝、枲、铅、松、怪石。"孔传："甽，谷也……岱山之谷出此五物。"

畎，《集韵》古泫切，上铣见。"畎"同"甽"，表示田间的小沟。《荀子·成相》："举舜甽畎，任之天下身休息。"杨倞注："畎，与甽同。"《农政全书·水利·徐贞明〈西北水利议〉》：古昔盛时，列国分布，画井而田，畎达于沟，沟达于洫，洫达于浍，浍达于川，纵横因其地势，以取利于水。又表示山下小沟。《集韵》朱闰切，去稕章。《释名·释山》："山下根之受溜处曰畎。畎，吮也。吮得山之肥润也。"

（二）沟渠与道路

（179）道，《广韵》徒皓切，上皓定。"道"表示水道；河道。《管子·君臣下》："四肢六道，身之体也。"尹知章注："六道谓上有四窍，下有二窍也。""道"的"水道、河道"义与其"道路"义有关。《诗·小雅·大东》："周道如砥，其直如矢。"《说文》："道，所行道也。"值得注意的是，"道路""水道"义可以派出"方法"义。《商君书·更法》："治世不一道，便国不必法古。"《孙膑兵法·威王问》："以一击十，有道乎？"

（180）术，《广韵》食聿切，入术船。"术"表示沟渠。《礼记·月令》："审端经（径）术。"孔颖达疏："审正田之径路及田之沟洫。""术"其"沟渠"义与"道路"有关。黄树先曾讨论过这个词：

【术】 *filjud/ *Gjŭt，《说文》："术，邑中道也。"段注："引申为技术。"汉银雀山简本《孙膑兵法·地葆》："直者为纲，术者为纪。"张震泽校理："术，复印件注释读为屈。今按，非是。术是

---

① 张博：《汉语同族词的系统性与验证方法》，商务印书馆2006年版，第39页。

道路，字亦作遂，作队，作隧。"又作"沟"讲，《礼记·月令》："审端经术"，注："《周礼》作遂……遂，小沟也。"比较"唐"，也有堤坝和池塘两个义项。①

（181）遂，《广韵》徐醉切，去至邪。"遂"指田间排水的小沟。《周礼·地官·遂人》："凡治野，夫间有遂，遂上有径。"郑玄注："遂，所以通水于川也，广深各二尺。""遂"也表示水道。《荀子·大略》："溺者不问遂。"杨倞注："遂，谓经隧，水中可涉之泾也。""遂"其"沟渠"义应与"道路"有关。详见下条。

（182）澻，《广韵》徐醉切，去至邪。"澻"指田间小沟。《玉篇·水部》："澻，所以通水，广二尺深二尺也。""澻"与"遂"音、形、义相近，属同源词，均与"道路"有关。以下转引黄树先关于"遂"的讨论：

【遂】*ljuds// *sɢlǔts，《史记·苏秦列传》："禽夫差于干遂。"索引："遂者，道也。"特指水道。《荀子·大略》："迷者不问路，溺者不问遂。"注："遂谓径遂，水中可涉之径也。"字或作【隧】，道路。《大雅·桑柔》："大风有隧。"传："隧，道也。"②

（183）隍，《广韵》胡刀切，平豪匣。"隍"指壕沟。《广韵·豪韵》："隍，隍壑。""隍"的"壕沟"义与其"城下道"义有关。《集韵·豪韵》："隍，城下道。"

（184）墱，《集韵》丁邓切，去嶝端。"墱"表示排水道。《水经注·浊漳水》："魏武王又竭漳水迥流东注，号天井堰，二十里中作十二墱，墱相去三百步，令互相灌注。"其与"道路"有关，又表示栈道。《后汉书·班彪传附班固》："陵墱道而超西墉，混建章而（连）外属。"李贤注："墱，陛级也。"

（185）泾²，《广韵》古灵切，平青见。方言。"泾"表示沟渠。宋

---

① 黄树先：《说"径"》，《汉语学报》2009年第4期，第11页。
② 同上。

王安石《寄吴氏女子》："芰荷美花实，弥漫争沟泾。""泾"与"径"同源，来源于"道路""直"义。详见"水波"条下"泾"。

（三）沟渠与器皿

（186）瓴，《广韵》郎丁切，平青来。"瓴"指砖瓦砌的通水沟。《管子·度地》："夫水之性，以高走下则疾，至于浅石，而下向高，即流而不行，故高其上领（瓴）之尺有十分之三，里满四十九者，水可走也。"又表示古代的一种盛水瓦器。《淮南子·修务》："今夫救火者，汲水而趋之，或以瓮瓴，或以盆盂，其方圆锐椭不同，盛水各异，其于灭火钧也。"

（四）沟渠与排泄

（187）汿，《集韵》象吕切，上语邪。"汿"指沟。《集韵·语韵》："汿，沟也。"此词的"沟"义与其"排泄"义有关。《广雅·释言》："抒，渫也。"《篇海类编·地理类·水部》："汿，又渫水。与抒同。"

（五）其余词

（188）浦²，《广韵》滂古切，上姥滂。"浦"指通大河的沟渎、水渠。宋朱长元《吴郡图经续记·治水》："或五里七里而为一纵浦，又七里或十里而为一横塘。"张树铮认为，以"浦"命名的地名有139个，大多分布在江浙地区。"浦"是以江浙为中心的方言词，吴语词。且"浜"和"浦"应是同源词。①"浦"表"沟渠"应与其表"水面"义有关，详见"水面"条下"浦"。

（189）浜，《广韵》布耕切，平耕帮。又布梗切。"浜"指小河沟。《广韵·耕韵》："浜，安船沟。"

（190）浍²，《广韵》古外切，去泰见。"浍"表示田间的水沟。《周礼·地官·稻人》："以浍写水。"郑玄注："浍，田尾去水大沟。"

巜，《广韵》古外切，去泰见。"巜"同"浍"，指田间的水沟。《说文·巜部》："巜，水流浍浍也。方百里为巜，广二寻，深二仞。"

（191）庸，《广韵》余封切，平钟以。"庸"表示水沟。《礼记·效特牲》："祭坊与水庸，事也。"郑玄注："水庸，沟也。"孔颖达疏："庸所以受水，亦所以泄水。"

---

① 张树铮：《汉语水泽词语的地理分布初探》，《古汉语研究》1994年第2期。

(192) 穿，《广韵》昌缘切，平仙昌。"穿"指水道。《水经注·河水》："三穿既决，水流疏分，指状表目，亦谓之三门矣。"

(193) 涀¹/①，《集韵》古典切，上铣见。《集韵·铣韵》："涀，小沟。""涀"不仅指小沟，也指水名。

(194) 澗¹/②，《广韵》古晏切，去谏见。"澗"指山间的水沟。《诗·周南·采蘩》："于以采蘩，于澗之中。"毛传："山夹水曰澗。""澗"也表示水名。"澗"，后作"涧"。王力认为，"涧"与"间"同源。间，中间。涧，两山中间的水。③

(195) 溇¹/④，《广韵》郎斗切，上厚来。"溇"指水沟。《集韵·厚韵》："溇，沟也。""溇"又表示水名。

(196) 壕¹/⑤，《广韵》胡刀切，平豪匣。"壕"表示壕沟，沟道。唐柳宗元《囚山赋》："争生角逐上轶旁出兮，下坼裂而为壕。""壕"还可以表示护城河。

墑，同"壕"，指播种翻土的沟，或表示为防止风沙侵袭所挖的沟。也用作地名。如：内蒙有公山墑。

(197) 渠¹/⑥，《广韵》强鱼切，平鱼群。"渠"指人工开凿的壕沟、水道。《国语·晋语二》："景霍以为城，而汾、河、涑、浍以为渠。"韦昭注："渠，池也。"此外，"渠"还表示水名。

(198) 池¹/⑦，《广韵》直离切，平支澄。"池"表示水道，沟渠。《周礼·秋官·雍氏》："雍氏掌沟、渎、浍、池之禁。"郑玄注："池谓陂障之水道也。""池"既表示水道，沟渠；还可以表示水塘、护城河和水名，是一个可以表示多个液体义项的词。"池"的液体类义项与堤岸有关，详见"池塘坑"条下"池"。

(199) 匱，《广韵》求位切，去至群。"匱"表示水渠；水库。《乐

---

① "涀"有2个与水有关的义项：涀¹：小沟。涀²：水名。
② "澗"有2个与水有关的义项：澗¹：水沟。澗²：水名。
③ 王力编：《同源字典》，商务印书馆1982年版，第33页。
④ "溇"有2个与水有关的义项：溇¹：水沟。溇²：水名。
⑤ "壕"有2个与水有关的义项：壕¹：壕沟。壕²：护城河。
⑥ "渠"有2个与水有关的义项：渠¹：壕沟。渠²：水名。
⑦ "池"有4个与水有关的义项：池¹：沟渠。池²：水塘。池³：护城河。池⁴：水名。

府诗集·效庙歌辞·唐享龙池乐章》:"石匮渚傍还启圣,桃李初生更有仙。"

(200) 峡,《广韵》侯夹切,入洽匣。"峡"指两山夹着的水道。《文选·左思〈蜀都赋〉》:"经山峡之峥嵘。"李善注:"山峡,巴东永安县有高山相对,相去可二十丈,左右崖甚高,人谓之峡,江水过其中。"

(201) 洫², 《广韵》况逼切,入职晓。"洫"表示古井田制中成与成之间的水道,也泛指田间水沟。《周礼·地官·遂人》:"凡治野,夫间有遂,遂上有径;十夫有沟,沟上有畛,百夫有洫,洫上有涂,千夫有浍,浍上有道;万夫有川,川上有路,以达于畿。"《说文·水部》:"洫,十里为成,成间广八尺深八尺谓之洫。""洫"又泛指河渠。晋王嘉《拾遗记·夏禹》:"禹尽力沟洫,导川夷岳。"(按:我们把"洫"的河渠义也放到这里一并列出,河渠应还是指渠。)

淢², 《广韵》况逼切,入职晓。"淢"同"洫",指沟渠,护城河。《诗·大雅·文王有声》:"筑城伊淢,作丰伊匹。"毛传:"淢,成沟也。"郑玄笺:"方十里曰成。淢,其沟也,广深各八尺。"陆德明释文:"淢,字又作洫。"

(202) 汜², 《广韵》祥里切,上止邪。"汜"表示不流通的死水沟。《尔雅·释丘》:"穷渎,汜。"郭璞注:"水无所通者。"郝懿行义疏:"汜之言澌也,穷尽意也。"

(203) 穴,《广韵》胡决切,入屑匣。"穴"表示水道。《文选·木华〈海赋〉》:"江河既导,万穴俱流。"李周翰注:"万穴,水道也。"

(204) 槽,《广韵》昨劳切,平豪从。"漕"表示水道,沟渠。唐元稹《酬刘猛见送》:"云势正横墼,江流初满槽。"

(205) 涸,《字汇补》古偃切。"涸"指水沟;通水道。元王祯《农书·灌溉篇》:"若塘堰之水,必置涸窦,以便通泄。"《字汇补》:"涸,窦也。"

(206) 潊,《集韵》常恕切,去御禅。"潊"表示沟。《玉篇·水部》:"潊,沟也。"

小结:"沟渠"次语义场其来源多样化。一部分来源于"山谷/孔穴/挖掘"义,如:窦、渎、䜱、隤、谷、墼、堑、谼(洪、缸)、沟、畎（甽）。我们转引黄树先的材料：印度尼西亚语 - gok 对应汉语"谷"； - lok 对应汉语"峪"。印度尼西亚语 legok "凹，凹陷；深谷，深渊"；solok "山谷"；lembang "凹陷的；河谷，峪，低地，流域"；lurah "山谷，山沟；（木板等的）槽，沟"。英语 hollow "空的；凹陷的。名词，洼地，洞穴；山谷"。印度尼西亚语：ceruk "洞，洞穴；水沟，小湾；小路，街头巷尾"①。

一部分来源于"道路"义，如：道、术、遂、邃、隝、墱、泾。其他语言中也有类似的语义演变，转引黄树先的材料：印度尼西亚语 tarékat "路，道路，途径；通向真理的道路；（宗教的）生活规则，生活方式；神秘主义者的团体"；minhaj "道路，途径，方式，方法"；aluran "水底的沟槽；礼规，规矩"。tembusan "通路，通道；运河；隧道"；salutan "导管，水管，水沟，沟渠；［喻］路线，途径，系统"；alur "槽，沟，凹痕；正道，规矩"。英语 channel "海峡，水道，航道，沟渠；槽；［喻］路线，途径，系统"；creek "小湾，小港；小河，支流；［英语方言］山间狭路"。法语 avenue "［古］通道；林荫道；途径"；canal "运河；渠道；水渠；海峡；管道；途径，渠道，方法，媒介"。西班牙语 arroyo "小溪，溪流，河沟；溪谷；（街道上的）车道；大街"；cañada "小峡谷，小溪；牧道；（拉丁美洲）溪流"。意大利语 canale "运河；沟渠，水道；管道；海峡"。俄语 канáл/kanal "（人工的）水道，运河，水渠"②。泰语 khlɔːŋ² "水渠；［转］道路"③。

一部分与"器皿"有关系，如：瓴。还有一部分与"排泄"有关，如：浐。当然，还有一部分词我们有待进一步研究。

第三节 池塘坑

"池塘坑"次语义场包含水池、水塘和水坑。《广韵·释地》："塘，池也。"汉刘桢《赠徐干》："方塘含清源，轻叶随风转。"池塘密不可

---

① 黄树先：《比较词义探索》，巴蜀书社 2012 年版，第 365 页。
② 同上书，第 391 页。
③ 陈孝玲：《侗台语核心词研究》，巴蜀书社 2011 年版，第 179 页。

分。而"池"本身就是积水的坑，所以我们把这三类归入一个次语义场。"池塘坑"次语义场一共有28个词，分别是溏（塘）、埂、堰、陂、池（沱）、埏、泓、井、海、窞（霫、洼）、洿（汙）、沼、坑（阬）、塹、潢、湫、汪（瀇）、泏、瀛、涔、堋、汵、氹（垱）、窠（霏）、部、洞、瀿、壑。

（一）池塘坑与堤岸/道路

（207）溏¹ʹ①，《广韵》徒郎切，平唐定。"溏"指水池，后作"塘"。《玉篇·水部》："溏，池也。""溏"还指水名。

塘¹ʹ②，《广韵》徒郎切，平唐定。"塘"指水池。《广雅·释地》："塘，池也。""塘"也指河。张觉认为"塘"大约在西晋时开始表"水池"义，且其来源与"堤坝"有关。③ 黄树先也曾讨论过"溏""塘"，支持这一观点，认为其"池塘""池水"义来源于"堤防"：

【唐】 *glʼaaŋ > d - // *gdaŋ，《尔雅·释诂》："庙中路谓之唐。"《吕氏春秋·尊师》："治唐圃。"注："唐，堤也，以雍水。"汉语里，"堤防"跟"径"关系密切，下文"防"系列是比较典型的。

"唐"是"堤防"，可以转指"池水"。刘向《九叹》："委两馆于咸唐。"注："咸唐，咸池也。"底下这几个字，是"唐"词义发展后，另造的后起字。【塘】 *glʼaaŋ > d // *gdaŋ，《慧琳音义》卷51："塘者，培土为路也。""塘"又可作"堤岸"讲；池塘的堤岸发展为"道路"是很好理解的。【隚】，《集韵·唐》："《尔雅》：庙中路谓之隚。通作唐。"《广雅·释宫》："隚，堤也。"

还有一个词义的发展，也很有意义，就是汉语"唐/塘"的"堤岸"又可以当"池塘"讲。这一类的词义，在汉语里也不是个别现象。《广雅·释地》："塘，池也。""唐/塘"指池塘，字或加水，以示区别。【溏】，《玉篇》："溏，池也。"【溕】，《玉篇》：

---

① "溏"有2个与水有关的义项：溏¹：水池。溏²：泥浆。
② "塘"有2个与水有关的义项：塘¹：水池。塘²：河。
③ 张觉：《"池塘"说解辩证》，《辞书研究》1990年第3期。

"漟，溪也。"《集韵》徒郎切。①

据张树铮考察，以"塘"命名的地名主要分布在以湖南为中心的南方各省，认为"塘"实际上是一个南方方言（特别是湖南方言）词。至于关于古时候圆的叫池、方的叫塘的说法，张氏认为乃人为的"强分区别"②。

（208）埂，《广韵》古杏切，上梗见。又古行切。表示坑。《说文·土部》："埂，秦谓坑为埂。"又表示"堤封、堤防"。《广韵·梗韵》："埂，堤封。吴人云也。"

（209）堰，《广韵》于扇切，去绿影。"堰"指池塘。闻一多《荒村》："桌椅板凳在田里堰里飘着。""堰"也可以表示堤坝。黄树先说："堰"，堤坝，《玉篇》："堰，壅水也。"字或作"隑"，《后汉书·董卓传》："乃于所度水中伪立隑，以为捕鱼，而潜从隑下过军。"注："《续汉书》隑字作堰，其字义则同，但异体耳。"动词，卢照邻《行路难》诗："谁家能驻西山日？谁家能堰东流水？"现代汉语方言，西南官话"堰"，水渠，中原官话指湖堤。③

（210）陂，《广韵》彼为切，平支帮。"陂"指池塘湖泊。《说文·自部》："陂，一曰沱也。"段玉裁注："陂得训池者，陂言其外之障，池言其中所蓄之水。"按：《古今韵会举要·支韵》引《说文》作"一曰池也"。《广雅·释地》："陂，池也。""陂"表示"池塘湖泊"义可能与"堤岸"义有关。《诗·陈风·泽陂》："彼泽之陂，有蒲与荷。"毛传："陂，泽障也。"孔颖达疏："泽陂谓泽畔障水之岸，以陂内有此二物，故举陂畔言之，二物非生于陂上也。"

（211）池²，《广韵》直离切，平支澄。"池"指水塘，积水的坑。《诗·大雅·召旻》："池之竭矣，不云自频。""池"可与"阤"比较。转引黄树先的相关讨论："阤"，坡，岸，《周礼·辀人》："是故大车平地既节轩挚之任，及其登阤，不伏其辕，必缢其牛。"注："阤，阪也。"④

---

① 黄树先：《说"径"》，《汉语学报》2009 年第 4 期，第 5 页。
② 张树铮：《汉语水泽词语的地理分布初探》，《古汉语研究》1994 年第 2 期。
③ 黄树先：《比较词义探索》，巴蜀书社 2012 年版，第 359 页。
④ 同上。

沱¹ʼ①，《集韵》陈知切，平支澄。"沱"同"池"，表示池塘。《集韵·支韵》："沱，穿地钟水。亦作池。"

（212）埏，《广韵》夷然切，平仙以。"埏"指水池；下湿之地。《广雅·释地》："埏，池也。"王念孙疏证："《玉篇》：'埏，隟也，池也。'下湿曰隟，停水曰池，皆有广衍之义，故皆谓之埏。今本《玉篇》池字讹作地。"原始南岛语 zalan"小路"，沙加尔拿来对应上古汉语"延""埏"②。黄树先认为其"水池"义与"道路"义有关：

【埏】 *lan∥*k-lǎn，墓道，《后汉书·陈蕃传》："民有赵宣葬亲而不闭埏隧。"注："埏隧，今人墓道也。"水池。《广雅·释地》："埏，池也。"③

（二）池塘坑与大/深

（213）泓¹ʼ④，《广韵》乌宏切，平耕影。"泓"表示砚池的别称。唐韩愈《毛颖传》："颖与绛人陈玄、弘农陶泓及会稽褚友善。"旧注："唐绛州贡墨，虢州贡瓦砚，会稽贡纸，故借名之。""泓"表"砚池"义来源于其"水潭"义。张博认为"洪"与"鉷""宏""闳""雄""泓""玒""仜""虹""韏""公""妐""翁"等组成词族，与"大"义有关。⑤"泓"有"大"义，表"水深貌"，又表示"潭"。《说文·水部》："泓，下深儿。"唐元稹《说韧》："为斩泓下蛟，莫试街中狗。"

（214）井，《广韵》子郢切，上静精。耕部。《易·井》："改邑不改井。"孔颖达疏："古者穿地取水，以瓶引汲，谓之为井。"俞敏认为藏文 中 rdziṅ（水池）与其同源。⑥ 包拟古认为，藏文 sdings（洞；凹地）与

---

① "沱"有3个与水有关的义项：沱¹：池塘。沱²：水湾。沱³：水名。
② ［美］沙加尔（Laurent Sagart）：《论汉语、南岛语的亲属关系》，郑张尚芳等译，载《汉语研究在海外》，北京语言学院出版社1995年版，第85页。
③ 黄树先：《说"径"》，《汉语学报》2009年第4期，第14页。
④ "泓"有3个与水有关的义项：泓¹：砚池。泓²：水潭。泓³：水名。
⑤ 张博：《汉语同族词的系统性与验证方法》，商务印书馆2006年版，第130页。
⑥ 俞敏：《汉藏同源字谱稿》，《俞敏语言学论文集》，商务印书馆1999年版，第105页。

"井"tsi̯ěng/tsi̯äng（挖好容水的坑）、"穽"dz'i̯ěng/dz'i̯äng（陷阱）、"阱"dz'i̯ěng/dz'i̯äng（坑）同源。① 在新化方言中，井水、泉水统称"井水"②。"井"表"水坑"义可能与其表"深"义有关。《广雅·释诂三》："井，深也。"

（215）海¹③，《广韵》呼改切，上海晓。"海"指苑囿内的水池。北魏杨衒之《洛阳伽蓝记·城西·宝光寺》："园中有一海，号'咸池'。葭菼被岸，菱荷覆水，青松翠竹，罗生其旁。"此外，"海"还表示河、湖和海，也是一个表示多个液体义项的词。"海"表"水池"义与其表"大海"义有关。"海"与"大、昏暗"义有关。详见"海洋"条下"海"。

（三）池塘坑与凹陷

（216）窊²，《广韵》乌瓜切，平麻影。"窊"指小水坑。北齐刘书《新论·忘瑕》："牛嚼之窊，不生鲂鱮。""窊"其"小水坑"义应与其"凹陷"义有关。《老子》第二十二章："窊则盈。"朱谦之校释："窊字《道藏》河上本作'宎'。窊、宎字同，皆洿下低陷之义。"王力持同一观点，认为"窊"与"宎"同源。④

窐²，《集韵》乌瓜切，平麻影。"窐"同"洼"，指小水坑。《龙龛手鉴》："窐，正从穴。"唐刘叉《冰柱》："不为池与沼，养鱼种芰成窐洼。"

洼¹⑤，《广韵》于佳切，平佳影。又乌瓜切。"洼"表示深池。《方言》卷三："洼，洿也。自关而东或曰洼。"郭璞注："皆洿池也。""洼"也指水名。

（217）洿，《广韵》哀都切，平模影。"洿"指浊水池。《孟子·梁惠王上》："数罟不入洿池，鱼鳖不可胜食也。"

"洿"与"污染、不廉洁"义也有关。《战国策·齐策四》："万乘之严主也，辱其使者，退而自刭，必以其血洿其衣，如臣者十人。"

---

① ［美］包拟古：《藏文的sdud（衣褶）与汉语的"卒"及"＊st‐假说"》，潘悟云等译，《原始汉语与汉藏语》，中华书局2009年版，第12页。
② 罗昕如：《新化方言丛书》，湖南教育出版社1998年版，第124页。
③ "海"有4个与水有关的义项：海¹：水池。海²：河名。海³：大湖。海⁴：海，海水。
④ 王力编：《同源字典》，商务印书馆1982年版，第119页。
⑤ "洼"有2个与水有关的义项：洼¹：水池。洼²：古水名。

《左传·文公六年》："（赵）宣子于是乎始为国政，制事典，正法罪，董逋逃，由质要，治旧洿。"杜预注："治理洿秽。"孔颖达疏："洿者，秽之别名，不洁之称也。"王力认为，"污"与"秽"属于同义词，也是同源词。① 秽，《广韵》于废切，去废影。表污秽义。《左传·昭公二十六年》："且天之有彗也，以出秽也。"

张博认为，"洿"表"水深貌"，与"大"义有关。与"芋""竿""肝""杅""玗""訏""宇""吁""夸""誇"等组成词族。洿，《广雅》侯古切，上姥匣。《广雅·释诂三》："洿，深也。"夸，《广韵》古瓜切，平麻溪。表"自大"义。《广雅·释诂一》："夸，大也。"《吕氏春秋·下贤》："贵为天子而不骄倨，富有天下而不骋夸。"高诱注："夸，诧而自大也。"②

据龙丹，到魏晋时期"洿"表水池义使用极其有限，有消亡的倾向。③

汙¹④，《集韵》汙胡切，平模影。又《广韵》乌路切，鱼部。"汙"同"洿"，浊水池。《诗·小雅·十月之交》："彻我墙屋，田卒汙莱。"孔颖达疏："汙者，池停水之名。"《说文·水部》："汙，小池为汙。"王筠句读："此义与洿同。"《广雅·释诂三》："洿，聚也。"王念孙疏证引《左传》服虔注："水不流谓之汙，汙与洿通。"

王力认为，"汙"与"窊"同源。⑤"汙"表示下陷，内陷。《淮南子·说山》："文王汙膺，鲍申伛背。"可以表示低洼。《六韬·犬韬·战骑》："汙下沮泽，进退渐洳，此骑之患地也。"引申为低位、低下。《荀子·非相》："鄙夫反是，好其实不恤其文，是以终身不免埤汙佣俗。"杨倞注："汙，下也。"窊，《广韵》乌瓜切，平麻影。表示低凹，低下。《说文·穴部》："窊，汙衺下也。"段玉裁注："凡下皆得谓之窊。"

"汙"也表污秽义。《说文》："汙，薉也。"段玉裁注："艹部曰：薉者，芜也。地云芜薉，水汙污薉，皆谓其不洁清也。"

---

① 王力编：《同源字典》，商务印书馆1982年版，第23页。
② 张博：《汉语同族词的系统性与验证方法》，商务印书馆2006年版，第130页。
③ 龙丹：《魏晋核心词研究》，巴蜀书社2015年版，第274页。
④ "汙"有2个与水有关的义项：汙¹：护城河。汙²：水名。
⑤ 王力编：《同源字典》，商务印书馆1982年版，第120页。

"污"可以表示"夸大"义。《集韵》乌瓜切,平麻影。《孟子·公孙丑上》:"宰我、子贡、有若,智足以知圣人,污不至阿其所好。"焦循正义:"污本作'洿'。《孟子》盖用为'夸'字之假借。夸者,大也。谓言虽大而不至于阿曲。""污"也可以表示"深"。《集韵》邕俱切,平虞影。《集韵·虞韵》:"洿(污),深也。"

(四)池塘坑与清澈

(218)沼,《广韵》之少切,上小章。"沼"表示水池。《诗·召南·采蘩》:"于以采蘩,于沼于沚。"毛传:"沼,池也。"《说文·水部》:"沼,池也。""沼"的"水池"义可能与其"清"义有关。《篇海类编·地理类·水部》:"沼,清也。"据王凤阳,先秦时期"池"和"沼"有大致的分工,"池"为人工开掘的蓄水的洼地,"沼"则是天然水池,这种区分大概在汉代以后逐渐消失。①

(五)池塘坑与挖掘

(219)坑,《广韵》客庚切,平庚溪。表示沟壑。《玉篇·土部》:"坑,壍也;丘虚也;壑也。《庄子》云:在谷满谷;在坑满坑。"王力认为,"坑""埂"同源。②"坑"可以表示挖坑;活埋。汉孔安国《尚书序》:"及秦始皇,灭先代典籍,焚书坑儒。"

阬,《广韵》客庚切,平庚溪。同"坑"。表示沟、池。《后汉书·朱晖传附朱穆》:"或时思至,不自知亡失衣冠,颠队阬岸。"《玉篇》:"阬,池也。"也表示挖坑、活埋。《战国策·秦策三》:"北阬马服,诛屠四十余万之众。"也指山谷。《史记·货殖列传》:"弋射渔猎,犯晨夜,冒霜雪,驰阬谷,不避猛兽之害,为得味也。"

(220)堑²,《广韵》七艳切,去艳清。"堑"表示坑。《说文·土部》:"堑,坑也。"又表示挖掘(壕沟、通道)。《左传·襄公十八年》:"齐侯御诸平阴,堑防门而守之,广里。"杜预注:"平阴城在济北卢县东北。其城南有防,防有门,于门外作堑,横行广一里。"比喻挫折。如:吃一堑,长一智。

---

① 王凤阳:《古辞辨》,吉林文史出版社1993年版,第52页。
② 王力编:《同源字典》,商务印书馆1982年版,第24页。

(六) 其余词

(221) 潢[1]①，《广韵》胡光切，平唐匣。"潢"指水池，积水坑。《左传·隐公三年》："潢污行潦之水，可荐于鬼神。"孔颖达疏引服虔曰："畜小水谓之潢，水不流谓之污。""潢"又指港汊、水名。

(222) 湫[1]②，《广韵》七由切，平尤清。"湫"指水池。《广韵·尤韵》："湫，水池名，北人呼。"张树铮考察发现，"湫"是西北一带的方言词。③"湫"还可以表示水潭、湖名和水名。

(223) 汪，《广韵》乌光切，平唐影。又乌浪切。"汪"指池。《左传·桓公十五年》："祭仲杀雍纠，尸诸周氏之汪。"杜预注："汪，池也。""汪"也指污浊的小水坑。今粪池也称"粪汪""牛汪"。

瀇，《集韵》乌旷切，去宕影。"瀇"同"汪"，表示污浊的小水坑。《集韵·宕韵》："汪，停水臭。或从广。"

(224) 㵐，《广韵》苦骨切，入没溪。"㵐"表示蓄水池。《广韵·没韵》："㵐，沤也。"

(225) 瀛[1]④，《广韵》以成切，平清以。"瀛"表示池泽。《楚辞·招魂》："路贯庐江兮左长薄，倚沼畦瀛兮遥望博。"王逸注："瀛，池中也。楚人名池泽中曰瀛。""瀛"还可以表示海、水名。

(226) 涔[2]，《集韵》慈盐切，平盐从。"涔"表示鱼池。《文选·马融长笛赋》："于是山水猥至，渟涔障溃。"李善注："薛君《韩诗章句》曰：'涔，渔池也。'""涔"也表示小水坑。《集韵》昨滥切，去敢从。《集韵·阚韵》："涔，漥也。"

(227) 堋，《集韵》逋邓切，去嶝帮。"堋"表示塘。《集韵·嶝韵》："蜀郡谓塘曰堋。"

(228) 浔，《集韵》锄簪切，平侵崇。"浔"指水池。《集韵·侵韵》："浔，池也。"

(229) 氹，"氹"表示水池。徐珂《清稗类钞·经术类》："氹，蓄水为池也。"

---

① "潢"有3个与水有关的义项：潢[1]：水池。潢[2]：港汊。潢[3]：水名。
② "湫"有3个与水有关的义项：湫[1]：水池。湫[2]：水潭。湫[3]：湖名，水名。
③ 张树铮：《汉语水泽词语的地理分布初探》，《古汉语研究》1994年第2期。
④ "瀛"有3个与水有关的义项：瀛[1]：池泽。瀛[2]：海。瀛[3]：水名。

挡，方言，同"凼"，表示小坑；小池子。如：小挡变大塘。

（230）丼[1]①，《集韵》乌迥切，上迥影。"丼"表示深池。《说文·井部》："丼，深池也。""丼"一说表示沼泽。

霁，《龙龛手鉴》乌迥反。"霁"同"丼"。深池。《龙龛手鉴·雨部》："霁，正作丼。"《篇海类编·天文类·雨部》："霁，《说文》云：'深池也。'"

（231）䣝，《字汇补》何合切。"䣝"指池。《改并四声篇海》引《川篇》："䣝，池也。"

（232）浻，《改并四声篇海》引《川篇》古濙切。"浻"指池。《改并四声篇海·水部》引《川篇》："浻，池名。"

（233）瀍[1]②，《集韵》许竭切，入月晓。"瀍"表示盐池。《集韵·月韵》："瀍，《字林》盐地。一曰以甘水和咸水为盐曰瀍。""瀍"也表示水名。

（234）壑[2]，《广韵》呵各切，入铎晓。铎部。表示坑。《孟子·滕文公上》："盖上世尝有不葬其亲者，其亲死，则举而委之于壑。"赵岐注："壑，路旁坑壑也。""壑"表坑义应与其"山谷"义有关，详见"沟渠"条下"壑"。

小结："池塘坑"次语义场的词其来源有一部分与"堤岸/道路"有关，如：塘、堰、陂、陁、埏。一部分与大/深义相关，如：泓、井、海。一部分与凹陷相关，如：窪（霁、洼）、洿（汙）。一部分与清澈相关，如：沼。一部分与挖掘有关，如：坑、壑。其中，"洿（汙）"比较复杂，与多个义项有关：凹陷、污秽、水深/大等。在此，我们暂时做一个初步的讨论，以待进一步研究。另外，"池塘坑"与"堤岸"还能从其他语言中找到证据，转引黄树先的例子：印度尼西亚语 alahan "沟渠，干涸的河沟；堤"；empang "河堤；鱼塘，池塘"；tebat "池塘，养鱼池，湖边或海边围筑养鱼池；堤"。英语 pond "池塘；海。动词，堵水成塘；筑成塘"。法语 rivière "河，江；（障碍赛马、赛跑的）水沟；[古]河岸"；ruisseau "溪，小河；溪、小河的河床；路边将流

---

① "丼"有2个与水有关的义项：丼[1]：水池。丼[2]：沼泽。（一说水池，一说沼泽）
② "瀍"有2个与水有关的义项：瀍[1]：盐池。瀍[2]：水名。

入阴沟的水,阳沟"。葡萄牙语 tanque "水池,水塘;水坝,拦河坝"。罗马尼亚语 iaz "水库,水池;堤坝"。俄语 запру́да/zapruda "拦河坝;(拦截水流而成的)蓄水池"。捷克语 splav "坝(拦河坝、拦洪堤);漫过坝顶流下的水";přehrada "拦河坝,水坝,水库"。保加利亚语 бент/bent "(拦河、拦洪)坝;被拦住的(河)水、水库、水池"。①

黄树先还认为"水库、水池"与"胃"关系密切。转引先生的材料:《广雅·释亲》:"胃谓之肚。"疏证:"《说文》:胃,谷府也。《释名》云:胃,围也。围受食物也。肚之言都也,食所都聚也。"值得注意的是,印度尼西亚语 waduk 是"胃;水库,蓄水池"的意思,《广雅疏证》说"肚之言都",汉语里"水都"即"水库,蓄水池"。《说文》:"汥,水都也。"段注:"水都者,水所聚也。民所聚曰都。"段注:"水都者,水所聚也,民所聚曰都。"印度尼西亚语 waduk "胃;水库,蓄水池"。

且,先生认为"坑"与"厕所"有关。汉语坑有厕所的意思,不少地方上厕所叫"蹲坑"。印度尼西亚语 - ga 对应汉语"渠""湖"。印度尼西亚语:telaga "湖泊;池,池塘;厕所,粪坑"。罗马尼亚语 hazná "污水坑;茅坑;库房"②。

第四节 潭渊

"潭渊"次语义场包含词 7 个,分别是:潭(湛)、渊、泓(浤)、潓、湫、沱、㴔。

(一)潭渊与深

(235)潭[1]/③,《广韵》徒含切,平覃定。"潭"表示深渊。《楚辞·九章·抽思》:"长濑湍流,溯江潭兮。"王逸注:"潭,渊也。楚人名渊曰潭。""潭"还表示水名。

俞敏认为藏文 adam(泥)、Gbdam(汗水)与其同源。④

---

① 黄树先:《比较词义探索》,巴蜀书社 2012 年版,第 359 页。
② 同上书,第 273 页。
③ "潭"有 2 个与水有关的义项:潭[1]:深渊。潭[2]:水名。
④ 俞敏:《汉藏同源字谱稿》,《俞敏语言学论文集》,商务印书馆 1999 年版,第 119 页。

第四章　汇聚之水　75

潘悟云曾支持郑张尚芳提出的汉语、藏缅语、侗台语、苗瑶语、南亚语和南岛语组成一个大语系"华澳语系"这一观点，并提供出若干证据。其中讨论了"潭"："池塘"印度尼西亚语 kolam，武鸣壮语、布依语、拉珈语 tam²，龙州壮语 thum¹，侗语 tam¹，仫佬语 lam¹，水语和毛南语 ndam¹。侗台语的 t、d 是流音在前冠音同化下塞化的结果。汉语的同源词为"潭" $*g \cdot lom > d-$。①

吴宝安曾讨论"潭""渊"的异同："潭、渊"在表示"深水"这个义项上是同义词，它们之间也是有区别的：首先，在语用上，"渊"远比"潭"常用，"渊"表深水在西汉文献中有 173 例，而"潭"只有 8 例。其次，"潭"主要出现在南方作家所写的文献中，如《淮南子》等，而"渊"则使用广泛。因此，"潭"有可能是一个楚语词。②

王凤阳则认为，"渊"和"潭"应来自不同的方言，黄河流域称"渊"，长江流域称"潭"③。张树铮考察发现，"潭"从地理分布来看，主要分布在以湖南为中心的地区，与王逸所注"楚人名渊曰潭"相符。④

"潭"其"深渊"义可能与其"深"义有关。《管子·侈靡》："潭根之毋伐，固事之毋入。"尹知章注："潭，深也。"张博认为"潭"派生出"深"⑤。深，《广韵》式针切，平侵书。又式禁切。《诗·小雅·小旻》："如临深渊，如履薄冰。"据张博，"潭"与表示"久雨"义的"湛"与"霃"同属于同源词。⑥

湛¹′⑦，"湛"指水潭，后作"潭"。邹汉勋《读书偶识》："宦，同宄。沈、湛、浔、潭，古通字。鞣，同渫。""湛"还指久雨、水名。

---

① 潘悟云：《对华澳语系假说的若干支持材料》，王士元主编《汉语的祖先》，李葆嘉主译，中华书局 2005 年版，第 267 页。
② 吴宝安：《西汉核心词研究》，巴蜀书社 2011 年版，第 284—285 页。
③ 王凤阳：《古辞辨》，吉林文史出版社 1993 年版，第 23 页。
④ 张树铮：《汉语水泽词语的地理分布初探》，《古汉语研究》1994 年第 2 期，第 62—66 页。
⑤ 张博：《汉语同族词的系统性与验证方法》，商务印书馆 2006 年版，第 202 页。
⑥ 同上书，第 361 页。
⑦ "湛"有 3 个与水有关的义项：湛¹：水潭。湛²：久雨。湛³：古水名。

（236）渊², 《广韵》乌玄切，平先影。"渊"表示深潭。《易·乾》："或跃在渊。"《管子·度地》："沟流于大水及海者，命曰川水，出地而不流者，命曰渊水。""渊"表示"深潭"义与其"深，深邃"义有关。《诗·邶风·燕燕》："仲氏任只，其心塞渊。"毛传："渊，深也。"《广雅·释诂三》："渊，深也。""渊潭"还可以比喻学识或文章内容深厚。《抱朴子·内篇·祛惑》："所从学者，不得远识渊潭之门，而值孤陋寡闻之人。"

（237）泓²，《广韵》乌宏切，平耕影。"泓"表示潭。唐元稹《说韵》："为斩泓下蛟，莫试街中狗。""泓"也泛指湖塘。明陆容《菽园杂记》卷十四："望泓面有烟云之气，飞走不定。""泓"表示"潭"与其表示"深"有关。"泓"有"大"义，表"水深貌"。《说文·水部》："泓，下深儿。"详见"池塘坑"条下"泓"。

浤，《广韵》户萌切，平耕匣。"浤"，同"泓"。《正字通·水部》："浤，俗泓字。"清查慎行《庐山纪游》："停浤作镜，照人须眉皆碧者，绿水潭也。"

（二）潭渊与回旋

（238）湋¹/①，《广韵》雨非切，平微云。"湋"指水渊。《广雅·释水》："湋，渊也。""湋"又表示水名。"湋"表示"水渊"义可能与其表示"水流回旋"有关。《说文·水部》："湋，回也。"

（三）其余词

（239）湫²，《广韵》七由切，平尤清。"湫"表示潭。汉扬雄《蜀都赋》："火井龙湫。"章樵注："湫，潭。"

（240）沱，"沱"指水潭。明李宝《蜀语》："水潭曰沱。沱，音沱。"

（241）㟎，《集韵》麤丛切，平东清。"㟎"表示渊名。《集韵·东韵》："㟎，《山海经》大荒之南有㟎渊。"

小结："潭渊"次语义场的词其来源多与"深"有关，如：潭（湛）、渊、泓（浤）。也有小部分与"回旋"有关，如：湋。

---

① "湋"有2个与水有关的义项：湋¹：渊。湋²：水名。

第五节 水湾

我们所说的"水湾"指水流弯曲的地方。"水湾"次语义场一共有9个词，分别是：湾、澥、坞、隈、壅、浩、沱、溠、鳌。

（一）水湾与弯曲

（242）湾，《广韵》乌关切，平删影。"湾"指河水弯曲处，港湾。北周庾信《望渭水》："树似新亭岸，沙如龙尾湾。"《广韵·删韵》："湾，水曲。"王力认为，"湾"与"弯"同源。湾，水流弯曲的地方。弯，弯曲。① 我们认为是。

（二）水湾与山谷

（243）澥，《广韵》胡买切，上蟹匣。"澥"表示靠陆地的海湾。《说文·水部》："澥，郣澥，海之别也。"段玉裁注："毛《诗》传曰：'沱，江之别者也。'海之别犹江之别。勃澥属于海而非大海，犹沱属于江而非大江也。"徐灏笺："海自成山西入登莱，又折而北过天津，又东至辽东，又南下金州，海渚环抱，自成一湾，故谓之勃澥。澥之言解也，如别为一水然也。""澥"又指湖汊、海。"澥"表示海湾、湖汊、海这类与水有关的名词可能与"山谷"义有关。《说文·水部》："澥，一说澥即澥谷也。"段玉裁注："一说昆仑之北谷名也。按：《汉书》解谷，《说文》作澥。"王力指出，"嶰""嶰""澥"同源。嶰，《说文》：嶰，水衡官谷也。"嶰，《广雅·释山》："嶰，谷也。"②

（三）其余词

（244）坞，《广韵》安古切，上姥影。"坞"指停泊船只的港湾。《红楼梦》第四十回："命小厮传驾娘们，到船坞里撑出两支船来。"

（245）隈，《广韵》乌恢切，平灰影。又乌缋切。"隈"表示水流弯曲处。《左传·僖公二十五年》："秦人过析，隈入而系与人以围商密，昏而傅焉。"《淮南子·览冥》："田者不侵畔，渔者不侵隈。"高诱注："隈，曲深处，鱼所聚也。"

---

① 王力编：《同源字典》，商务印书馆1982年版，第32页。
② 同上书，第109页。

（246）壅，《广韵》于容切，平钟影。又于陇切。"壅"表示水道弯曲的地方。《史记·司马相如列传》："批壧卫壅，犇扬滞沛。"张守杰正义引司马彪云："壅，曲隈也。"

（247）浩¹①，《广韵》胡老切，上皓匣。"浩"表示小港。清王士禛《登渝州涂山记》："巴人谓小港为浩。今戎州亦有金箱浩。"清张慎仪《蜀方言》卷上："《蜀典》引黄庭坚云：'犍为之俗，谓江之瀼水为浩。'"此外，"浩"还表示水名。

（248）沱²，《广韵》徒河切，平歌定。"沱"表示江水的支流，水湾。《诗·召南·江有汜》："江有沱，之子归，不我过。"毛传："沱，江之别者。"《诗·汝濆》正义引李巡曰："江、河、汝旁有肥美之地名，然则此以地言，彼以水言，名同义异。"

（249）溠¹②，《广韵》侧驾切，去祃庄，又侧加切，七何切。"溠"表示水湾。《水经注·江水三》："江水又右，得上檀浦。江溠也。"《玉篇·水部》：溠，溠浙也。"溠"还可以表示水名。

（250）盩，《广韵》张流切，平尤知。"盩"表示水曲。《广韵·尤韵》："盩，水曲曰盩。"

小结："水湾"或与"弯曲"有关，或与"山谷"有关。该次语义场的大部分词还需要进一步研究。

第六节 瀑布

"瀑布"次语义场包括 4 个词，分别是淙、瀑、洩、潨。

（一）瀑布与声音

（251）淙，《广韵》藏宗切，平冬从。又士江切。《说文·水部》："淙，水声也。"段玉裁注："水声淙淙然。""淙"表示瀑布。南朝梁沈约《守山东》："万仞倒威石，百丈注悬淙。"《六书故·地理三》："淙，飞流也。"

---

① "浩"有 2 个与水有关的义项：浩¹：小港。浩²：水名。
② "溠"有 2 个与水有关的义项：溠¹：水湾。溠²：水名。

（二）瀑布与急雨/暴风雨

（252）瀑[1/①]，《广韵》蒲木切，入屋并。"瀑"指瀑布。《集韵·屋韵》："瀑，县水。""瀑"的瀑布义可能与暴风雨有关。"瀑"表示急雨，暴风雨。《说文·水部》："瀑，疾雨也。《诗》曰：'终风且瀑。'"

（三）瀑布与泄漏

（253）洩[1/②]，《广韵》私列切，入薛心。月部。"洩"指瀑布。《水经注·浙江水》："（浙江）东径诸暨县，与泄溪合……此是瀑布，土人号为洩也。""洩"还指水名。"洩"的瀑布义可能与"泄漏"义有关。同"泄"。漏；泄漏。《左传·襄公二十二年》："洩命重刑，臣亦不为。"杜预注："漏洩君命，罪之重。"方言。

（254）漈，《集韵》子例切，去祭精。方言，指瀑布。"洩"与"漈"应是同源词。

小结：根据考察，"瀑布"其来源可能与声音有关，如：漈。与暴风雨有关，如：瀑。与泄漏有关，如：漈、洩。

第七节 泉

"泉"次语义场共有词12个，分别是：灡、潢、鑽、沈（屑、漸）、汤、泺、泉、醴、泡、泾、渾、蠹。

（一）泉水与喷涌

（255）灡，《集韵》卢瞰切，去阚来。"灡"表示涌泉。《玉篇》："灡，涌泉也。"

（256）潢[1/③]，《广韵》方问切，去问非。又匹问切。"潢"指地下涌出的泉水。《尔雅·释水》："潢大出尾下。"晋郭璞注："今河东汾阴县有水口，如车轮许，溃沸涌出，其深无限，名之为潢。冯翊合阳县复有潢，亦如之，相去数里而夹河，河中渚上又有一潢，潢源皆潜相通。""潢"又可以表示水名。

---

① "瀑"有3个与水有关的义项：瀑[1]：瀑布。瀑[2]：急雨，暴风雨。瀑[3]：水名。
② "洩"有2个与水有关的义项：洩[1]：瀑布。洩[2]：水名。
③ "潢"有2个与水有关的义项：潢[1]：泉水。潢[2]：水名。

(257) 灢,《广韵》符万切,去愿奉。元部。"灢"表示喷涌的泉水。《说文·泉部》:"灢,泉水也。"段玉裁注:"泉水者,泉出之水也。""灢"又表示泉名。《集韵》符袁切,平元奉。《集韵·元韵》:"灢,泉名。在魏郡。"

(二)泉水与小泉

(258) 氿¹①,《广韵》居洧切,上旨见。"氿"表示山侧洞穴流出的泉水。《诗·小雅·大东》:"有洌氿泉,无浸获薪。"毛传:"侧出曰氿泉。"又表示小泉。《文选·班固〈答宾戏〉》:"怀氿滥而测深乎重渊。"李周翰注:"氿滥,小泉也。""氿"还指湖名。

厬,《广韵》居洧切,上旨见。《说文·厂部》:"厬,仄出泉也。""厬"表示旁出的泉水。

漸¹②,《广韵》居洧切,上旨见。《集韵·旨韵》:"厬,《说文》:'仄出泉也。'"或作漸。"漸"同"厬",表示旁出的泉水;还可以表示水名。

(三)泉水与温泉

(259) 汤²,《广韵》吐郎切,平唐透。"汤"表示温泉。唐封演《封氏闻见记·温汤》:"海内温汤甚众,有新丰骊山汤,蓝田石门汤,岐州凤泉汤,河南陆浑汤,汝州广成汤,兖州乾封汤,邢州沙河汤。""汤"其"温泉"义由"热水"义引申而来。据黄金贵等:"汤"的本义热水、沸水,构成词素是水与煎煮。其引申遂分二系:一是从水衍生,温泉、护城河(比喻义)归之;二是从煎煮申发,药剂、茶水、煎汁饮料等义属之。③

(260) 泺¹④,《广韵》匹各切,入铎滂。"泺"指温泉。《篇海类编·地理类·水部》:"泺,火池。""泺"也指湖泊、水名。

(四)泉水与地下

(261) 泉²,《广韵》疾缘切,平仙从。"泉"指泉水,从地下流出的水。《易·蒙》:"山下出泉,蒙。"又指地下水。《左传·隐公元年》:"若阙地及泉,隧而相见,其谁曰不然?"《荀子·荣辱》:"短绠不可以汲深井

---

① "氿"有2个与水有关的义项:氿¹:泉,泉水。氿²:湖名。
② "漸"有2个与水有关的义项:漸¹:旁出的泉水。漸²:水名。
③ 黄金贵、胡丽珍:《"鬳"、"汤"辨考》,《湖州师范学院学报》2005年第6期,第5页。
④ "泺"有3个与水有关的义项:泺¹:温泉。泺²:湖泊。泺³:水名。

之泉。"由"地下水"可以引申出"地下",如"九泉、黄泉"等。

下面这个词与地下也存在一定的关系。暗流也是地下水,与"泉"这种从地下流出的水不同,但也附在此以供参考。

(262) 潜[1']①,《广韵》昨盐切,平盐从。又慈艳切。"潜"表示暗流。《山海经·西山经》:"又西北三百七十里曰不周之山,北望诸毗之山,临彼岳崇之山,东望泑泽,河水所潜也。"郭璞注:"河南出昆会,潜行地下。""潜"还表示水名。

(五)泉水与甜美

(263) 醴[1']②,《集韵》庐启切,上荠来。"醴"指甜美的泉水。汉扬雄《蜀都赋》:"北属昆仑泰极,涌泉醴。"《玉篇·酉部》:"醴,醴泉,美泉也,状如醴酒,可以养老也。""醴"又表示酒和水名。

(六)泡沫与水泉

(264) 泡[2],《集韵》皮教切,去效并。《汉书·艺文志》:"杂山陵水云气雨旱赋十六篇。"颜师古注:"泡,水上浮沤也。""泡"表示水泉。《集韵·效韵》:"泡,水泉。"这与泉水涌出的动作方式相关。

(七)其余词

(265) 泾[3],《集韵》弃挺切,上迥溪。"泾"表示泉水。《集韵·迥韵》:"泾,泉也。""泾"与"径"同源,来源于"道路""直"义。详见"水波"条下"泾"。

(266) 潷,《广韵》卑吉切,入质帮。《篇海类编·地理类·水部》:"潷,泉水也。"

(267) 灥[2],《广韵》详遵切,平谆邪。又昌缘切。"灥"表示三泉。《说文·灥部》:"灥,三泉也。阙。"段玉裁注:"此谓读若未详,阙其音也。今音详遵切,依附泉之变声为之。"

小结:泉水来源于地下,与地下有关;泉水流出的方式暗涌,与暗涌有关;暗涌的方式像出泡沫,泉水与泡沫有关;有些地下水多带有一定温度,与温泉有关;喝起来很甜美,与甜美有关;还与小也有一定关系。

---

① "潜"有2个与水有关的义项:潜[1]:暗流。潜[2]:水名。
② "醴"有3个与水有关的义项:醴[1]:泉水。醴[2]:酒。醴[3]:水名。

第八节 小溪

"小溪"次语义场包含词5个，分别是谿（溪）、浴、濆、嶰、雍。

（一）小溪与弯曲

(268) 谿[2]，《广韵》苦奚切，平齐溪。"谿"指山中不与外界相通的沟渠。《尔雅·释山》："山䢒无所通，谿。"邢昺疏："䢒即沟渎也，山有䢒而无通流者名谿。"《说文》："谿，山渎无所通者。"张博认为"谿"表示山间蜿蜒的小水流，与"徯、蹊、傒、蹊"组成同族词，都得名于弯曲。①

溪，《广韵》苦奚切，平齐溪。"溪"指山间的小河沟，本作"谿"。《玉篇·水部》："溪，溪涧。"吴宝安曾讨论过"谿（溪）"："谿（溪）"在西汉文献中多为小河的专名，如：山崩及徙，川塞溪垘（《史记·天官书》）；也可指小河的类名，如：尚龙溪（见于《汉书》）等。②据张树铮考察，以"溪"命名的地域以湖南为中心向四周扩展，张先生认为其是一个楚方言词。③

(269) 浴[1]④，《广韵》胡觉切，入觉匣。又士角切。"浴"表示夏有水冬无水的山溪。《尔雅·释山》："山上有水，埒；夏有水、冬无水，浴。""浴"还可以表示水名。

（二）小溪与山谷丘陵

(270) 濆，《广韵》遇具切，平虞疑。"濆"指丘陵间的溪水。《尔雅·释水》："山夹水，涧；陵夹水，濆。"郭璞注："别山，陵闲有水者之名。"

(271) 嶰，《广韵》胡买切，上蟹匣。"嶰"表示小溪。《说文·自部》："嶰，小溪。"段玉裁注："两自间溪曰嶰。""嶰"其"小溪"义可能与其"山谷"义有关。《说文·自部》："嶰，水衡官谷也。"段玉裁注："未详。'水衡官'见《汉书·百官公卿表》。又《天文志》'解谷'，晋灼

---

① 张博：《汉语同族词的系统性与验证方法》，商务印书馆2006年版，第52页。
② 吴宝安：《西汉核心词研究》，巴蜀书社2011年版，第280页。
③ 张树铮：《汉语水泽词语的地理分布初探》，《古汉语研究》1994年第2期。
④ "浴"有2个与水有关的义项：浴[1]：夏有水冬无水的山溪。浴[2]：水名。

曰：'谷名'。盖非此。"王力认为"嶰""嶰""澥"同源，都表山谷义。①详见"水湾"条下"澥"。

（三）小溪与河水溢出

（272）雍¹ᐟ②，《集韵》委勇切，上肿影。"雍"指河水决口溢出形成的小溪。《汉书·邹阳传》："是以申徒蹈雍之河。"颜师古注："雍者，河水溢出为小流也。言狄初因蹈雍，遂入大河也。""雍"又表示水泽以及水名。

小结：小溪弯弯曲曲，与弯曲有关。其多为山谷丘陵中的河流，因此与山谷丘陵有关。南方多山谷丘陵，北方多是平原，说"溪"是一个楚方言词语可信。"溪"规模多很小，与"小"有一定的关系。此外，还和河水溢出相关。

第九节 江河

"江河"这一大次语义场下包含护城河、江、河流三个次语义场。

一 护城河

"护城河"次语义场有7个词，分别是濠（壕）、池、汤、沟、洫、壑、堑（堑、堑）。

护城河与池塘/沟渠

（273）濠¹ᐟ③，《广韵》胡刀切，平豪匣。"濠"表示城壕，护城河。《广韵·豪韵》："濠，城濠。""濠"还表示水名。

壕²，《广韵》胡刀切，平豪匣。"壕"同"濠"，指城壕、护城河。《玉篇·土部》："壕，城壕也。"《集韵》："壕，城下池。通作濠。""壕"其"护城河"义与"水池"义有关。

（274）池³，《广韵》直离切，平支澄。"池"指护城河。《左传·僖公四年》："楚国方城以为城，汉水以为池。""池"之"护城河"义

---

① 王力编：《同源字典》，商务印书馆1982年版，第109页。
② "雍"有3个与水有关的义项：雍¹：小溪。雍²：水泽。雍³：水名。
③ "濠"有2个与水有关的义项：濠¹：护城河。濠²：水名。

其来源应与其"池塘"义有关。

（275）汤³，《广韵》吐郎切，平唐透。"汤"，"汤池"的简称，指护城河。《后汉书·光武帝纪》："金汤失险，车书共道。"李贤注："《前书》曰：'金城汤池，不可攻矣。'金以谕坚，汤取其热。光武所击。皆失其险固也。""汤"其"汤池"义由"热水"义引申而来。据黄金贵等："汤"的本义热水、沸水，构成词素是水与煎煮。其引申遂分二系：一是从水衍生，温泉、护城河（比喻义）归之；二是从煎煮申发，药剂、茶水、煎汁饮料等义属之。① 其"汤池"义也当属从水衍生。

（276）沟²，《广韵》古侯切，平侯见。"沟"指护城河。《周礼·夏官·掌固》："掌修城郭沟池树渠之固。"贾公彦疏："谓环城及郭皆有沟池。""沟"其"护城河"义与其"沟渠"义有关。

（277）洫³，《广韵》况逼切，入职晓。"洫"表示护城河。《左传·昭公三十二年》："士弥牟营成周，计丈数，揣高卑，度厚薄，仞沟洫，物土方……以令役于诸侯。""洫"其"护城河"义与其"沟渠"义有关。

（278）壑³，《广韵》呵各切，入铎晓。"壑"表示护城河。《诗·大雅·韩奕》："宝埔宝壑，宝亩宝籍。"陆德明释文："壑，城池也。""壑"表"护城河"义应与其"沟渠"有关。而其所表示的"沟渠"义、"坑"义应与其"山谷"义有关，详见"沟渠"条下"壑"。其语义演变由"山谷"→"坑"→"沟渠"→"护城河"。

（279）堑³，《广韵》七豔切，去豔清。"堑"指护城河。《玉篇·土部》："堑，《左氏传》注：沟堑也。《字书》云：城隍也。""堑"表"护城河"其来源与其表"水沟"有关。《墨子·备城门》："堑中深丈五，广比扇。"

壍，《玉篇》七豔切。"壍"，同"堑"，护城河。《淮南子·兵略》："晚世之兵，君虽无道，莫不设渠壍傅堞而守。""壍"也可以表示挖掘。同"堑"，挖沟。《墨子·备穴》："急壍城内，穴土直之。"

---

① 黄金贵、胡丽珍：《"羹"、"汤"辨考》，《湖州师范学院学报》2005年第6期，第5页。

壍，《集韵》七壍切，去壍清。"壍"同"堑"，表示护城河。《字汇·山部》："壍，与堑同，坑也，遶城水也。"

小结：池塘、沟渠是人工建设的，这点和护城河类似，护城河的样子又和池塘、沟渠差不多，因此，大多数"护城河"都来源于池塘、沟渠。

二 江

我们搜集的大多表示"江"的词都是表示江名。其实，"江"本身也是指长江。由于我们准备把所有表示水名的词另文列出，所以"江"次语义场所包含的词只有一个：江。而且，"江"其实也是河流，既然汉语当中叫法不一样，我们还是区分开来，另列一类。

江与直

（280）江，《广韵》古双切，平江见。"江"，长江。《说文·水部》："江，水。出蜀湔氐徼外崏山，入海。"也表示大河流的通称。唐柳宗元《登柳州城楼寄漳汀封连四州》："岭树重遮千里目，江流曲似九回肠。"

有关"江、河"这两个词的来源，学术界有不少讨论，有的认为江、河均非汉语固有的基本词，二者分别来自南亚语和蒙古语，以罗杰瑞、梅祖麟、桥本万太郎为代表；有的则认为江、河就是汉语本身所固有的，它们在其他语言中的对应形式可能是受汉语的影响，以张洪明为代表。[1]

有关"江"的研究，成果比较多。俞敏认为藏语的 kluŋ（大河）与其同源。[2] 潘悟云曾讨论过"江"，认为"江"与泰语以及佤语的"小河"同源。小河：泰语 tsh·lɔŋ²，佤语 klɔŋ；上古汉语：kroŋ 江。[3] 王玉柱认为，"江"其来源与"工"有关，表示直流的水。[4] 张洪明则认为"江"是汉语固有词，本义指中国南方最大的河（"江"的

---

[1] 张洪明：《汉语"江"词源考》，颜洽茂等译，《浙江大学学报》（人文社会科学版）2005 年第 1 期。

[2] 俞敏：《汉藏同源字谱稿》，《俞敏语言学论文集》，商务印书馆 1999 年版，第 99 页。

[3] 潘悟云：《对华澳语系假说的若干支持材料》，王士元主编《汉语的祖先》，李葆嘉主译，中华书局 2005 年版，第 272 页。

[4] 王玉柱：《"江""河"词源义试探》，《四川理工学院学报》（社会科学版）2008 年第 4 期。

声旁"工"有大义,"江"即表示大河),后来,"江"从专有名词转化为普通名词,常用来指所有的河流。① 据吴宝安,西汉时期的"江"大多专指长江,少有泛指例,但已有泛指河流的倾向。②

三 河流

"河流"次语义场共有词 7 个,分别是:河、川、水、流、游、塘、运。

(一) 河流与大/弯曲/水

(281)河,《广韵》胡歌切,平歌匣,歌部。"河"指黄河。《说文·水部》:"河,水。出焞(敦)煌塞外昆仑山,发原注海。"又作河道的统称。唐杜甫《春望》:"国破山河在,城春草木深。"

有关"河"的研究成果也比较多。王玉柱认为,"河"其来源与"可"有关,表示弯曲的水。③ 李梦龙认为"河"其来源于"可"部表示"大"义有关,"河"表示"大水"。④ 后来可泛指一切河流,尤其是北方的河流一般都称河。据吴宝安,《淮南子》中的"河"都专指黄河,没有泛称。而《史记》则大多专指黄河,出现少数泛指的例子。另,吴宝安对西汉时期"水""河""江"的出现数量进行统计,发现"水"位列第一,"河"比"江"用例多,位列第二。⑤

"河"除了与"大"和"弯曲"有关以外,还与"水"有关。上古汉语中,"水"既指液体,也表示"河流"。现代汉语中,"河流"的意思仅在"汉水"之类的河流名称中得以保留。转引陈孝玲的例子:印度尼西亚语 air "水;汁液;江河"。泰语 nam^4 "水"。mɛ^3 nam^4 指"江,河,河流",即泰国的主要河流湄南河。老挝语 nam^4 "水"。老挝语 mɛ^5 nam^4 指"江,大河","沱江"(又叫"黑水江")叫 mɛ^5 nam^4 dam^1·

---

① 张洪明:《汉语"江"词源考》,颜洽茂等译,《浙江大学学报》(人文社会科学版) 2005 年第 1 期。
② 吴宝安:《西汉核心词研究》,巴蜀书社 2011 年版,第 281 页。
③ 王玉柱:《"江""河"词源义试探》,《四川理工学院学报》(社会科学版) 2008 年第 4 期。
④ 李梦龙:《释"河"》,《语言研究》1993 年第 1 期,第 119 页。
⑤ 吴宝安:《西汉核心词研究》,巴蜀书社 2011 年版,第 278—283 页。

（黑），"红河"叫 mɛ⁵ nam⁴ dɛːŋ¹˙（红）。① 丁邦新等采集的苗瑶语方言"水""河"的说法一致的有：嘎奴/ʔə³³，郭雄/ʔu³⁵，巴哼/ʔaŋ³⁵，优诺/ʔŋ⁴⁴，炯奈/ʔɒŋ⁴⁴，巴那/ʔŋ¹³，金门/ʔwoːm³⁵，标敏/ʔən³³，藻敏/ʔm²⁴。② 河流还与"渡口"有关。泰语 tha⁶，河流、渡口。老挝语，tha⁵，河流、渡口。③

（282）川，《广韵》昌缘切，平仙昌。元部。"川"指河流。《书·禹贡》："奠高山大川。"孔传："大川，四渎。"孔颖达疏："川之大者，莫大于渎。四渎谓江、河、淮、济也。"

沙加尔认为"水、川"同源：两词的甲骨文字形十分接近，语义相近，语音相通。④

吴宝安赞成沙加尔的观点，认为"川"甲骨文字形正像河流形。《国语·周语上》："防民之口，甚于防川。"韦昭注："流者曰川。"这个句子在《史记·周本纪》中改作："防民之口，甚于防水。"足见"水、川"在表示"流水、河流"义，两者为同义词。河流两边多是平原，所以"川"还指平地，西汉的很多地名也多用"川"命名。吴宝安还比较了西汉时期"水""川"的区别：首先，在语用方面，"川"表河流多见于一些早已成型的双音词中，如山川等，单用的例证不多，可见"川"在西汉文献中的语用能力是很一般的，而"水"则不同，几乎所有的河流名称后都可加"水"，如：颍水、河水、汉水、江水、湘水等。其次，在语义方面，"水"经常连缀于河流的专名后面，是河流的类名；"川"则一般不用作河流的类名，它不特指哪一条具体的河流，是河流这个概念的专名。⑤

据张树铮考察，以"水"命名的河流遍布全国，而以"川"命名的河流主要集中在以陕甘为中心的地区，并且与周朝的活动中心东移相

---

① 陈孝玲：《侗台语核心词研究》，巴蜀书社2011年版，第178页。
② 丁邦新、孙宏开：《汉藏语同源词研究（二）——汉藏、苗瑶同源词专题研究》，广西民族出版社2001年版，第187页。
③ 陈孝玲：《侗台语核心词研究》，巴蜀书社2011年版，第178页。
④ ［美］沙加尔：《上古汉语词根》，龚群虎译，上海教育出版社2004年版，第173页。
⑤ 吴宝安：《西汉核心词研究》，巴蜀书社2011年版，第279页。

一致地向东扩展。"水"相对于"川",是更古老而普遍使用的词。①此说是。

黄金贵则认为"水"是附缀在河流专名之后的河流通称。"川"才是使用最广的河流总称,相当于今称"河"。② 此说可以商榷。

(283) 水², 《广韵》式轨切, 上纸书。"水"表示河流。《诗·卫风·竹竿》:"泉源在左, 淇水在右。"又表示江、河、湖、海的通称。《书·微子》:"今殷其沦丧, 若涉大水, 其无津涯。"

(二) 河流与流动

(284) 流,《广韵》力求切, 平尤来。"流"指河川、江河里的水。《史记·周本纪》:"武王渡河, 中流, 白鱼跃入王舟中。"

"流"表示"水"与其表"水流动"有关。《易·乾》:"水流湿, 火就燥。"《说文·水部》:"流, 水行也。"王筠句读:"谓水之自行也。"王力认为,"溜""流""霤""廇""屚""漏"都表示水流下的意思,同源。③

"流"这个词黄树先曾做过详细讨论:

"流"是河流, 也指流派, 《后汉书·王充传》: "遂博通众流百家之言。"汉语"三教九流"。"派"是水的支流, 也当流派讲。印度尼西亚语 aliran "流体; 溪流, 河沟, 沟渠; 思潮, 流派"。

"流"是水流, 汉语又有"人流"一词, 人多可以说"川流不息"。印度尼西亚语 –rus 对应汉语"流"* ru// * rǔ,《说文》:"㳅, 水行也。从㳄充, 充, 突忽也。流, 篆文从水。"藏缅语 * lwi (y)。印度尼西亚语 arus "水流, 湍流; (气、电) 流; [喻] 潮流, 人流"。

汉语"流",《说文》:"流, 水行也。"也指河流。英语 stream "河流。动词, 流出"; rill "小河。动词, 小河般地流"。意大利

---

① 张树铮:《河流名称"水"和"川"的地理分布及其语言背景》,《山东大学学报》(哲学社会科学版) 1993 年第 2 期。

② 黄金贵:《水·渎·江·河·川词义辨析》,《湖北大学学报》(哲学社会科学版) 1994 年第 3 期。

③ 王力编:《同源字典》, 商务印书馆 1982 年版, 第 192 页。

语 rivo "小溪；流出"，rìvolo "小溪；流动"。①

（285）游[1]②，《广韵》以周切，平尤以。"游"表示河流。《诗·秦风·蒹葭》："遡洄从之，道阻且长，遡游从之，宛在水中央。""游"还表示水名。"游"表示游泳。《书·君奭》："若游大川。"孔颖达疏："《诗》云：'泳之游之。'《左传》称：'阎敖游涌而逸。'则游者，入水浮渡之名。""游"也可以表示流动。《诗·秦风·小戎》："游环胁驱，阴靷鋈续。"孔颖达疏："刘熙《释名》云：'游环，在服马背上，骖马之外辔贯之，游移前却无定处也。'"

（三）河流与堤防

（286）塘[2]，《广韵》徒郎切，平唐定。"塘"，方言，指较大的河。茅盾《大旱》："镇上人谈起一块田地的'四至'来，向来是这样的：'喏，东边到某港，西边靠某浜，南边又是某港，北边就是某某塘。'"原注："塘是较大的河。""塘"表"河"与来源于"堤防/道路"义，详见"池塘坑"下"塘"。

（四）其余词

（287）运，《广韵》王问切，去问云。"运"表示运河的简称。《明史·河渠志三》："正德四年十月，河决沛县飞云桥，入运。"

小结：我们考察发现，"河流"次语义场的一部分词与"大/水"有关，如：河、川、水、海。一部分词与"流动"有关，如：流、游。一部分与"堤防"有关，如：塘。

第十节 泽

"泽"次语义场包含表示"湖泽"与"沼泽"两个语义场的词。

一 湖泽

"湖泽"次语义场一共有 16 个词，分别是：湖、泽、浸、泊

---

① 黄树先：《比较词义探索》，巴蜀书社 2012 年版，第 361 页。
② "游"有 2 个与水有关的义项：游[1]：河流。游[2]：水名。

（洓）、淀（澱）、泖、掌、沆、雝、雍、海、薮、畂、笛、虱（奋）、浏。

（一）湖泽与水积聚之地

(288) 湖¹ʹ①，《广韵》户吴切，平模匣。"湖"表示被陆地包围着的大片积水。《说文》："湖，大陂也。扬州浸有五湖（即今太湖）。""湖"属于大的人工蓄水池。《书·禹贡》："震泽厎定。"孔传："震泽，吴南大湖名。"孔颖达疏："大泽畜水，南方名之曰湖。""湖"还可以表示水名。据吴宝安，"湖"可能开始是一个南方的方言词，后来才进入通语：大泽蓄水南方名之曰湖（《书·禹贡》），西汉文献中的"湖"仍多指南方大泊，可见它还保留方言词的痕迹。② 张树铮认为上古汉语中的"湖"并不是通用词，大概在汉代，表示湖泽以的"湖"才逐渐通行起来。③

(289) 泽¹ʹ④，《广韵》场伯切，入陌澄。"泽"表示水聚汇处。也指水草丛杂之地。《书·禹贡》："九川涤源，九泽既陂。"孔传："九川之泽已陂障无决溢矣。""泽"还可以表示油脂、体液和雨露。"泽"其与"液体"类义项来源可能与其"光亮、润泽"义有关。《周礼·考工记·弓人》："瘠牛之角无泽。"郑玄注："少润气。"贾公彦疏："云瘠者，唯瘦瘠，非病，角则无润泽也。"《说文·水部》："泽，光润也。"其他语言中也有类似的词义发展，转引黄树先的材料：汉语"泽"字，当沼泽、雨露讲，又作光润、光泽讲，汉语有"光泽"一词。西班牙语 agua "水；（衣物、宝石、木材等）色泽，光泽"。葡萄牙语 água "水；（钻石、宝石等）光泽"。意大利语 àcqua "水；（宝石等的）光泽"。俄语 вода́/voda "水；宝石的光泽度，水色"。越南语 nước "水；色泽，光泽"⑤。张树铮认为，"泽"是先秦汉语中表湖泽的通用词，从地理分

---

① "湖"有2个与水有关的义项：湖¹：湖。湖²：古水名。
② 吴宝安：《西汉核心词研究》，巴蜀书社2011年版，第289页。
③ 张树铮：《汉语水泽词语的地理分布初探》，《古汉语研究》1994年第2期。
④ "泽"有4个与水有关的义项：泽¹：水汇聚处。泽²：油脂。泽³：体液。泽⁴：雨露。
⑤ 黄树先：《比较词义探索》，巴蜀书社2012年版，第366页。

布来看,"泽"是中原地区的语词。①

(二) 湖泽与浸润

(290) 浸¹/②,《广韵》子鸩切,去沁精。"浸"指湖泽。《周礼·夏官·职方氏》:"(扬州)其川三江,其浸五湖。"郑玄注:"浸,可以为陂灌溉者。""浸"还指水名。俞敏认为藏文中 adźim(泥,泥塘)与其同源。③"浸"表"湖泽、水名"与其表"浸润"义有关。湖泽的目的是灌溉,灌溉在于慢慢浸润,投射到人的概念域,表示润泽、习染。《诗·小雅·大东》:"有洌氿泉,无浸穫薪。"郑玄笺:"浸之则将湿腐不中用也。"王力认为,"浸"与"渐"是同源词。④ 渐,《广韵》慈染切,上琰从。表"慢慢的,逐步发展"义。《易·渐》:"彖曰:渐之进也。"王弼注:"之于进也。""渐"也表示水名。《汉书·地理志上》:"武陵郡,县十三:索(县),渐水东入沅。"与"泽"一样,它也表示滋润,润泽。

(三) 湖泽与停泊/平静

(291) 泊,《六书故》白各切。"泊"表示湖泽。《六书故·地理三》:"泊,北人以止水为泊,有高鸡泊、白水泊、杨柳泊。""泊"目前文献中较早出现的是表"淡泊,恬静"义。《老子》第二十章:"我独泊兮其未兆,如婴儿之未孩。""泊"表"湖泽"义与"停船靠岸"义有关。《广韵》傍各切,入铎并。铎部。《晋书》:"风利不得泊也。"王凤阳认为,把"泊"用作积水的名称时代较晚,而且多是在介绍少数民族的地理情况下才用。王先生还认为,"泊"可能是汉族吸收的北方少数民族的词,吸收的时间,大致在南北朝以后。⑤ 张树铮认为,"泊"字地名以山东、河北、内蒙、新疆为中心,特别是山东。这与玄应《一切经音义》卷一"泺,大池也。山东名泺……"相符。⑥

---

① 张树铮:《汉语水泽词语的地理分布初探》,《古汉语研究》1994年第2期,第65页。

② "浸"有2个与水有关的义项:浸¹:湖泽。浸²:水名。

③ 俞敏:《汉藏同源字谱稿》,《俞敏语言学论文集》,商务印书馆1999年版,第113页。

④ 王力编:《同源字典》,商务印书馆1982年版,第615页。

⑤ 王凤阳:《古辞辨》,吉林文史出版社1993年版,第52页。

⑥ 张树铮:《汉语水泽词语的地理分布初探》,《古汉语研究》1994年第2期。

泺², 《广韵》匹各切, 入铎滂。"泺"同"泊", 湖泊。《玉篇·水部》: "泺, 陂泺也。"《正字通·水部》: "泺, 俗作泊。"

(292) 淀¹/①, 《广韵》堂练切, 去霰定。"淀"表示浅水湖泊。《玉篇·水部》: "淀, 浅水也。""淀"还能表示蓝色染料。王凤阳曾讨论过这个词, 认为"淀"是"泊"的方言异名。《一切经音义·五三》: "泺, 匹博反……山东有鸬鹚泺是也, 幽州呼为淀。"② 张树铮赞成这一观点: 其从地理分布的角度考察发现, 名"淀"的地名共 15 例, 河北 12 例, 北京 2 例, 河南 1 例。③ "淀"可能都与停泊、平静有关。赵曦明注: "淀, 今北方亭水之地也。"

澱¹/④, 《广韵》堂练切, 去霰定。"澱"同"淀", 浅水的湖泊。《文选·郭璞〈江赋〉》: "拮澱为涔, 夹濑罗筌。"李善注: "刘训林《〈江都赋〉注》曰: '澱, 如渊而浅。'澱与淀古字通。"

(293) 泖, 《广韵》莫饱切, 上巧明。"泖"既指水面平静的湖荡。宋何薳《春渚纪闻》卷七: "今观所谓三泖, 皆漫水巨浸……或谓泖是水死绝处, 故江左人目水之停滀不湍者为卯(泖)。"又指古湖名。清顾祖禹《读史方舆纪要·江南六·松江府》: "泖湖, 府西三十五里, 亦曰三泖。《广韵》注: '泖, 华亭水也。'其源出华亭谷。晋陆机对武帝: '三泖之水, 冬温夏凉。'亦曰华亭泖……"

(294) 掌, 《广韵》诸两切, 上养章。"掌"指水泽。《释名·释水》: "水泆出所为泽曰掌, 水停处如手掌中也。今兖州人谓泽曰掌也。"王先谦疏证补: "王启原曰: '水停处如掌中, 掌坦而易泄, 则潴水无多, 如今南方之塘, 非薮泽之泽也。掌即棠之转音。'"

(295) 沆, 《广韵》胡朗切, 上荡匣。"沆"指大泽。《说文·水部》: "沆, 大泽(貌)。"徐错系传引《博物志》: "停水, 东方曰都, 一名沆也。"《太平御览》卷七十引郭缘生《述征记》: "齐人谓湖曰沆。""汻"与"沆"是同源词。

---

① "淀"有 2 个与水有关的义项: 淀¹: 浅水湖泊。淀²: 蓝色染料。
② 王凤阳: 《古辞辨》, 吉林文史出版社 1993 年版, 第 53 页。
③ 张树铮: 《汉语水泽词语的地理分布初探》, 《古汉语研究》1994 年第 2 期。
④ "澱"有 3 个与水有关的义项: 澱¹: 浅水的湖泊。澱²: 淤泥。澱³: 染料。

（四）湖泽与拥堵/和谐

（296）廱，《广韵》于容切，平钟影。"廱"表示水泽。《字汇·广部》："廱，泽也。""廱"也通"壅"，塞堵。《汉书·五行志下之上》："成公五年'下，梁山崩。'《谷梁传》曰廱河三日不留。"还表示和睦、和谐。《玉篇·广部》："廱，和也。"和睦、和谐也是一种平静。与上边的"泊"等具有一致性。

（297）雍², 《广韵》于容切，平钟影。"雍"指水泽。《诗·周颂·振鹭》："振鹭于飞，于彼西雝。"毛传："雝，泽也。"陈奂传疏："雍即雝之隶变。"也表示遮蔽、壅塞。《诗·小雅·无将大车》："无将大车，维尘雍兮。"郑玄笺："雍，犹蔽也。"也能表示和谐、和睦。《书·无逸》："其惟不言，言乃雍。"孔颖达疏："郑玄云：'其不言之时，时有所言，则群臣皆和谐。'"《书·尧典》："黎民于变时雍。"孔传："雍，和也。""雍""廱"同源。

（五）湖与大

（298）海³，《广韵》呼改切，上海晓。"海"表示大湖。唐段成式《酉阳杂俎·境异》："突厥之先曰射摩舍利海神，神在阿史德窟西。射摩有神异，又海神女每日暮以白鹿迎射摩入海，至明送出，经数十年。"王凤阳认为，我国疆土，海岸线漫长，东部、东北部、东南部三面临海，这在上古造成一种错觉，认为中国是天下的中心，四周都有大海环绕。中国西部不临海，所以向西开拓时，遇到大的湖泊总以为是海，以"海"命名，这就是西北部的湖多称"海"的原因。① "海"表"大湖"义与其表"大海"义有关。"海"与"大、昏暗"义有关。详见"海洋"条下"海"。

（299）薮，《广韵》苏后切，上厚心。"薮"指湖泽，特指浅水和茂草的沼泽地带。《左传·昭公二十年》："薮之薪蒸，虞侯守之。"《说文·艹部》："薮，大泽也。"段玉裁注："《地官·泽虞》曰：'每大泽大薮……'注：'泽，水所钟也，水希曰薮。'此析言则泽薮殊也；《职方氏》云：'其泽薮曰某。'《毛诗》传曰：'薮，泽。'此统言则不别也。《职方氏》注曰：'大泽曰薮。'与《说文》合，盖薮实兼水钟、

---

① 王凤阳：《古辞辨》，吉林文史出版社1993年版，第54页。

水希而言。"张树铮认为，与"湫"相比，"薮"可能更古老、通行，是古汉语中一个比较通行的表水泽的词。①

（六）湖泽与道路

（300）朗²，《广韵》各朗切，上荡见。又《集韵》居郎切。"朗"表示池，大泽。《广雅·释地》："朗，池也。"王念孙疏证："朗，大泽也。其字本作沆。"又同"航"。盐泽。《广雅·荡韵》："航，盐泽也。酼、朗，并同航。"黄树先讨论过"朗"，认为其"盐池"义与"道路"义有关：

"朗"也同时有道路和盐池两个意思。【朗】*kaaŋʔ//*kaŋ，《说文》："朗，境也。一曰陌也。赵魏谓陌为朗。"又指湖泽。各朗切。②

先生也谈到"池塘"为什么与"堤坝""道路"义有关：

在以"庚"为声符的谐声系列中，Pulleyblank 举了"唐"（中古 dâng）、"庚"（中古 keng）互谐的例子。此外我们还有以下的例子：原始苗瑶语 *glaang² 池，湖，汉语塘 *g‑lang/dâng。③

这就可以解释为什么汉语池塘/堤/道路可以有一个形式。另，道路、堤坝的作用是使水停止。因此即使是与道路、堤坝有关的湖泽类的词语，也与停止存在一定的关系。

（七）其余词

（301）箶，《集韵》千余切，平鱼清。"箶"表示水泽。《篇海类编·花木类·竹部》："箶，水泽。"

（302）航，《广韵》各朗切，上荡见。"航"指盐泽。《玉篇·卤部》："航，盐泽也。"

---

① 张树铮：《汉语水泽词语的地理分布初探》，《古汉语研究》1994年第2期。
② 黄树先：《说"径"》，《汉语学报》2009年第4期，第5页。
③ 同上书，第6页。

奋，《改并四声篇海》引《余文》古朗切。"奋"同"斻（肮）"，也表示盐泽。《改并四声篇海·大部》引《余文》："奋，今作肮，盐泽也。"

（303）瀏，《改并四声篇海》引《川篇》于糺切。"瀏"指大泽。《改并四声篇海·水部》引《川篇》："瀏，大泽也。"

小结：据考察，湖泽与水积聚之地、浸润、停泊/平静、拥堵/和谐、大、道路等义项有关。其中，"水积聚之地、停泊/平静、拥堵/和谐"可能与"湖泽"有关，而"浸润、大、道路"等义项可能与"水"义相关。

二　沼泽

"沼泽"次语义场共有11个词，分别是：埤、隰、荡、衍、皋、汧、潣、浥（瀹）、沛、瀊、葊。

（一）沼泽与低下

（304）埤，《集韵》部靡切，上纸并。支部。"埤"指低洼潮湿的地方。《国语·晋语八》："拱木不生危，松柏不生埤。"韦昭注："埤，下湿也。"王力认为"卑""婢""庳""埤（脾、俾）"都表"低下"义，属于同源词。① 依张博，"埤"与"卑"等同源，属于词源义为"低矮"的同族词群。② 卑，《广韵》必移切，平支帮。表示（身份或职位）低下。《孟子·梁惠王下》："国君进贤，如不得已，将使卑逾尊，疏逾戚，可不慎与？"《礼记·丧服小记》："养尊者必易服，养卑者否。"郑玄注："尊谓父兄，卑谓子弟之属。"

（305）隰，《广韵》似入切，入缉邪。表低湿的地方。《书·禹贡》："原隰底绩，至于猪野。"孔传："下湿为隰。"王力认为，"隰"与"湿"同源。隰，低湿的地方。湿，潮湿。③ "隰"与"潮湿"义有关，来源于"湿"。

（二）其余词

（306）荡[1]④，"荡"表示积水长草的洼地。宋王安石《东陂》：

---

① 王力编：《同源字典》，商务印书馆1982年版，第117页。
② 张博：《汉语同族词的系统性与验证方法》，商务印书馆2006年版，第126页。
③ 王力编：《同源字典》，商务印书馆1982年版，第29页。
④ "荡"有2个与水有关的义项：荡[1]：洼地。荡[2]：水名。

"荷叶初开笋渐抽,东陂南荡正堪游。"

(307)衍,《广韵》以浅切,上狝以。又予线切。"衍"表示沼泽。《管子·七臣七主》:"春无杀伐,无割大陵,倮大衍,伐大木,斩大山,行大火,诛大臣,收谷赋。"《小尔雅·广器》:"泽之广者谓之衍。"

(308)皋,《广韵》古劳切,平豪见。"皋"表示沼泽。《诗·小雅·鹤鸣》:"鹤鸣于九皋。"毛传:"皋,泽也。"

(309)汧[1]①,《广韵》苦坚切,平先溪。又苦甸切。"汧"指水泉出而汇聚为沼泽,或河水溢为沼泽。《尔雅·释水》:"汧,出不流。"郭璞注:"水泉潜出便自停成污地。""汧"还可以表示水名。

(310)㵢[1]②,《广韵》遇俱切,平虞疑。又《集韵》语口切。"㵢"表示古沼泽名。《广韵·虞韵》:"㵢,齐薮名。也作'隅'。《尔雅》曰:'齐有海㵢。'""㵢"又指水名。(按:我们一般把既指江名、湖名,又指水名的这类词都归入一类,没有分开列出。而"㵢"则不同,沼泽毕竟不是典型的液体词,所以我们没有并成一类。)

(311)浥,《广韵》乌洽切,入洽影。"浥"指洼陷,也指低洼注水的地方。《集韵·贴韵》:"浥,窊陷也。"

湇,《集韵》乙洽切,入洽影。"湇"同"浥"。《集韵·洽韵》:"浥,水窊陷也。或从翕。"(按:"水窊陷"指下陷低地注水的地方。我们认为《汉语大字典》的解释"深渊,漩涡"可以商榷。)

(312)沛[1]③,《广韵》普盖切,去泰滂。"沛"既表示沼泽,多水草之地。《孟子·滕文公下》:"园囿污池沛泽多而禽兽至。"赵岐注:"沛,草水之所生也。"《风俗通·山泽》:"沛者,草木之蔽茂,禽兽之所蔽匿也。"也可以指水名。

(313)澸,《集韵》都感切,上感端。"澸"指水洼。《集韵·感韵》:"澸,水洼。"

(314)濙[2],《集韵》乌迥切,上迥影。"濙"表示沼泽。《玉篇》:"濙,泽地也。"

---

① "汧"有2个与水有关的义项:汧[1]:水泉出而汇聚成沼泽。汧[2]:水名。
② "㵢"有2个与水有关的义项:㵢[1]:古沼泽名。㵢[2]:水名。
③ "沛"有2个与水有关的义项:沛[1]:沼泽。沛[2]:水名。

小结:"沼泽"次语义场有部分词与"低下"义有关,如:坤、隰。其余词语还需进一步研究。

第十一节 海洋

"海洋"次语义场共有 8 个词,分别是:洋、瀚、涨、渤(浡)、海、冥(溟)、瀛、澥。(按:水名我们没有放入语义场讨论。但"瀚、涨、渤(浡)"这三个词所表示的是海名,我们认为其与"大"义相关,故列入"海洋"类一起讨论。)

(一)海洋与大

(315)洋¹/①,《广韵》舆章切,平阳以,阳部。"洋"指地球表面上被水覆盖的广大地方。《西游记》第一回:"弟子漂洋过海,登界游方,有十数个年头,方才访到此处。""洋"其"海洋"义可能与其"大水貌"有关。《楚辞·大招》:"西方流沙,漭洋洋只。"王逸注:"洋洋,无涯貌也。"唐玄应《一切经音义》卷二十二引《三苍》:"洋洋,大水也。"王凤阳认为,"洋"最初是水势浩大的意思。后来,凡是宽阔、众多、盛大……都可以用"洋洋"来形容,如:"洋洋大观""洋洋万言"等。据王先生考察,唐代以前的古书中的"洋"都不指海洋。"洋"作为大于"海"的水域是航海事业发达以后的事。② 据张博,"汤""洋"与"瀁""泱"为声韵皆转同族词。③ 吴宝安考察,西汉时候的"洋"是一个形容词,表示盛大、浩大之意。④

(316)瀚,《广韵》侯旰切,去翰匣。"瀚"表示古代北方海名,瀚海。《史记·匈奴列传》:"骠骑封于狼居胥山,禅姑衍,临瀚海而还。"裴骃集解引如淳曰:"瀚海,北海名。"张守节正义:"瀚海自一大海名,群鸟解羽伏乳于此,因名也。""瀚"能表示"海"可能与其表"广大貌"有关。《淮南子》:"有无者,视之不见其形,听之不闻其声……浩浩瀚瀚,不可隐仪揆度而通光耀者。"高诱注:"浩浩瀚瀚,

---

① "洋"有 2 个与水有关的义项:洋¹:海洋。洋²:水名。
② 王凤阳:《古辞辨》,吉林文史出版社 1993 年版,第 54 页。
③ 张博:《汉语同族词的系统性与验证方法》,商务印书馆 2006 年版,第 341 页。
④ 吴宝安:《西汉核心词研究》,巴蜀书社 2011 年版,第 289 页。

广大貌也。"

(317) 涨²,《经典释文》音张。"涨",南海的别名。《尔雅·释鱼》:"蠃,小者蜬。"晋郭璞注:"螺大者如斗,出日南涨海中,可以为酒杯。""涨"表"海名"义与其表"大水、大水貌"有关,详见"大水"条下"涨"。

(318) 渤,《广韵》蒲没切,入没并。"渤"表示海名。《庄子·说剑》:"绕以渤海,常以常山。""渤"还可以表示"水涌貌"。《文选·枚乘〈七发〉》:"观其两傍,则滂渤怫郁,闇漠感突。"张铣注:"滂渤,怫郁怒激貌。"

浡,《广韵》蒲没切,入没并。"浡"同"渤",即渤海。《玉篇·水部》:"浡,海别名也。"

(319) 海⁴,《广韵》呼改切,上海晓。《书·禹贡》:"江、汉朝宗于海。"《说文·水部》:"海,天池也,以纳百川者。""海"既指大片水域,又指海水。《汉书·晁错传》:"吴王即山铸钱,煮海为盐。"张博认为"海"其来源与"晦"有关。①《释名·释水》:"海,晦也,主承秽浊,其色黑而晦也。"晦,《广韵》荒内切,去队晓。表昏暗。《楚辞·九歌·山鬼》:"云容容兮而在下,杳冥冥兮羌画晦。"王逸注:"晦,暗也。"有意思的是,"海"可以派生出"较大的器皿"义。唐温庭筠《乾䕌子·裴宏泰》:"有银海,受一斗以上。以手捧而饮,尽,踏其海,卷抱索马而去。"黄树先也曾讨论"海",认为其与"大"义有关:

> 汉语"海",表示大、多,如说"海量"。现代汉语方言,"海"表示大、肥大,见中原官话、西南官话、吴语;东北官话、北京官话、冀鲁官话"海了"形容极多;中原官话"海海"形容多的很;闽语"海缸"指大碗,西南官话把大锅叫"海锅"。印度尼西亚语 lautan "海;海一样的景象(形容众多)"。英语 ocean "海洋,海;无限,大量,许多";sea "海;大量,浩瀚"。罗马

---

① 张博:《汉语同族词的系统性与验证方法》,商务印书馆 2006 年版,第 52 页。

尼亚语 máre"海；无边，广大；大量"。①

（二）海洋与昏暗

（320）冥，《广韵》莫经切，平青明。"冥"指大海，后作"溟"。《庄子·逍遥游》："北冥有鱼，其名为鲲。"陆德明释文："冥，本亦作溟。嵇康云：'取其溟溟无涯也。'梁简文帝云：'窅冥无极，故谓之冥。'"张博认为"海与晦、溟与冥的词义引申分化方向相同，都是义衍同族词"②。我们认为是。"冥"其本义就是表"昏暗"。《说文·冥部》："冥，幽也。"《广雅·释训》："冥，暗也。"与"海"与"晦"来源相同。

溟¹③，《广韵》莫经切，平青明。"溟"表示大海。《文选·张协〈杂诗〉》："云根临八极，雨足渌四溟。"《广韵·青韵》："溟，海也。""溟"还指小雨。据龙丹考察，魏晋文献中，"溟"表"海"义仅见于诗文中，晋张协《杂诗》："云根临八级，雨足洒四溟。"李善注："四溟，四海也。"④ 也就是说，早在魏晋时期，"溟"已经成为一个古语词。

（三）其余词

（321）瀛²，《广韵》以成切，平清以。"瀛"表示海。《玉篇·水部》："瀛，海也。"

（322）澥³，《广韵》胡买切，上蟹匣。"澥"指海。宋褚伯秀《送玉海宗师还山》："湖澥天教十载闲，《玉经》功就胜居坛。""澥"表"海"与其"山谷"义有关，详见"水湾"条下"澥"。

小结："海洋"次语义场的词其来源基本理顺。其中，大多与"大"义有关，如：洋、涨、渤（浡）、瀚、海。也有一部分与"昏暗"义有关，如：海、冥（溟）。

---

① 黄树先：《比较词义探索》，巴蜀书社2012年版，第65页。
② 张博：《汉语同族词的系统性与验证方法》，商务印书馆2006年版，第52页。
③ "溟"有2个与水有关的义项：溟¹：大海。溟²：小雨。
④ 龙丹：《魏晋核心词研究》，巴蜀书社2015年版，第276页。

第五章　吃喝之水

第一节　酒

一　酒之上位词

"酒之上位词"是泛指意义上的酒，我们把表示酒名的词也归入此类。这一次语义场所包含的词较多，共有 23 个。分别是：酉（酒）、醳（醳）、爵、篘、酌、春、酓、醥、醆、酥、酿、曲、酝、糯、酚、醋、醺、醤、醩、醑、醂、酏、醖（鄏）。

（一）酒与饮酒

(323) 酉[1]①，《广韵》与久切，上有以。《六书故·工事四》："酉，醴之通名也……借为卯酉之酉，借义擅之，故又加水作酒。""酉"表示酒，后作"酒"。

酒，《广韵》子酉切，上有精。"酒"，用粮食或水果等发酵制成的含乙醇的饮料。《易·困》："困于酒食，朱绂方来。"

黄树先曾说："《诗·既醉》：'既醉以酒。'字本作'酉'*k·lu?。"《说文》："酉，就也。八月黍成可以为酎酒也。""同族词可能还有'醳'*g.ruɯɯw。"他用原始澳泰语：*q [u] law "液体，酒"与之比较。②"酒"的"酒水"义与"饮酒"义相关。《韩非子·说林上》："常酒者，天子失天下，匹夫失其身。"据郑春兰考察，甲骨文里

---

① "酉"有 2 个与水有关的义项：酉[1]：酒。酉[2]：水名。
② 黄树先：《汉藏语论集》，华中科技大学出版社 2007 年版，第 13 页。

的"酒"就可以表示饮酒。①

丁邦新等认为苗瑶语"酒"的说法可以与汉语的"酒" * sl'uʔ \\ * sklǔ 对应：苗语：养蒿 tçu³，先进 tçeu³，瑶里 tçou³ < * ᶜtçəu。瑶语：江底 tiu³，长坪 tiu³，大坪 diu³ < * ᶜtiu。②

（二）酒与水

（324）醳，《广韵》羊益切，入昔以。"醳"表示古代的一种酒，实际上它表示五种酒。分别是：1.昔酒：《释名·释饮食》："醳酒，久酿酉泽也。"2.事酒：《周礼·天官·酒正》："一曰事酒，二曰昔酒。"汉郑玄注："事酒，酌有事者之酒，其酒则今之醳酒也；昔酒，今之酉久白酒，所谓旧醳者也。"孙诒让正义："惠士奇云：'醳酒有旧有新，旧为昔酒，则新为事酒也。'案：惠说是也"。3.醇酒：《集韵·耷韵》："醳，醇酒也。"4.酋酒：《玉篇·酉部》："醳，酋酒。"5.苦酒。《广韵·昔韵》："醳，苦酒。"我们没有把"醳"归入具体酒类，在此一一列出。

醳，《龙龛手鉴》音亦。"醳"同"醳"，既表示苦酒。《龙龛手鉴·酉部》："醳，正；醳，今。苦酒也。"还表示醇酒。《直音篇·酉部》："醳，醇酒。醳，同醳。"

黄树先认为，表示"酒"的词有一部分来源于"水"。印度尼西亚语 arak "酒"，-rak 对应汉语"液""醳"。德语 Naβ "水，雨水，饮料，酒"。法语 liqueur "甜烧酒；[古]液体，（人体内的）体液"，liquide "液体；酒类，流质食物"。③ 先生还认为，"醳" * k·lǎk 可以与缅文အရက် a¹rak⁴ 酒比较。④ "浆凉醳液"属于同族词，详见"水之上位词"条下"液"⑤。汉语"琼浆玉液"中"浆"和"液"指的都是酒。

（三）酒与器具

（325）爵，即略切，入药精。"爵"可以代指酒。《易·中孚》："鹤鸣在阴，其子和之。我有好爵，吾与尔靡之。""爵"代指"酒"应与其

---

① 郑春兰：《甲骨文核心词研究》，博士学位论文，华中科技大学，2007年，第129页。
② 丁邦新、孙宏开：《汉藏语同源词研究（二）——汉藏、苗瑶同源词专题研究》，广西民族出版社2001年版，第63页。
③ 黄树先：《比较词义探索》，巴蜀书社2012年版，第358页。
④ 北京大学东方语言文学系编：《缅汉词典》，商务印书馆1990年版，第1148页。
⑤ 黄树先：《汉缅语比较研究》，华中科技大学出版社2003年版，第75页。

表示酒器有关。《诗·小雅·宾之初筵》:"酌彼康爵,以奏尔时。"《左传·桓公二年》:"舍爵策勋马,礼也。"杜预注:"爵,饮酒器也。"

(326)篘,楚鸠切,平尤初。"篘"表示酒。宋苏轼《和子由闻子瞻将如终南太平宫溪堂读书》:"近日秋雨足,公余试新篘。"与"爵"类似,"篘"表示酒也与其表示"用竹编成的滤酒器具"有关。《玉篇·竹部》:"篘,酒笼。"唐白居易《咏家酝十韵》:"酿糯岂劳炊范黍,撇篘何假漉陶巾。"

(327)酌,《广韵》之若切,入药章。"酌"表示酒。《礼记·曲礼下》:"酒曰清酌。""酌"表示"酒"来源于"用勺子舀酒劝客人"。《诗·周南·卷耳》:"我姑酌彼金罍,维以不永怀!"《说文·酉部》:"酌,盛酒行觞也。"王力认为"酌"与"勺"同源。①勺,《广韵》之若切,入药章。《说文·勺部》:"勺,挹取也。"另外,"酌"还可以表示酒器。《楚辞·招魂》:"华酌既陈,有琼浆些。"王逸注:"酌,酒斗也。"

用容器代表所盛事物的情况还有很多。对比:菜碟子=小菜,喝酒或吃饭配置的小碟菜。"碟"读轻声;若读单字调,"菜碟子"则指盛菜的碟子盐水碟子,筵席开始前摆上的瓜子、糖等干果。②

(四)酒与时间

(328)春,《广韵》昌唇切,平谆昌。唐代人把酒叫作"春"。《正字通·日部》:"春,唐人名酒为春。"据阎艳考察,唐人所称的"春酒"是冬酿春熟的酒。事实上,"春酒"在《诗经》中就出现了。《诗·豳风·七月》:"八月剥枣,十月获稻。为此春酒,以介眉寿。"阎氏认为,我国历史文献中的"春酒"包括三种:春酿夏熟之酒、春酿冬熟之酒、冬酿春熟之酒。③

(329)酎,《广韵》芳万切,去顾敷。"酎"泛指酒。《集韵·愿韵》:"酎,酤谓之酎。""酎"也表示一夜酿的酒。《广韵·愿韵》:"酎,一宿酒。"

---

① 王力编:《同源字典》,商务印书馆 1982 年版,第 52 页。
② 张文轩、莫超编:《兰州方言词典》,中国社会科学出版社 2009 年版,第 152、258 页。
③ 阎艳:《释春酒》,《汉字文化》2003 年第 3 期,第 44—45 页。

(330) 醻，《集韵》薄报切，去号并。"醻"指酒名。《玉篇》："醻，酒名。""醻"又表示一夜酿成的酒。《集韵·号韵》："醻，一宿酒也。"

（五）酒与醋/酸

(331) 载¹⁄①，《广韵》昨代切，去代从。又徒耐切。"载"表示古代的一种酒。《玉篇·酉部》："载，释米汁也。"《周礼·天官·酒正》："三曰浆"。汉郑玄注："浆，今之载浆也者，此浆亦是酒类，故其字亦从载，从酉省。载之言载，米汁相载，汉时名为载浆，故云今之载浆也。"此外，"载"还可以指醋。酒是通过发酵形成的，酒和醋有密不可分的联系。试比较其他语言中的语料：alcool，1. 酒精，2. 烧酒，白酒，3. 醇，乙醇。②

(332) 酥¹⁄③，《广韵》素姑切，平模切。"酥"表示酒。宋宝苹《酒谱·异域酒》："天竺国谓酒为酥，今北僧多云般若汤，盖廋辞以避法禁尔，非释典所出。""酥"又表示油脂和酪。酒和酪都与酸味相联系。

（六）酒与原料

(333) 酿，《广韵》女亮切，去漾娘。"酿"表示酒。唐慧琳《一切经音义》卷四十六引《三苍》："米菊所作曰酿。"《增韵·漾韵》："酿，后人因谓酒为酿。"米菊所做的酒叫"酿"。汉语中，以原料直接命名的酒很少，但其他语言中有这类的语义发展：absinthe，1. 苦艾，2. 苦艾酒，3. 痛苦。citronnelle，1. 有柠檬香味的植物，2. 柠檬皮烧酒。④

（七）其余词

(334) 曲，《广韵》驱掬切，入屋溪。"曲"表示酒。宋张矩《应天长·曲院荷风》："四面水窗如染，香波酿春曲。"

(335) 酝，《广韵》于问切，去问影。又于粉切。谆部。"酝"指酒。宋陆游《幽居杂题·上巳》："名花红满舫，美酝绿盈瓴。"《醒世恒言·卖油郎独占花魁》："佳肴美酝，未曾到口，香气扑鼻。"

(336) 糯，《集韵》奴乱切，去换泥。又奴卧切。"糯"可以表示酒的别名。明汤显祖《牡丹亭·欢挠》："（旦）金荷，斟香糯。（生）

---

① "载"有2个与水有关的义项：载¹：酒。载²：醋。
② 张寅德：《新法汉词典》，上海译文出版社2000年版，第27页。
③ "酥"有3个与水有关的义项：酥¹：酒。酥²：油脂。酥³：酪属。
④ 张寅德编：《新法汉词典》，上海译文出版社2000年版，第5、185页。

你酝酿春心玉液波。"

（337）酓，《玉篇》于琰切。又《集韵》呼含切。"酓"表示酒。《玉篇·酉部》："酓，酒也。"

（338）醲，《集韵》如容切，平钟日。又女利切。"醲"指酒。《说文·酉部》："醲，酒也。"段玉裁注："酎，重酿酒也……此篆各名本作醲。解云：酒也……"

（339）醠，《广韵》乌浪切，去宕影。"醠"表示酒。《集韵·宕韵》："醠，酒也。"

（340）䣧，《集韵》珍离切，平支知。"䣧"指酒。《说文·酉部》："䣧，酒也。"

（341）醐[1]①，《广韵》莫胡切，平模明。又莫浮切，《集韵》莫侯切。"醐"表示酒。《玉篇·酉部》："醐，醐酕，醳也。""醐"也表示榆酱。

（342）醑[1]②，《广韵》在诣切，去霁从。"醑"指酒。《玉篇·酉部》："酒有五醑之名，见《周礼》。""醑"也指酱。

除了"醳"之外，还有下面这些词表示酒名：

（343）醟，《集韵》力救切，去宥来。"醟"表示酒名。《集韵·宥韵》："醟，酒名。"

（344）酏，《集韵》补履切，上旨帮。"酏"表示酒名。《集韵·旨韵》："酏，酒名。"

（345）醽，《广韵》郎丁切，平青来。"醽渌"表示酒名。《玉篇》："醽渌，酒也。"

酃[2]，《广韵》郎丁切，平青来。又《集韵》朗鼎切。清朱骏声《说文通训定声·鼎部》："《湘州记》：'湘州临水县有酃湖。取水为酒，美，名曰酃酒。'《吴都赋》：'飞轻轩而酌绿酃'，字变作醽。""酃"，酒名。也作"醽"。

小结："酒之上位词"次语义场中的词有一部分与饮酒有关，比如：酉（酒）。一部分与水有关，如：醳（醳）。一部分与器具有关，

---

① "醐"有2个与水有关的义项：醐[1]：醳。醐[2]：榆酱。
② "醑"有2个与水有关的义项：醑[1]：酒。醑[2]：酱。

如：爵、篸、酌。还有一部分与季节有关，如：春。

二 浊酒

"浊酒"这一次语义场一共有 13 个词。分别是：酸、糟（蒩）、齐、醪、酏、醯、醠、醴、醤（醬）、醫、酷、醅、醯。

（一）浊酒与酒器

（346）酸，《广韵》阻限切，上产庄。又旨善切。元部。"酸"表示微清的浊酒。《说文·酉部》："酸，酒浊而微清也。""酸"又表示酒器。《说文·酉部》："酸，爵也。"

（二）浊酒与酒糟/酒曲/浸泡

（347）糟，《广韵》作曹切，平豪精。幽部。"糟"表示带滓的酒。《说文·米部》："糟，酒滓也。"段玉裁注："今之酒但用沛者，直谓己渌之粕为糟，古则未沛带滓之酒谓之糟。""糟"也表示滤去清酒剩下的酒渣。晋刘伶《酒德颂》："奋髯踑踞，枕曲藉糟，无思无虑，其乐陶陶。"也可以指酒曲。《篇海类编·食货类·米部》："糟，酒母。"可以引申出放入污泥中浸泡。清杨宾《柳变纪略》卷三："桦木遍山皆是，状类白杨，春夏间剥其皮，入污泥中，谓之曰糟，糟数日乃出，而曝之地，白而花成形者为贵。"

蒩[1]①，《广韵》作曹切，平豪精。《周礼·天官·酒正》："辨四饮之物。"汉郑玄注："郑司农说以《内则》曰：'饮重醴，稻醴清蒩，黍醴清蒩，梁醴清蒩。'"《王仁昫刊谬补缺切韵·豪韵》："糟，酒滓。亦作蒩、蒩，通俗作糟。""蒩"同"糟"，表示带滓的酒；还可以表示汁液。

（三）其余词

（348）齐，《广韵》在诣切，去霁从。脂部。"齐"指带糟的浊酒。《周礼·天官·酒正》："辨五齐之名：一曰泛齐，二曰醴齐，三曰盎齐，四曰缇齐，五曰沈齐。"孙诒让正义："五齐，有滓未沛之酒也……吕飞鹏云：五齐皆酒之浊者。"

（349）醪，《广韵》鲁刀切，平豪来。幽部。《说文·酉部》："醪，汁滓酒也。"徐灏注笺："醪与醴皆汁滓相将，醴一宿孰，味至薄；醪则

---

① "蒩"有 2 个与水有关的义项：蒩[1]：带滓的酒。蒩[2]：汁液。

醋酒，味甜。"醪"表示汁渣混合的酒，即浊酒，也叫醪糟，今称江米酒。又做酒的总称。《广雅·释器》："醪，酒也。"丁邦新等认为"醪"可以对应藏文：ʔa - rag "白酒"。缅文 a¹rak⁴，独龙 a³¹ɹǎʔ⁵⁵，阿昌 lau³¹ xɔ³⁵。① 朱建颂认为，武汉的伏滓酒，是一种用糯米酿造的带甜味的淡酒，连汁连糟一起食用。古代叫"醴"或"醪"，北京称为"江（浆）米酒"，四川称为"醪糟"②。

（350）醰，《改并四声篇海》引《川篇》音单。"醰"指浊酒。《改并四声篇海·酉部》引《川篇》："醰，浊酒也。"

（351）醠，《广韵》乌浪切，去宕影。又乌朗切。"醠"表示浊酒。宋梅尧臣《送渭州刘太保》："千蹄使稚牛，百甕令设醠。"

（352）醲，《字汇补》名隆切。"醲"指浊酒。《字汇补·酉部》："醲，《海篇》：浊酒也。"

（353）醵，《广韵》莫红切，平东明。"醵"指浊酒。《玉篇·酉部》："醵，浊酒也。"

（354）醢，《广韵》胡谷切，入屋匣。"醢"表示浊酒。《玉篇·酉部》："醢，浊酒也。"同"醢"，《字汇》胡谷切。"醢"表示浊酒。《字汇补·酉部》："醢，浊酒也。"

（355）醫，《字汇》胡谷切。"醫"表示浊酒。《篇海类编·食货类·酉部》："醫，浊酒也。"

（356）醐，《集韵》户栝切，入末匣。"醐"表示未过滤的酒，未过滤的酒当然是浊酒。《集韵·末韵》："醐，未沛酒。"

（357）醅，《广韵》芳杯切，平灰滂。又匹尤切。"醅"指未过滤的酒。唐杜甫《客至》："盘飧市远无兼味，樽酒家贫只旧醅。"《广韵·灰韵》："醅，酒未渌渌也。"

（358）醯，《广韵》卢瞰切，去阚来。谈部。"醯"表示一种未去滓的薄酒。《说文·酉部》："醯，泛齐，行酒也。"

小结："浊酒"次语义场中，有部分词与酒器有关，如：醠。有部

---

① 丁邦新、孙宏开：《汉藏语同源词研究（二）——汉藏、苗瑶同源词专题研究》，广西民族出版社 2001 年版，第 63 页。
② 朱建颂：《武汉方言概要》，华中师范大学出版社 2009 年版，第 103 页。

分词与酒糟/酒曲/浸泡有关,如:糟。大部分词还待进一步研究。

三 清酒

我们所理解"清酒"是相对于"浊酒"而言的。如果说没有过滤的就属于浊酒,那么,过滤了的酒就是"清酒"了。"清酒"次语义场的词比"浊酒"次语义场的词要少得多,只有6个。分别是:清、沥、湑(醑)、醍、醨、醥。

(一)清酒与饮料

(359)清[2],《广韵》七情切,平清清。"清"表示滤去酒糟的甜酒。《周礼·天官·酒正》:"辨四饮之物:一曰清,二曰医,三曰浆,四曰酏。"郑玄注:"清谓醴之沛者。"孙诒让正义:"凡沛皆谓去汁滓。""酒"本身也是一种饮料,因此"酒"和"饮料"也存在一定的关系。"清"除了表示"酒"外,还可以表示饮料。请看其他语言的材料:法语:boisson,1.饮料。2.酒。3.酗酒。nectar,1.仙酒,仙露,琼浆玉露,甘露,甘露,甘美的饮料。2.水果原汁。3.花蜜。piqutte,1.用葡萄等的果渣加水酿制的饮料。2.带酸味的劣等酒。tisane,1.汤剂,汤药,药茶。2.甜淡香槟酒,蹩脚香槟酒,蹩脚的酒精饮料。3.痛打。① 再看韩语的材料:감차,1.甘茶。2.甜酒。사이다,1.汽水。2.苹果酒。② 有意思的是,三峡峡口方言的酒类饮品中,有"袄子酒",它既是酒,但同时又不是纯粹的饮品,不纳入正餐来饮用。"袄子酒"只是茶点之类。③

(二)清酒与过滤

(360)沥[2],《广韵》郎击切,入锡来。"沥"表示酒,滤过的酒。《楚辞·大招》:"吴醴白蘗,和楚沥只"。王逸注:"沥,清酒也。言使吴人酿醴,和以白米之曲,以作楚沥,其清酒尤醲美也。"

《说文·水部》:"沥,浚也。"《篇海类编·地理类·水部》:"沥,渌去水也。"王力认为,"沥"与"渌"同源,"渌"与"滤"同源。④ 渌,《广韵》卢谷切,入屋来。屋部。表水慢慢渗下。《战国策·楚策四》:"夫

---

① 张寅德编:《新法汉词典》,上海译文出版社2000年版,第112、663、758、1105页。
② 刘沛霖:《韩汉大词典》,商务印书馆2004年版,第42、795页。
③ 王作新:《三峡峡口方言词汇与民俗》,社会科学文献出版社2009年版,第20—21页。
④ 王力编:《同源字典》,商务印书馆1982年版,第23页。

骥之齿至矣，服盐车而上太行。蹄申膝折，尾湛胕溃，漉汁洒地，白汗交流。"滤，《集韵》良据切，去御来。过滤。唐马戴《题僧禅院》："滤泉侵月起，扫径避虫行。"《玉篇·水部》："滤，滤水也。""沥""漉""滤"三者都能表示水名，这在一定程度上说明了词义发展的一致性。

（361）湑[1]①，《广韵》私吕切，上语心。又相居切。"湑"表示清酒。《诗·大雅》："尔酒既湑，尔殽伊脯。"郑玄笺："湑，酒之泲者也。""湑"表"清酒"可能与"过滤"有关。王力认为，"湑"与"醑"同源。② "湑"字亦作"醑"。

醑，《广韵》思吕切，上语心。《广韵》："醑，篱酒。"《诗·小雅·伐木》陆德明释文："湑，本又作醑。""醑"还表示美酒。《玉篇·酉部》："醑，美酒。"

釃，《广韵》所宜切，平支生。又所菹切。滤酒。《诗·小雅·伐木》："伐木许许，釃酒有藇。"毛传："以筐曰釃。"陆德明释文："谓以筐盝酒。""篱"也是如此，与"过滤"相关。

（三）清酒与颜色

（362）醍[1]③，《广韵》他礼切，上荠透。"醍"表示较清的红色酒。《礼记·礼运》："粢醍在堂。"《说文新附·酉部》：醍，清酒也。郑珍新附考："《酒正》'缇齐'注曰：'缇者成而赤红。'疏曰：'其色红赤，故以缇名之。'是缇本红赤色酒，因其色得名。后乃改从酉。"此外，"醍"还表示奶酪。"醍"当然也与提炼有关，古时指从牛奶中提炼出来的精华，佛教比喻最高的佛法：如饮醍醐/醍醐灌顶。④

（四）其余词

（363）鞴，《改并四声篇海》引《余文》侯按切。"鞴"表示清酒。《改并四声篇海·酉部》引《余文》："鞴，清酒也。"

（364）醥，《广韵》敷沼切（《集韵》匹沼切），上小滂。"醥"表示清酒。《广韵·小韵》："醥，清酒。"

---

① "湑"有2个与水有关的义项：湑[1]：清酒。湑[2]：水名。
② 王力编：《同源字典》，商务印书馆1982年版，第170页。
③ "醍"有2个与水有关的义项：醍[1]：酒。醍[2]：奶酪。
④ 中国社会科学院语言研究所词典编辑室编：《现代汉语词典》（第六版），商务印书馆2016年版，第1280页。

小结："清酒"与饮料有关，如：清。与过滤有关，如：沥、湑。与颜色有关，如：醍。

四 厚酒

所谓"厚酒"指的就是味道醇厚的酒，一般味道醇厚的酒也很香。所以我们把美酒、香酒都归入"厚酒"次语义场。"厚酒"次语义场一共有9个词，分别是：醲（脓）、醁（渌）、醹（浓）、酎、酋、醠、醸、酣、醰。

（一）厚酒与浓厚

（365）醲，《广韵》女容切，平钟泥。冬部。"醲"表示浓烈的酒。《说文·酉部》："醲，厚酒也。"

"厚酒"与"浓厚"有关。《韩非子·难势》："雾醲而蚁不能游也。"《广雅·释诂三》："醲，厚也。"而"醲"之"浓厚"义应与"农"有关。农，《广韵》奴冬切，平冬泥。其本义指"耕，耕种"。《左传·襄公九年》："其庶人力于农穑。"杜预注："种曰农，收曰穑。"可以引申为"厚，浓厚"义。《集韵·冬韵》："农，厚也。"王力认为，"醲""脓""浓"同源。醲，酒厚。脓，汁厚。浓，水厚。①

脓[1]②，《广韵》奴冬切，平冬泥。"脓"同"醲"，特指浓烈的酒。《释名·释形体》："脓，醲也，汁醲厚也。""脓"其"浓烈的酒"义与"使……成熟/溃烂"义有关，详见第八章。

（二）厚酒与过滤

（366）醁，《广韵》力玉切。入烛来。"醁"表示美酒名。《抱朴子·嘉遯》："藜藿嘉于八珍，寒泉旨于醽醁。"

渌[1]③，《广韵》力玉切。入烛来。同"醁"，指美酒。《晋书·简文帝纪》："（咸安元年十二月辛卯）初荐鄜渌酒于大庙。"汉语大字典按："鄜渌"，《集韵·烛韵》作"醽醁"，酒名。《广韵·烛韵》："醁，美酒。""渌"还表示水名。"渌"表美酒和水名义，可能与其表"过滤"义有关。

---

① 王力编：《同源字典》，商务印书馆1982年版，第30页。
② "脓"有2个与水有关的义项：脓[1]：酒。脓[2]：黄色汁液。
③ "渌"有2个与水有关的义项：渌[1]：美酒。渌[2]：水名。

《说文·水部》:"漉,浚也。渌,漉或从录。"《集韵·屋韵》:"漉,渗也。或从录。"唐司徒图《诗品·含蓄》:"如渌满酒,花时返秋。""渌"还可以表示"清澈"义。汉张衡《东京赋》:"于东洪池清洁,渌水澹澹。""渌""漉""沥""滤"属于同源词。详见"清酒"条下"沥"。

（三）其余词

(367) 醹,《广韵》人朱切,平虞日。又而主切。"醹"表示醇厚的酒。《诗·大雅·行苇》:"曾孙维主,酒醴维醹。"毛传:"醹,厚也。"孔颖达疏:"醹,厚,谓酒之醇者。"

渽¹①,《集韵》縈主切,上麌日。"渽"同"醹",指醇厚的酒。《集韵·麌韵》:"醹,《说文》:酒厚也。或作渽。"按:《说文·酉部》:"醹,厚酒也。"

(368) 酎,《广韵》直佑切,去宥澄。"酎"指经过多次反复酿成的醇酒。《左传·襄公二十二年》:"见于尝酎,以执燔焉。"杜预注:"酒之新熟重者为酎。"

(369) 酋,《广韵》自秋切,平尤从。"酋"表示久酿之酒。《说文·酋部》:"酋,绎酒也。"段玉裁注:"绎之言昔有人。昔,久也……然则绎酒谓日久之酒,对畲为疾孰酒,醴、酢为一宿酒言之。"

(370) 露¹②,《广韵》洛故切,去暮来。"露"指芳冽的酒。宋陆游《老学庵笔记》卷七:"寿皇时,禁中供御酒,名蔷薇露。赐大臣酒,谓之流香酒。"

(371) 醭,《字汇》莫胡切。"酤醭"表示美浆。《字汇·酉部》:"醭,酤醭,美浆。"

(372) 酤,《正字通》最无切。《字汇·酉部》:"酤,酤醭,美浆,醍醐之属。"

(373) 醻,《集韵》大道切,去号定。"醻"表示美酒名。《集韵·号韵》:"醻,美酒名。"

小结:据考察,"厚酒"与"浓厚"义有关,如:醲（脓）。与"过滤"义有关,如:酴（渌）。

---

① "渽"有3个与水有关的义项:渽¹:酒。渽²:乳汁。渽³:水名。
② "露"有2个与水有关的义项:露¹:酒。露²:露水。

五 薄酒

我们所理解的"薄酒"是相对于"厚酒"而言的。通常酿制的时间较短的酒为薄酒，自然没有厚酒那么香醇，也称为淡酒。"薄酒"次语义场共有4个词，分别是：醶、凉、酤、醨（漓）。

（一）薄酒与淡

（374）醶，《集韵》杜览切，上敢定。"醶"指薄酒。《集韵·叙韵》："醶，醨也。""醶"可以表示"酒、醋味薄"义。《集韵》徒甘切，平谈定。《集韵·谈韵》："醶，酒、醋薄也。"明李实《蜀语》："酒醋味薄曰醶。""醶"应来源于"淡"。《广韵》徒敢切，上敢定。又徒滥切。《老子》第三十五章："道之出口，淡乎其无味。"《说文·水部》："淡，薄味也。"段玉裁注："醲之反也。"可以与"醲"表"浓烈的酒"来源于"浓厚"义比较。

（二）薄酒与饮料

（375）凉$^{1/}$①，《广韵》吕张切，平阳来。又力让切。"凉"表示淡酒。《说文·水部》："凉，薄也。"段玉裁注："许云薄也，盖'薄'下夺一'酒'字，以水和酒，故为薄酒，此用大郑说也。""凉"还表示饮料和水名。"凉"表示"酒"与其"饮料"义有关，"酒"本身就是一种饮料。黄树先认为，"浆凉醳液"属于同族词，详见"水之上位词"条下"液"。②

（三）薄酒与买卖

（376）酤，《广韵》古胡切，平权见。又侯古切。"酤"表示一夜酿成的酒。《说文·酉部》："酤，一宿酒也。"徐锴系传："谓造之一夜而熟，若今鸡鸣酒也。"一夜酿成的酒只能是薄酒，所以把它归入这里。"酤"又表示"买酒；买"。《说文·酉部》："酤，买酒也。"王力认为，"沽""酤""贾"都有买卖的意思，属于同源词。买酒的"酤"，与"沽"实同一词。但写作"酤"时，专用于沽酒。③沽，《论语·子罕》："子贡曰：'有美玉

---

① "凉"有3个与水有关的义项：凉^1：淡酒。凉^2：饮料。凉^3：水名。
② 黄树先：《汉缅语比较研究》，华中科技大学出版社2003年版，第75页。
③ 王力编：《同源字典》，商务印书馆1982年版，第125页。

于斯，韫椟而藏诸？求善贾而沽诸？'"何晏集解："马曰：'沽，卖也。'"《论语·乡党》："沽酒市脯。"《释文》："沽，买也。"贾，《广韵》公户切，上姥见。《左传·昭公二十九年》："平子每岁贾马。"杜预注："贾，买也。"《说文》："贾，市也。"《诗·邶风·谷风》："既阻我德，贾用不售。"郑玄笺："如卖物之不售。"

（四）其余词

(377) 醨，《广韵》吕支切，平支来。歌部。"醨"表示薄酒。《说文·酉部》："醨，薄酒也。"段玉裁注："薄对厚言，醇谓厚酒，故谓厚薄为醇醨。"

漓，《广韵》吕支切，平支来。"漓"同"醨"，薄酒。《史记·屈原贾生列传》："众人皆醉，何不餔其糟而歠其漓？"

小结："薄酒"次语义场一部分词与"味道淡"有关，如：酸。一部分与饮料有关，如：凉。一部分与买卖有关，如：酤。

六 苦酒

"苦酒"次语义场一共有 4 个词，分别是：䣽、酡、醏、酵。

(378) 䣽，《广韵》呼朗切，上荡晓。"䣽"表示苦酒。《玉篇》："䣽，苦酒也。"

(379) 酡，"酡"指苦酒。《玉篇·酉部》："酡，苦酒也。"

(380) 醏，《五音集韵》旨善切。"醏"表示苦酒。《玉篇·酉部》："醏，苦酒。"

(381) 酵[1/①]，《广韵》许角切，入觉晓。"酵"表示苦酒。《字汇补》："酵，苦酒。见《医书》。""酵"还可以表示醋。

小结："苦酒"次语义场的词都需进一步研究。底下还有一个词，表示毒酒。毒酒终归是不好的东西，所以附在"苦酒"次语义场之后。

毒酒与毒鸟

(382) 鸩，《广韵》直禁切，去沁澄。又《集韵》丁绀切。侵部。"鸩"表示毒酒。《史记·鲁周公世家》："（季友）使针季劫饮叔牙以鸩……（叔）牙遂饮鸩而死。""鸩"能表示毒酒，我们认为其来源与

---

① "酵"有 2 个与水有关的义项：酵¹：苦酒。酵²：醋。

"鸩"是一种毒鸟有关。《楚辞·离骚》:"吾令鸩为媒兮,鸩告余以不好。"王逸注:"鸩,羽有毒,可杀人。"《广韵·沁韵》:"鸩,鸟名。《广志》云:其鸟大如鸮,紫绿色,有毒,颈长七、八寸,食舌腹。雄名运日,雌名阴谐。以其毛历饮,食则杀人。"《广韵》记载得更加详细:"用其羽毛泡酒能毒杀人。"

七 甜酒

"甜酒"次语义场只有 1 个词:醴。虽然次语义场只有一个成员,但是我们认为既然有"苦酒"次语义场,就应该有"甜酒"次语义场,所以单独列出。

甜酒与甘美泉水

(383) 醴², 《集韵》庐启切,上荠来。"醴"表示甜酒。《周礼·天官·酒正》:"二曰醴齐。"郑玄注:"醴犹体也,成而汁滓相将,如今恬酒矣。""醴"表示甜酒,我们认为来源与其表示甜美的泉水有关。汉扬雄《蜀都赋》:"北属昆仑泰极,涌泉醴。"《后汉书·张衡传》:"噏青岑之玉醴兮,餐沆瀣以为粮。"

八 米酒

"米酒"次语义场一共有 4 个词,分别是:酏、醴、蘦、猌。

(一) 米酒与甜/稀粥

(384) 酏¹/①,《广韵》弋支切,平支以。又移而切。"酏",古代一种用黍米酿成的酒。《说文·酉部》:"酏,黍酒也。""酏"又可以表示甜。《说文·酉部》:"酏,甜也。"段玉裁注:"谓恬酒。""酏"还可以表示稀粥。详见"粥"条。

(二) 米酒与酒色

(385) 醴²,《广韵》其既切,去未群。"醴",秫酒名。《玉篇·酉部》:"醴,术酒名。"又同"禨"。沐后饮酒,也指沐后饮的酒。《集韵·未韵》:"醴,沐酒也。谓既沐饮酒。"又表示米酒色。《玉篇·酉部》:"醴,米酒色。"其他语言也有相似的语义发展:champagne, 1. 香槟酒,

---

① "酏"有 2 个与水有关的义项:酏¹:酒。酏²:稀粥。

2.不甜的白葡萄酒，3.上等白兰地，上等烧酒，4.香槟酒色的。①

（三）其余词

（386）䰞，《广韵》力轨切，上旨来。"䰞"，祭祀时用以降神的酒，用郁金香和黑黍酿造。《说文·鬯部》："䰞，秬鬯。"段玉裁注："秬鬯之酒，郁而后鬯，凡字从晶声者，皆有郁积之意。……其字从艸者，酿芳艸为之也。"

（387）𥻷，《集韵》良脂切，平脂来。"𥻷"表示麦酒。《玉篇·麦部》："𥻷，麦酒也。"

小结："米酒"次语义场一部分词与甜/稀粥有关，如：醴。一部分与酒的颜色有关，如：醵。

还有一个词，用马乳葡萄制成的酒。酒的原料属于水果类，我们把它附在"米酒"之后。这个词可能与酸味有关。仔细想来，酒本身就是食物发酵而成，带有酸味。

（四）马奶酒与酸

（388）醙[1]②，《玉篇》音桑。"醙"，用马乳葡萄酿制的酒，也可以表示马奶酒。《玉篇·酉部》："醙，乳酒。""醙"既表示乳酒，还表示酪。详见"酪"次语义场。

九 白酒

"白酒"次语义场共有词2个，分别是酸（醙）、醝（鄌）。

（389）酸，《广韵》所鸠切，平尤生。"酸"表示白酒。《广韵·尤韵》："酸，白酒。""酸"又表示黍酒。《集韵·尤韵》："酸，黍酒。"

醙，《广韵》所鸠切，平尤生。又息有切。"醙"同"酸"，表示白酒。《仪礼·聘礼》："醙黍清皆两壶。"郑玄注："醙，白酒也。"《龙龛手鉴·酉部》："醙，俗酸字。"

（390）醝，《广韵》昨何切，平歌从。"醝"表示酒，白酒。《本草纲目·谷部·造酿类》："《饮膳标题》云，红曰醍，绿曰醽，白曰醝。"《广雅·释器》："醝，酒也。"

---

① 张寅德编：《新法汉词典》，上海译文出版社2000年版，第165页。
② "醙"有2个与水有关的义项：醙[1]：乳酒。醙[2]：酪属。

鄬，《集韵》才何切，平歌从。"鄬"表示白酒，后作"醝"。《周礼·天官·酒正》："盎齐。"汉郑玄注："盎，犹翁也，成而翁翁然葱白色，如今鄬白矣。"陆德明释文："鄬白，即今之白醝酒也。宜作醝。作鄬，假借也。"

小结："白酒"次语义场的词还需进一步研究。另外，搜集语料的过程中，我们发现有一部分表示酒的词，与饮料、过滤有关。这类词应该在"酒"这个更大一级的次语义场下求其本源。我们也将进行进一步的研究。

第二节 汁液

一 汁液之上位词

"汁液之上位词"次语义场包括纯粹表示汁液的词，一共有6个词。分别是：滋、汁、渒、溇、箈、湭（酒）。

（一）汁液与溢出

（391）滋[1/]①，《广韵》子之切，平之精。"滋"表示液汁。汉邹阳《酒赋》："流光驿驿，甘滋泥泥。""滋"还可以指水名。特博尔语 yu，藏拉语 yu，迪加罗语 yu，迪马尔语 yu，加罗语 tsu，迪马萨语 dzu，卢舍依语 zu，梅特黑语 yu"汁（液体），酒，啤酒"，来自藏—缅语 * yu(w)。② 可以与汉语的"滋" * ʔsɯ ‖ * tsɯ 比较。"滋"之"液汁"义应与其"水满"义有关。《说文》："滋，益也。"段玉裁注："艹部兹下曰：'艹木多益也。'此字从水、兹，为水益也。"据张博，"水满"义还可以进一步派生出表程度进一步加深，"更加、越发"义的副词："滋—兹"与"溢—益""弥（瀰）—弥""渝—愈"都属于类转同族词。③

（二）其余词

（392）汁[1/]④，《广韵》之入切，入缉章。"汁"表示汁液。《管子·

---

① "滋"有2个与水有关的义项：滋¹：液汁。滋²：水名。
② [美]白保罗：《汉藏语言概论》，乐赛月等译，中国社会科学院民族研究所1972年版，第29页。
③ 张博：《汉语同族词的系统性与验证方法》，商务印书馆2006年版，第192页。
④ "汁"有3个与水有关的义项：汁¹：汁液。汁²：眼泪。汁³：雨夹雪。

轻重丁》:"决瓌洛之水,通之杭庄之间,则屠酤之汁肥流水。""汁"还能表示眼泪以及雨夹雪。俞敏认为藏文 adźib(吸,汁)与其同源。①

(393)渖,《广韵》昌枕切,上寝昌。"渖"表示汁。《左传·哀公三年》:"无备而官辨者,犹拾渖也。"杜预注:"渖,汁也。"陆德明释文:"北土呼汁为渖。"王力认为,"渖"与"汁"侵缉对转,属于同源词。②

(394)溇,《广韵》虑感切,上感来。"溇"表示汁液。《集韵·感韵》:"溇,汁也。"

(395)箔,《篇海类编》音詹。"箔"指汁液。《篇海类编·花木类·竹部》:"箔,汁也。"

(396)湭¹③,《集韵》字秋切,平尤从。"湭"指汁液。《广雅·释言》:"湭,液也。""湭"还表示水名。

蓲²,《广韵》自秋切,平尤从。"蓲"同"湭",表示汁液。《玉篇·艹部》:"蓲,液也。"《集韵·尤韵》:"湭,《博雅》:'湭、酒,液也。'或作蓲。"

小结:"汁液之上位词"次语义场中,有与"溢出"义有关的词,如:滋。其余词还需进一步的探讨。

二 浓汁

"浓汁"次语义场一共有 5 个词,分别是卤(滷)、芡、糁、浆、糊。

(一)浓汁与盐

(397)卤,《广韵》郎古切,上姥来。"卤"表示饮料浓汁或食物的汤羹。《红楼梦》第五十六回:"早有丫鬟捧过溯盂茶卤来溯了口。"又第三十四回:"(宝玉)只拿那糖腌的玫瑰卤子和了,吃了小半碗。""卤"表示"浓汁"义应与其"盐碱地、盐"义有关。《左传·襄公二十五年》:"度山林,鸠薮泽,辨京陵,表淳卤。"杜预注:"淳卤,埆薄之地。"孔颖达疏:"淳卤地薄,收获常少,故表之轻其赋税。"《史记》:"山东食海盐,山西

---

① 俞敏:《汉藏同源字谱稿》,《俞敏语言学论文集》,商务印书馆1999年版,第97页。
② 王力编:《同源字典》,商务印书馆1982年版,第5页。
③ "湭"有2个与水有关的义项:湭¹:汁液。湭²:水名。

食盐卤。""卤"与表咸水的"鹻、咸"同源。①

滷², 用肉类、鸡蛋等做汤加淀粉而成的浓汁, 用来浇在面条等食物上。如: 打滷面。又指饮食的浓汁。如: 茶滷。"滷"可以指不生谷物的盐碱地。《尔雅·释言》: "滷, 苦也。"郭璞注: "滷, 苦地也。"邢昺疏: "郭云'滷, 苦地也'者, 谓斥滷可煮盐者。""滷"还表示咸水。《玉篇·水部》: "滷, 醎水。"

（二）其余词

(398) 芡, 《广韵》巨险切, 上琰群。"芡"指烹调时芡粉（芡实粉或其他淀粉）调的浓汁。如: 勾芡。

(399) 燶, 《广韵》职容切, 平钟章。"燶"指熟汁。《字汇·火部》: "燶, 热汁。"

(400) 浆², 《广韵》即良切, 平阳精。"浆"表示较浓的液汁。《广韵·阳韵》: "浆, 浆水。"也可以特指稻谷等植物在成熟过程中果实颗粒里的液状物质。清林则徐《江苏阴雨连绵田稻歉收情形片》: "惟所种具系晚稻……迨九月以后, 仍复晴少雨多, 昼则雾气迷蒙, 夜则霜威严重, 虽已结成颗粒, 仅得半浆。"

(401) 糊¹′², "糊"既表示像稠粥一样的浓液汁。如: 面糊; 辣椒糊。又表示粥。

小结: "浓汁"次语义场有部分词可能与"盐"有关, 如: 卤（滷）。其余词语有待进一步考察。

三 乳汁

"乳汁"次语义场有 7 个词, 分别是: 奶（嬭）、乳（㜷）、㝅、构、湩、㸋、醍。

（一）乳汁与乳房/喂奶

(402) 奶, 《正字通》俗读乃。"奶"表示乳汁。《红楼梦》第十九回: "我的血变的奶, 吃的长这么大, 如今我吃他一碗牛奶, 他就生

---

① 黄树先:《说"盐"》,《汉藏语论集》, 华中科技大学出版社 2007 年版, 第 82 页。
② "糊"有 2 个与水有关的义项: 糊¹: 像米糊一样的浓液汁。糊²: 稠粥。

气了?"从比较词义的角度来看,"奶"兼有名词和动词义,其"乳汁"义与"乳房、喂奶"义有关,详见第八章。

嬭,《广韵》奴蟹切,上蟹娘。又奴礼切。"嬭"同"奶",表示乳。《玉篇·女部》:"嬭,乳也。"唐高彦休《唐阙史·渤海僧通鸟兽言》:"巨虺顾诸雏云:'行行行,向前树阴下吃嬭。'"《广韵·荠韵》:"嬭,楚人呼母。"

黄树先认为"嬭"是一个楚语词。"嬭"在纪元前几个世纪,曾在楚国及其附属国的青铜器上广泛使用。在今日楚方言中,它仍可表母亲,"嬭"在汉文文献里出现较晚,也不流行,但在亲属语言里却有同源词。①

王凤阳以《直语补正》"今人呼乳为奶"为证认为"奶"是近代才通用的。② 我们认为这是就"奶"的"乳房、乳汁"义而言。吴宝安认为,"嬭"本指母亲,引申为"乳房、乳汁",并逐步取代"乳"③。我们认为是。

王力认为,"奶"是"乳"的音转,属于本土词。④ 蒲立本也认为,"奶"表"奶汁"义并非汉语固有。⑤ 此说非。史有为认为该词可能并非汉语固有,而是来自古代的非华夏民族。⑥

(403) 乳,《广韵》而主切,上麌日。"乳"指乳汁。《古今韵会举要·麌韵》引《增韵》:"乳,渾也。"邢公畹认为汉语"乳"* njo'、藏文 fio-ma"乳房,奶",缅文 no¹"奶"可以比较。⑦《说文》:"乳,人及鸟生子曰乳,兽曰产。从孚从乙,乙者玄鸟也。《明堂》《月令》:'玄鸟至之日,祠于高禖以请子。'故乳从乙。"段注、义证等对许慎释"乳"均无异议。据郑春兰考察,甲骨文里的"乳"作"哺乳"讲:"辛

---

① 黄树先:《古楚词释词》,《语言研究》1989年第2期,第109—110页。
② 王凤阳:《古辞辨》,吉林文史出版社1993年版,第181页。
③ 吴宝安:《西汉核心词研究》,巴蜀书社2011年版,第95页。
④ 王力编:《同源字典》,商务印书馆1982年版,第157页。
⑤ [加拿大]蒲立本:《上古汉语的辅音系统》,潘悟云等译,中华书局1999年版,第175页。
⑥ 史有为:《汉语外来词》,商务印书馆2000年版。
⑦ 邢公畹:《汉台语比较手册》,商务印书馆1999年版,第457页。

丑卜：乎爱妥乳。"① 吴宝安认为，《说文》的说法值得商榷，其本义应为"哺乳"义。② 我们认为其说法有一定合理性。"乳"的"乳汁"义与其"乳房、喂奶"义有关，详见第八章。

洳²，《集韵》蘂主切，上麌日。"洳"同"乳"，乳汁。《正字通·水部》："洳，吴元满《总要》：乳，音汝。胸酥也，谚呼为奶，又泥吼切，洳，湩也，母血所化，以饮婴孩者。据此，洳即乳。""洳"的"乳汁"义与其"乳房"义有关，详见第八章。

（404）㝅，《集韵》乃后切，上厚泥。"㝅"指"乳"的异名。《玉篇·女部》："㝅，妳异名。"《正字通·女部》："㝅，乳之异名。""㝅"其"乳"义与其表示"给孩子喂奶"义有关，详见第八章。

（405）构，《广韵》古侯切，去侯见。"构"表示牛羊的乳汁。《汉书·叙传上》："楚人谓乳'谷'。"唐颜师古注引如淳曰："牛羊乳汁曰构。"张博认为，"构"与"遘""沟"同源，都有"交合"义，详见"沟渠"条下"沟"条。黄树先则认为，其来源与"挤奶、喂奶"义有关：动词是挤奶、喂奶，字或作"构""㝅"。《水经注·河水》一："小夫人即以两手将乳。"王国维校："《佛国记》作两手构乳。乳亦读若构，互相为用。"详见第八章。此说是。

（二）外来词"湩"

（406）湩，《广韵》多贡切，去送端。又竹用切。"湩"表示乳汁。《说文·水部》："湩，乳汁也。"关于"湩"的来源学者说法不一，王凤阳认为"湩"是一个外来词。《六书故》："湩，酒类也，北方以马乳为酪，因谓湩为酪。""湩"常用于"湩酪"，即马奶酒，马奶酒是北方游牧民族的日常饮料。可以得出"湩"来自西北的游牧民族。③ 池昌海则认为"湩"应属于南方方言区的方言词。④ 龙丹认为"湩"最初应来自西北的游牧民族，至于"今江南人亦呼乳为湩"则可能是魏晋南北朝时期战争频繁，江南之"湩"很可能是异族交往或入侵带来的词语。据其考察，这与"湩"在魏晋文献中使用率偏低和它使用的地域范围狭小的

---

① 郑春兰：《甲骨文核心词研究》，博士学位论文，华中科技大学，2007年，第91页。
② 吴宝安：《西汉核心词研究》，巴蜀书社2011年版，第94页。
③ 王凤阳：《古辞辨》，吉林文史出版社1993年版，第181页。
④ 池昌海：《〈史记〉同义词研究》，上海教育出版社2004年版，第23页。

事实相符。① 我们赞成龙丹的说法。

(407) 湩，《龙龛手鉴》竹用反。《龙龛手鉴》："湩，乳也。""湩"指乳汁。

(408) 醴，"醴"表示乳汁。清王士禛《东丹王射鹿图念东先生席上作》："秋冬射猎海东碛，头鹅燕罢传醴浆。""湩""醴""渾"应为同源词。

小结："乳汁"次语义场的考察比较完善。"乳汁"次语义场大部分词与"乳房/喂奶"有关，如：奶（嬭）、乳（㐷）、穀、构。小部分词可能是外来词，如：渾。而其他两个词与其同源：醴、湩。

四 汤羹

"汤羹"次语义场包含表示用蔬菜、水果、肉类、血等做成能吃的所有汤汁类的词。"汤羹"次语义场一共有词 29 个，分别是：汤、斟、铏、洎、啜、饒、臐、臅、蒼、羹（鬻、膮）、湇、欨、臄（饕）、膭、腩、臊、胭、臒、餦、峪、貼、肬、淡、醢、脁、莘、脍、臐、臘。

（一）汤羹与热水

(409) 汤⁴，《广韵》吐郎切，平唐透。"汤"指带液汁的菜；熟食的液汁。《水浒全传》第九回："柴进亲自举杯，把了三巡，坐下叫道：'且将汤来吃。'吃得一道汤，五七杯酒，只见庄客来报道：'教师来也。'"又表示中药加水煎出的液汁，中医称为"汤剂"。《史记·扁鹊仓公列传》："齐中大夫病龋齿，臣意灸其左大阳明脉，即为苦参汤，日嗽三升，出入五六日，病已。""汤"其"汁液"义由"热水"义引申而来。据黄金贵等："汤"的本义热水、沸水，构成词素是水与煎煮。其引申遂分二系：一是从水衍生，温泉、护城河（比喻义）归之；二是从煎煮申发，药剂、茶水、煎汁饮料等义属之。② "汁液"义当属于后者。

（二）汤羹与器具/器皿

(410) 斟，《广韵》职深切，平侵章。"斟"表示羹；汁。《史记·

---

① 龙丹：《魏晋核心词研究》，巴蜀书社 2015 年版，第 135 页。
② 黄金贵、胡丽珍：《"羹"、"汤"辨考》，《湖州师范学院学报》2005 年第 6 期，第 5 页。

张仪列传》："于是酒酣乐，进热啜，厨人进斟，因反斗以击代王，杀之。"司马贞索引："斟曰羹勺，故因名羹曰斟。"其来源应与"勺子、用勺子舀取"义有关。《说文·斗部》："斟，勺也。"段玉裁注："《玉篇》、《广韵》作酙。许以盛酒行觞为酙，则水浆不曰酙，枓曰勺，用枓挹注亦曰勺。《诗·泂》：'酙彼行潦，挹彼注兹。'则勺、酙古通也。勺之谓之斟。引申之，盛于勺者亦谓之斟。"用勺子舀取叫作斟，则放在勺里的东西也叫斟。

（411）铏，《广韵》户经切，平青匣。"铏"表示肉菜羹。《仪礼·特性馈食礼》："祭铏尝之，告旨。"郑玄注："铏，肉味之有菜和者。"贾公彦疏："以其盛之铏器，因号羹为铏。""铏"的这一义项来源于用容器表示容器里的食物。①"铏"表示古代盛羹的小鼎。《周礼·秋官·掌客》："铏四十有二。"郑玄注："铏，羹器也。"《说文·金部》："铏，器也。"

（412）洎¹ʹ²，《广韵》其冀切，去至群。又几利切。"洎"表示汤汁。《左传·襄公二十八年》："公膳日双鸡，齐人变更之以鹜。御者知之，则去其肉，而以其洎馈。"陆德明释文："洎，肉汁也。"孔颖达疏："洎者，添釜之名。添水以为肉汁，遂名肉汁为洎。"依孔颖达，"洎"其"汤汁"义可能与其"器皿"义有关。另外，"洎"也表示水名。

（三）汤羹与品尝

（413）啜，《广韵》昌悦切，入薛昌。又尝芮切，陟卫切，殊雪切。"啜"表示羹汁。《史记·张仪列传》："与代王饮，阴告厨人曰：'即酒酣乐，进热啜，反斗以击之。'"司马贞索引："按：谓热而啜之，是羹也。"其来源应与"啜"表示"尝；喝"义有关。《礼记·檀弓下》："孔子曰：'啜菽饮水尽其欢，斯之谓孝。'"《说文·口部》："啜，尝也。"此为由吃的动作引申为吃的东西。

（四）汤羹与烹制

（414）膮，《广韵》许幺切，平萧晓。又馨皛切。"膮"指猪肉羹。《仪礼·聘部》："臐、膮、膮。"陆德明释文："膮，豕臐也。"黄树先认

---

① 黄树先：《食物名探源》，《民族语文》2010年第5期，第22页。
② "洎"有2个与水有关的义项：洎¹：汤汁。洎²：水名。

为"膮"可能与"烧"有关,即猪肉羹来源于烹饪。① "烧",《广韵》式招切,平书宵。表示烹制方法。《礼记·内则》:"鲂鱮烝,雏烧。"宋苏轼《新城道中》:"西崦人家应最乐,煮葵烧笋饷春耕。"我们认为是。

(415) 臐,《广韵》许云切,平文晓。又许运切。《仪礼·聘礼》:"膷,臐、膮、醢、牛炙。"陆德明释文:"臐,羊臐也。""臐"指羊羹。黄树先认为"臐"可能与"熏"有关,即羊羹来源于熏制。②

(416) 膷,《广韵》许良切,平阳晓。阳部。"膷"表示牛肉羹。《广韵·阳韵》:"膷,牛羹。"黄树先认为"膷"可能来源于"享(烹)",即牛羹与烹制有关。③ "享",《广韵》许两切,上养晓。通"烹"。《墨子·非儒下》:"孔子穷于蔡陈之间,藜羹不糂,十日,子路为享豚。"孙诒让间诂引毕沅云:"享即烹字。""膷"表示牛肉羹似乎也与其表示"香"义有关。《广雅·释器》:"膷,香也。"

(五) 汤羹与味道

(417) 蒿,《广韵》许亮切,去漾晓。"蒿"指用菜杂肉为羹。《集韵·漾韵》:"蒿,蒿芼食。""蒿"的"羹汁"义与"香"有关。"香",《广韵》许良切,平阳晓。表示味美。《礼记·月令》:"(仲冬之月)水泉必香。"孔颖达疏:"水泉必香,谓所用水泉,必须香美。"《吕氏春秋·审时》:"抟米而薄糠,舂之易而食之不噎而香。"高诱注:"香,美也。"

(六) 其余词

(418) 羹,《广韵》古行切,平庚见。"羹"表示用食材做成的汤汁。《韩非子·五蠹》:"粝粢之食,藜藿之羹。"宋玉珂从各个角度说明"羹"是一种粥状流质或汤汁较多的菜肴。"羹"有常食和礼食之分。常食之羹,其食材可以是鸡、犬、兔、脯、雉、鹑等肉羹加米屑等,也可以是纯菜的羹,由苣、葵、薇、藜、藿之类为食材加米屑为之。礼食之羹,用猪牛羊肉做的,有加盐和不加盐两种。④ 王作新则把

---

① 黄树先:《食物名探源》,《民族语文》2010 年第 5 期,第 15 页。
② 同上。
③ 同上。
④ 宋玉珂:《释"羹"》,《语文研究》1989 年第 3 期。

"羹"定义为"用肉或蔬菜等烹煮而成的带汁副食品"①。据黄金贵等，"羹"表示熬煮的调味浓汤或薄糊状主菜，从未产生菜汤义。

䰟，《广韵》古行切，平庚见。"䰟"同"羹"。五味调和的浓汤。《说文·䰎部》："䰟，五味盉羹也。《诗》曰：'亦有和䰟……羹，小篆从羔从美。'"

臐，"臐"同"羹"。《字汇补·肉部》："臐，同羹。"

（419）湆，《广韵》去急切，入缉溪。"湆"表示羹汁。《仪礼·少仪》："凡羞有湆者不以齐。"又指幽湿。《说文·水部》："湆，幽湿也。"徐锴系传："令人多言湆浥也。"

（420）歠，《广韵》昌悦切，入薛昌。"歠"指羹汤之类。《战国策·燕策一》："（赵王）与代王饮，而阴告厨人曰：'即酒酣乐，进热歠，即反斗击之。'"

（421）臛，《广韵》火酷切，入沃晓。"臛"指肉羹。《广韵·沃韵》："臛，羹臛。"

臛，《龙龛手鉴》呼各反。"臛"同"臛（臛）"，表示肉羹。《龙龛手鉴·食部》："臛、臛，正作臛。羹臛。"

（422）膹，《广韵》房吻切，上吻奉。又浮鬼切。"膹"表示肉羹。《说文·肉部》："膹，臛也。"

（423）腩，《广韵》奴感切，上感泥。"腩"表示肉羹。《集韵·覃韵》："腩，臛也。"

（424）臇，《广韵》子兖切，上狝精。又遵为切。"臇"指汁少的羹。《说文·肉部》："臇，臛也。"朱骏声通训定声："羹之稍干者为臛，臇又干于臛。"

（425）䐋，《广韵》苏本切，上混心。谆部。"䐋"表示把切了的熟肉放在血中拌和成肉羹。《说文·肉部》："䐋，切熟肉内于血中和也。"《广雅·释器》："䐋，臛也。"

（426）膆，《集韵》先吊切，去啸心。"膆"指肉羹。《集韵·啸韵》："膆，臛也。"

---

① 王作新：《释"羹"——兼谈对立词项的义素分析与词义解说》，《宜昌师专学报》（社会科学版）1994年第1期。

(427) 餭，《改并四声篇海》引《搜真玉镜》音郎。"餭"表示羹汁。《改并四声篇海·食部》引《搜真玉镜》："餭，羹也。"

(428) 䘏，《广韵》苦绀切，去勘溪。"䘏"，血羹，用禽、兽的血做成的羹。《说文·血部》："䘏，羊凝血也。"徐锴系传："陶氏《本草》注云：'宋时大官作䘏，削藕皮落其中，血不凝，知藕之散血。'然则䘏，血羹也。"王筠句读引《证俗音》云："南方谓凝牛羊、鹿血为䘏。"

(429) 肚，《集韵》徒兼切，平添定。"肚"表示大羹，不调五味的肉汤。《玉篇·肉部》："肚，大羹也。"

(430) 脜，《集韵》乞及切，入缉溪。"脜"表示羹。《广雅·释器》："臛谓之脜。"清余正燮《癸巳存稿》卷三："渧、脜，皆古汁字。"

(431) 淡，"淡"表示肉羹类。《集韵·祷韵》："淡，膗（臛）属。"

(432) 醓[1]①，《广韵》他感切，上感透。"醓"表示肉汁。《周礼·天官·醓人》："朝事之豆，其实非菹醓醢。"郑玄注："醓，肉汁也。""醓"也指肉酱。

(433) 臛，《广韵》呵各切，入铎晓。又火酷切。"臛"表示肉羹。《说文·肉部》："臛，肉羹也。"段玉裁注："《礼》经'牛郎、羊臑、豕膮。'郑云：'今时臛也。'是今谓之臛，古谓之羹。'臛'字不见于古经，而见于《招魂》。王逸曰：'有菜曰羹，无菜曰臛。'王说与《礼》合。许不云羹也，而云'肉羹也'者，亦无菜之谓。"

(434) 葘，《广韵》阻史切，上止庄。之部。"葘"指用菜做的羹。《说文·艸部》："葘，羹菜也。"段玉裁注："葘，谓取菜羹之也。"

(435) 脸，《广韵》力减切，上赚来。又七廉切。"脸"表示一种羹类食品。《玉篇·肉部》："脸，臛也。"《齐民要术·羹臛法》："脸臟，用猪肠经汤，出三寸断之，决破切细。"

(436) 臟，《广韵》初减切，上赚初。又七廉切。"臟"指肉羹：《集韵》："臟，羹也。"又"脸臟"表示用猪肠熬的羹汤。《齐民要术·羹臛》："脸臟，用猪肠经汤出，三寸断之，决破切细，熬与水沸，下豉清破米汁。"

(437) 臘，《龙龛手鉴》七廉反，表示臛，肉羹。《龙龛手鉴·肉部》："臘，臛也。"又《龙龛手鉴》初斩反。"脸臘"，也作"脸臟"，

---

① "醓"有2个与水有关的义项：醓[1]：肉汁。醓[2]：肉酱。

表示用猪肠熬的羹汤。《龙龛手鉴·肉部》："臘，脸臘也。"

小结："汤羹"次语义场的词与多个义项有关：与"热水"义有关，如：汤；与"器具/器皿"义有关，如：斟、铏、泪；与"品尝"义有关，如：啜；与"熏制"有关，如：膮、臐、膷；与"味道"有关，如：蕃。

五 果汁

"果汁"里包含了 2 个词，分别是：渿、沫。

(438) 渿，《广韵》侧加切，平麻庄。又《集韵》痴贞切。"渿"表示棠枣汁，一种红色的汁液。《说文·赤部》："渿，䞓，棠枣之汁。"段玉裁注："'渿'与'䞓'音虽同而义异，别为一字，非即'䞓'字也。"一说同"䞓"。清朱骏声《说文通训定声·鼎部》：䞓，或从水从赤……按：棠枣之赪汁作"渿"作"泟"者，俗字也。

(439) 沫，《广韵》庐感切，上感来。"沫"指藏梨汁。《玉篇·水部》："沫，梨汁也。"

小结："果汁"次语义场里的词还待进一步探讨。这里还有 1 个词：歡，表示粥上的汁液。附在"果汁"次语义场的后面。

(440) 歡，《广韵》无分切，平文微。《集韵·文韵》："歡，《字林》：'糜上汁。'"

六 烧烤所得汁液

这个次语义场也只有 2 个词，沥、瀌。次语义场虽小，但表示的意义有别于其他的汁液，所以单独列出。

（一）烤竹所得汁液与滴下

(441) 沥[3]，《广韵》郎击切，入锡来。"沥"指烤竹所得的汁液。《本草纲目·木部·竹》："淡竹沥：机曰：将竹截作二尺长，劈开，以砖两片对立，架竹于上，以火炙出其沥，以盘承取。"查《本草纲目》，该段所记主治暴中风风痹，胸中大热，止烦闷，消渴，劳复。中风失音不养血清痰，风痰虚痰在胸膈，使人癫狂，痰在经络四肢及皮里膜外，非此不达不行。在我的家乡湖南冷水江，有一种叫"水竹子"的竹类，其烧烤所得汁液叫竹油，喝下对治咳嗽有奇效，与《本草纲目》所记病症不对，但取法一致。"沥"其来源与"沥"表示"液体一滴一滴地下落"有关。《说文·水部》：

"沥，水下滴沥。"其"滴落"义则来源于"过滤"义。

（二）烧松枝所得汁液与"油脂"

（442）淄，《集韵》研计切，去霁疑。"淄"表示火烧松枝所得的汁液。《集韵·霁韵》："淄，烧松枝取汁曰淄。""淄"其来源可能与"脂"有关。"脂"，《广韵》旨夷切，平脂章。表示像油脂的渗出物、排泄物。《尔雅·释木》："枫欇欇。"晋郭璞注："（枫树）有脂而香，今之枫香是。"（按：我们对此汁液能否吃并不确定，暂时附于"汁液"语义场之后。）

小结："烧烤所得汁液"次语义场中，其来源或与"滴下"义有关，或可能与油脂有关。

第三节 油脂[①]

"油"于"百词表"居第 32 位。郑春兰认为，《甲骨文编》所录"䍩、㳇"隶作"油"，然而书中所录的"姉"隶作"由"，比较此二甲骨文，可知前者中间上部之部件显然别于后者，故此隶定有待商榷。又有学者将甲骨文"侣、牡"隶作油，而其所从之"嚧"即"由"，故此说可从，而金文中也有"油"这个词，但作水名、地名讲，这个词用来表示"油脂"较晚才出现。前面所论及的"膏"这个词在后世文献中可以表示动物的脂肪，如《诗经·桧风·羔裘》："羔裘如膏，日出有曜。"孔颖达疏："日出有光，照曜之时，观其裘色，如脂膏也。"甲骨文中没有出现关于"脂肪"的词，这也许和当时的人对事务的认识程度有关，也可能"肉"这个词本身就包含了脂肪这个语义在里面。[②]

一 油脂之上位词

"油脂之上位词"概括的是纯粹表示油脂的词，一共有 13 个词，分别是：膏、肥、腥、腴、膫、䏶、油、脂、肪、蜡、䐉、膈、冰。

---

① 该部分已经撰写成专文《说"油脂"》发表于《语言研究》2013 年第 1 期。
② 林木：《说"州""洲"》，《语文建设》1992 年第 1 期，第 45 页。

(一) 油脂与肥肉/肥胖/甘美

(443) 膏², 《广韵》古劳切, 平豪见。"膏"表示油脂。《礼记·内则》:"沃之以膏曰淳煞。""膏"表示"油脂"义可能与"肥, 肥肉"义有关。《国语·晋语一》:"嗛嗛之食, 不足狃也, 不能为膏, 而秖罹咎也。"韦昭注:"膏, 肥也。"又表示肥肉。《国语·晋语七》:"夫膏粱之性难正也, 故使惇惠者教之, 使文敏者导之, 使果敢者谂之, 使镇静者修之。"韦昭注:"膏, 肉之肥者。"还表示甘美。《山海经·海内经》:"西南、黑水之间有都广之野, 后稷葬焉, 爰有膏菽、膏稻、膏黍、膏稷。"郭璞注:"言味好皆滑如膏。"

再看其他语言的材料：法语的语料：graisse, 脂肪, 油脂。gras, se, 脂肪的, 油脂的, 肥的, 肥胖的, 肥沃的, 丰富的, 丰厚的。suif, 动物脂, 油脂, 脂肪。suiffeux, se, 脂质的, 极其肥胖的。lard, 猪膘, 肥肉。脂肪。①

韩语的材料：기름, 油, 脂肪, 皮脂。②

克钦语 sau "油, 肥肉, 脂肪; 油的, 美味可口的", 卢舍依语 thau "肥肉, 脂肪; 胖的", 加罗语 tho, 迪马萨语 thau "油", 博德语 thau "油", gathau "甜味, 滋味"（藏－缅语 * sa·w)。③

转引陈孝玲语料：泰语、老挝语的 man² 都有"油脂, 油腻""香甜, 美味"义。印度尼西亚语 lemak 肥肉, 油脂; 美味可口的, 黎语词 gwei³ "脂肪, 肥胖", 泰语 phi² 肥胖、壮、膘、脂肪, 仡佬语 nan⁵⁵ mpa³³ 猪油、mpa³³ nan⁵⁵ 肥猪, 拉基语 mje⁵⁵ȵa ŋ³⁵ 肥猪、ȵa ŋ³⁵ȵi⁴⁴ 植物油。拉基语ȵa ŋ³⁵ 动物油; 胖。④

吴宝安曾比较"膏"与"脂"的异同："膏"可与人、鱼、猪等相配, 而"脂"不能, "脂"则多与"牛、蛇"相配, 而"膏"不能; "膏"有大量的例证表示土地肥沃, 如"膏腴、膏壤、丰膏、土膏"

---

① 张寅德编：《新法汉词典》, 上海译文出版社 2000 年版, 第 471、473、967、568 页。
② 刘沛霖编：《韩汉大词典》, 商务印书馆 2004 年版, 第 236 页。
③ [美] 白保罗：《汉藏语言概论》, 乐赛月等译, 中国社会科学院民族研究所 1972 年版, 第 68 页。
④ 陈孝玲：《侗台语核心词研究》, 巴蜀书社 2011 年版, 第 89—92 页。

等,而"脂"则多指"脂粉、贩脂"等。①

(444) 肥,《广韵》符非切,平微奉。"肥"表示油脂。汉蔡邕《为陈太守上孝子状》:"臣为设食但用麦饭寒水,不食肥腻。"也表示胖,脂肪多。《论语·雍也》:"赤之适齐也,乘肥马,衣轻裘。"《说文·肉部》:"肥,多肉也。"

(445) 腥,《广韵》桑经切,平青心。又苏佞切。"腥"指油脂。《周礼·天官·庖人》:"秋行犊麛,膳膏腥。"郑玄注:"杜子春云:'膏腥,豕膏也……,玄谓:'膏腥,鸡膏也。'"还表示生肉。《论语·乡党》:"君赐腥,必熟而荐之。"邢昺疏:"君赐已生肉,必烹熟而荐其先祖。"

(446) 腴,《广韵》羊朱切,平虞以。"腴"表示油脂。《论衡·艺增》:"稻粱之味,甘而多腴。"也指腹下的肥肉。《说文·肉部》:"腴,腹下肥也。"《灵枢经·卫气失常篇》:"伯高曰:膏者多气而皮纵缓,故能纵腹垂腴。"还可以表示丰满;肥胖。《南史·袁彖传》:"彖充腴异众。"宋王安石《与僧道升二首》之一:"升也初见我,肤腴仍洁白。"还可以表示味道鲜美。《文选·班固〈答宾戏〉》:"委命供己,味道之腴。"李善注引项岱曰:"腴,道之美者也。"徐珂《清稗类钞·饮食类》:"其味最腴美。"

(447) 脥,《集韵》龙玉切,入烛来。"脥"指脂肪。《玉篇·肉部》:"脥,脂也。"又指肥胖。《字汇·肉部》:"脥,肥也。"

(448) 脂,《玉篇》古滑切。"脂"表示脂肪。《玉篇·肉部》:"脂,脂也。""脂"其"脂肪"义可能与"肥"义有关。《集韵》徒兼切,平添定。《集韵·沾韵》:"脂,肥。或作脂。"

(二)油脂与水

(449) 油¹②,《广韵》以周切,平尤以。"油"表示油脂。《玉篇·水部》:"油,麻子汁也。"《广韵·尤部》:"油,油脂。"据黎李红考察,"油"首先表示水名,"油脂"义最早是在三国时出现的,表示植物油,是指芝麻等作物煎熬的油脂:以麻油膏膏首,白土画身(三国康僧会《六度集经》)。后来可以指称动物脂肪。如:韶粉一两,

---

① 吴宝安:《西汉核心词研究》,巴蜀书社2011年版,第152页。
② "油"有2个与水有关的义项:油¹:油脂。油²:水名。

轻粉一两，右研和入炼猪脂油拌匀如膏，薄涂疮瘢上（宋陈文中《小儿痘疹方论》）①。

（三）其余词

（450）脂，《广韵》旨夷切，平脂章。"脂"指有角动物的油质。《说文·肉部》："脂，戴角者脂，无角者膏。"也泛指油脂、油膏。《玉篇·肉部》："脂，脂膏也。"

（451）肪，《广韵》符方切，平阳奉。又府良切。"肪"表示脂肪。《说文·肉部》："肪，肥也。"黎李红认为，肪出现在汉魏时期。②吴安其认为，"肪"可以与藏缅语仡佬语六枝话"油脂"mlaŋ³¹比较。③

（452）蜡，《广韵》卢盍切，入盍来。"蜡"表示动物、矿物或植物所产生的某些油质。《广韵·盍韵》："蜡，蜜蜡。"

（453）𦞤，《广韵》苏于切，平寒心。"𦞤"表示脂肪。《广韵·寒韵》："𦞤，脂肪。"

（454）腒，《集韵》即入切，入缉精。"腒"表示油脂。《集韵·缉韵》："腒，肥膏也。"

（455）冰¹/④，《广韵》鱼陵切，平蒸疑。"冰"指脂膏。《尔雅·释器》："冰，脂也。"郭璞注："《庄子》云：'肌肤若冰雪。'冰雪，脂膏也。"邢昺疏："脂膏也，一名冰脂。""冰"也指冰。"冰"的"脂膏"义是其比喻用法。

小结："油脂之上位词"中大部分词与"肥肉/肥胖/甘美"义有关，如：膏、肥、腥、腴、腺、膌。小部分词与"水名"有关，如：油。

二 动物油脂

"动物油脂"次语义场包括4个词，分别是：膻、䑋、䑏、肸。

（一）动物油脂与气味

（456）膻，《广韵》式连切，平仙书。"膻"表示羊油。《玉篇·

---

① 黎李红：《汉语身体类4个核心词研究》，硕士学位论文，华中科技大学，2004年，第52页。
② 同上。
③ 吴安其：《汉藏语同源研究》，中央民族大学出版社2002年版，第317页。
④ "冰"有2个与水有关的义项：冰¹：膏脂。冰²：冰。

羊部》:"膻,羊脂也。"唐皮日休《喜鹊》:"弃膻在庭际,双鹊来摇尾。""膻"本义指羊的气味。《周礼·天宫·内饔》:"羊泠毛而毳,膻。"贾公彦疏:"泠毛谓毛长也。而毳谓毛别聚结者,此羊肉必膻也。""羊的气味"有"羊"以及"气味"两个词素。由"羊"引申出"羊油"义。由"气味"可以引申出"气味"义。《礼记·月令》:"(孟春之月)其味酸,其臭膻。"郑玄注:"木之臭味也。"孔颖达疏:"凡草木所生,其气膻液。"

（二）动物油脂与动物

(457) 魠,《广韵》胡郎切,平唐匣。又古郎切。"魠"指鱼膏。《说文·鱼部》:"魠,鱼膏。""魠"其"鱼膏"义可能与其表示"鱼"有关。晋崔豹《古今注·鱼虫》:"白鱼赤尾者曰魟,一曰魠。"还可以表示口大的鱼。《广雅·释鱼》:"魠,魺也。"

(458) 鲽,《广韵》鲁当切,平唐来。"鲽"表示鱼脂。《广韵·唐韵》:"鲽,鱼脂。""鲽"还可以表示"雄蟹"。《玉篇·鱼部》:"鲽,鲽鳈,雄蟹也。"我们猜想,"鲽"之"鱼脂"义是不是与其动物义有关?需待进一步验证。

（三）其余词

(459) 胼,《广韵》仆兵切,平庚并。"胼胇"表示油脂。《广雅·释器》:"胼,胼胇,脂也。"又专指牛羊的油脂。《玉篇·肉部》:"胼,胼胇,牛羊脂也。"胇,《广韵》旨热切,入薛章。"胼胇"同"胼胇",表示油脂,牛羊脂。《广雅·释器》:"胼胇,脂也。"王念孙疏证:"《玉篇》:'胼胇,牛羊脂也。'胇与胇同。"

小结:"动物油脂"次语义场的词,一部分与气味有关,如:膻。一部分与动物有关,如:魠、鲽。另外,我们把表示植物油脂的词放在"胶脂"条下,详见"自然界之水""胶脂"次语义场。

三 肠部脂肪

在搜集语料的过程中,我们发现几个专门表示"肠部脂肪"的词,单独列出。严格地说,"肠部脂肪"不属于"吃喝之水",却属于"油脂"类,我们附于其后。"肠部脂肪"次语义场包含5个词,分别是:胴、胎、膋（膫）、脺、肭。

（一）肠部油脂与肉

（460）䐁，《广韵》渠殞切，上准群。"䐁"表示腹中或肠中的脂肪。《玉篇·肉部》："䐁，腹中䐁脂也。"也表示肌肉的突起部分。《素问·玉机真藏论》："身热脱肉而破䐁，真藏见，十月之内死。"王冰注："䐁，谓肘膝后肉如块者。"还可以指鸟兽脂肪聚集貌。《集韵·准韵》："䐁，兽脂聚貌。"黄侃《蕲春语》："今人通谓鸟膍胵，曰䐁肝，正以为脂所萦里耳。"

（461）胁，《广韵》力辍切，入薛来。"胁"指肠间的脂肪。《说文·肉部》："胁，肠间肥也。"段玉裁注："肥当作脂。"也指肋骨部分的肉。《说文·肉部》："胁，胁肉也。""胁"表"脂肪"义与表"肉"义有关，详见"油之上位词""膏"条下次语义场。

（二）其余词

（462）膋，《广韵》落萧切，平萧来。"膋"表示肠部的脂肪，又泛指脂肪。《说文·肉部》："膫，牛肠脂也。膋，膫或从劳省声。"黄树先认为用台语 lau² 与汉语该词比较。lau² 在台语里，也从不用来称植物油，与汉语"膋"不用来称植物油一致。认为"膋"应指动物脂肪，若仅仅指肠间脂，甚至仅仅指牛肠间脂未免过于偏狭。①

膫，《广韵》洛萧切，平萧来。"膫"指牛肠的脂肪。《说文·肉部》："膫，牛肠脂也。《诗》曰：'取其血膫。'"② 拟原始澳泰语为 *law/law "脂肪，油"。台语 *law，来自 *(law) law，与台湾排湾语 *lawlaw 对应。陈孝玲认为，原始澳泰语可与汉语"膫" *raw 比较。③

（463）膟¹/④，《广韵》吕恤切，入术来。"膟"表示肠间的脂肪。《广韵·术韵》："膟，肠间脂。"

（464）肭，《广韵》内骨切，入没泥。"肭"专指河豚腹中脂肪。宋赵彦卫《云麓漫钞》卷五："河豚腹胀而斑，状甚丑。腹中有白曰肭，有肝曰脂。肭最甘肥，吴人甚珍之，目为西施乳，东坡云'腹腴'

---

① 黄树先：《汉藏语论集》，华中科技大学出版社 2007 年版，第 134 页。
② [美]白保罗：《汉藏语言概论》，乐赛月等译，中国社会科学院民族研究所 1972 年版，第 286 页。
③ 陈孝玲：《侗台语核心词研究》，巴蜀书社 2011 年版，第 90 页。
④ "膟"有 2 个与水有关的义项：膟¹：油。膟²：血。

者是也。"

小结：我们考察发现，"肠部油脂"次语义场中有部分词与肉有关，如：腽、胈。其余词语需要进一步的考察。

四 胸部脂肪

如上所述，严格地说，"胸部脂肪"也不属于"吃喝之水"，却属于"油脂"类，我们附于其后。"胸部脂肪"次语义场包含2个词，分别是：臅、膈。

(465) 臅，《广韵》尺玉切，入烛昌。"臅"指胸中的脂膏。《礼记·肉则》："小切狼臅膏，以与稻米为酏。"郑玄注："狼臅膏，臆中膏也。"

(466) 膈，《广韵》先结切，入屑心。"膈"表示胸部的脂肪。《玉篇·肉部》："膈，臆中脂。"

小结："胸部脂肪"次语义场的词其词义来源有待进一步研究。

五 美容油脂

同上，严格的说，"美容脂肪"不属于"吃喝之水"，却属于"油脂"类，我们附于其后。"美容油脂"里包含2个词：泽、酥。

(467) 泽²，《广韵》场伯切，入陌澄。"泽"表示滋润头发和皮肤的油脂。《韩非子·显学》："故善毛啬、西施之美、无益吾面，用脂泽粉黛，则倍其初。"其"油脂义"可能与其"光泽"义有关，详见"湖泽"条下的"泽"。

(468) 酥²，《广韵》素姑切，平模切。"酥"表示搽脸的油脂。宋柳永《定风波·自春来》："暖酥消，腻云鬈，终日厌厌倦梳里。"

小结："美容油脂"次语义场的词其来源不太明确，需要进行后续研究。

六 其他油脂

"其他油脂"里包含的是不太好分类的表油脂义的词，一共有6个词。分别是：臀、臋、膒、醍、曆、膩。

（一）油膜与肥胖

（469）䐐，《广韵》乌谷切，入屋影。又乌酷切。"䐐"表示油膜。《广韵·沃韵》："䐐，膏膜。"也表示脂肪肥厚貌。《广韵·屋韵》："䐐，䐐膏，肥貌。"段玉裁《说文解字注·肉部》："䐐，膏肥貌。""䐐"其"油膜"义可能与"肥胖"有关，详见"油之上位词""膏"条下。

（二）其余词

（470）臈，表示脂膜。《字汇补·肉部》："臈，脂膜也。"

（471）膒，《广韵》乌侯切，平侯影。"膒"表示存放已久的油脂。《玉篇·肉部》："膒久脂也。"

（472）酴², 《广韵》杜奚切，平齐定。"酴酮"表示从酥酪中提制的奶油。《集韵·模韵》："酮，酴酮，酥之精液。"

（473）䏶，《广韵》郎击切，入锡来。"䏶腥"指强脂。《玉篇·肉部》："䏶，䏶腥，强脂。"

（474）贈，表示骨膏。《字汇·贝部》："贈，骨膏。"

小结："其他油脂"次语义场中，"䐐"的词义来源比较确定，其"油膜"义可能与"肥胖"有关。

第四节 饮料

"饮料"次语义场一共有8个词，分别是：滥、饮、凉（醶）、汤、灝、浆、醷（医）、清。

（一）饮料与浸渍/隐没

（475）滥¹①，《广韵》卢瞰切，去阚来。"滥"表示用水浸泡干桃、干梅而成的清凉饮料。《礼记·内则》："浆、水、醷、滥。"郑玄注："滥，以诸和水也。以《周礼》六饮校之，则滥，凉也。"陆德明释文："干桃、干梅皆曰诸。""滥"也表示水名。"滥"还可以表示浸渍。《管子·地图》："凡兵主者，必先审知地图轘辕之险，滥车之水，名山通谷经川，陵陆丘阜之所在，苴草林木蒲苇之所茂。"郭沫若等集校引陈奂云："滥，当读为渐。《诗·卫风》：'淇水汤汤，渐车帷裳。'

---

① "滥"有2个与水有关的义项：滥¹：饮料。滥²：水名。

渐，渍也。"也表示河水泛滥、满溢。《说文·水部》："滥，泛也。"

(476) 饮，《广韵》于锦切，上寝影。"饮"亦可以表示饮料。《古今韵会举要·寝韵》引《增韵》："饮，凡可饮者亦谓之饮。"俞敏认为藏文 skyem（饮，饮料）与其同源。①"饮"又指没入；隐没。《吕氏春秋·精通》："养由基射兕中石，矢乃饮羽，诚乎兕也。"高诱注："饮羽，饮矢至羽。"也是饮食的统称。《战国策·秦策一》："张乐设饮，郊迎三十里。"也表示喝。《玉篇零卷·食部》："饮，饮歠也。咽水也。"

(二) 饮料与温度

(477) 凉^2，《广韵》吕张切，平阳来。又力让切。"凉"指古代六种饮料之一。《周礼·天官·浆人》："浆人掌共王之六饮：水，浆、醴、凉、医、酏，入于酒府。"郑玄注："凉，今寒粥，若糗饭杂水也。"黄树先认为其来源与温度有关："凉包括冷饮、冷食。古代炒米，可加水煮成粥，冷食，故名。"②张博也持相似观点，认为"凉"与"飙"同源，来源于"寒冷"义。属于 * kjiang [大/硬/强/冷] 与 * njəg [小/软/弱/暖] 两组词源义相反的同族词相应分化的义衍同族词系列中 * kljiang [冷] 族。

> 凉，《诗·邶风·北风》："北风其凉，雨雪其雱。"《列子·汤问》："日初出，沧沧凉凉。"张湛注引《字林》："凉，微寒。"飙，《说文》："飙，北风谓之飙，从风，凉省声。"北风为秋冬之风，故"飙"寓寒义。③

醶，《广韵》吕张切，平阳来。"醶"同"凉"，浆水，古代六饮之一。《广雅·释器》："醶，浆也。"《周礼·天官·膳夫》："饮用六清。"汉郑玄注引郑司农云："六清，水、浆、醴、醶、医、酏也。"孙诒让正义："《释文》云，醶，本又作凉……案：此即浆人之六饮也。"

---

① 俞敏：《汉藏同源字谱稿》，《俞敏语言学论文集》，商务印书馆1999年版，第114页。
② 黄树先：《食物名探源》，《民族语文》2010年第5期，第17页。
③ 张博：《汉语同族词的系统性与验证方法》，商务印书馆2006年版，第159页。

(478) 汤⁵,《广韵》吐郎切,平唐透。"汤"表示饮料。宋朱彧《萍洲可谈》卷一:"今世俗客至则啜茶,去则啜汤。汤取药材甘香者屑之,或温或凉,未有不用甘草者。此俗遍天下。""汤"其"饮料"义由"热水"义引申而来。据黄金贵等:"汤"的本义热水、沸水,构成词素是水与煎煮。其引申遂分二系:一是从水衍生,温泉、护城河(比喻义)归之;二是从煎煮申发,药剂、茶水、煎汁饮料等义属之。①

(三)其余词

(479) 灝,《广韵》胡老切,上浩匣。"灝"表示豆浆。《说文·水部》:"灝,豆汁也。"桂馥义证引赵宦光曰:"释氏以灝浴身,故四月八日以豆浴佛。"(按:豆浆属于饮料、饮品。而且我们收集的语料当中只有这一个词明确表示豆浆,我们没有单独列出,把它归入"饮料"一类。)

(480) 浆³,《广韵》即良切,平阳精。"浆"表示古代一种酿制的微带酸味的饮料。《说文·水部》:"滺,酢滺也。"朱骏声通训定声:"今隶作浆。"

(481) 醷¹/②,《玉篇》于力切。"醷"表示梅浆。《礼记·内则》:"或以酏为醴、黍酏、浆、水、醷、滥。"郑玄注:"醷,梅浆。"陆德明释文:"醷,本又作臆。"又《集韵》隐巳切,上止影,同"医",指饮名。《集韵·止韵》:"医,和醴酏为饮也。或作醷。""醷"还可以表示酪。

医,《集韵》隐巳切,上止影。"医"指梅浆。《五音集韵·旨韵》:"医,梅浆。"也表示饮名。《周礼·天官·酒正》:"辨四饮之物,一曰清,二曰医,三曰浆,四曰酏。"郑玄注:"医,《内则》所谓或以酏为醴,凡醴浊,酿酏为之则少清矣。"

(482) 清³,《广韵》七情切,平清清。耕部。"清"表示淡薄的饮料。《周礼·天官·膳夫》:"饮用六清。"

小结:"饮料"次语义场中的词,有与浸渍/没入有关的,如:滥、

---

① 黄金贵、胡丽珍:《"羹"、"汤"辨考》,《湖州师范学院学报》2005年第6期,第5页。

② "醷"有2个与水有关的义项:醷¹:梅浆,饮名。醷²:酪的一种。

饮。有与温度有关的，如：凉（醇）、汤。

第五节 茶

"茶"次语义场有 6 个词，分别是：茶（荼）、槚、蔎、茗、荈、涮。

（一）茶与植物/叶子/芽

（483）茶，《广韵》宅加切，平麻澄。"茶"指用茶叶沏成的饮料。《京本通俗小说·冯玉梅团圆》："妇人口渴，徐信引到一个茶肆吃茶。"又指某些饮料或煎汁食品。如：杏仁茶；面茶；午时茶。三峡峡口方言有"鸡蛋茶"的说法，指水煮荷包蛋。峡口既有可以"喝"的茶，又有可以"吃"的茶。"吃"的茶，指的是具有副餐意义的汤圆儿、米酒（醪糟）和煮的荷包蛋等食物。①

黄树先认为"茶"并非早期汉语词，它来自巴蜀、南方诸语言的词。这些语言中，"茶"的早期形式是 * kla \\ kra。同时，黄树先"发现汉语早期文献中表示叶子的词跟汉藏语中表示叶子的词是有共同来源的"②。

我们进一步考察，发现"茶"与相关植物有一定的关系。"茶"表示茶树。《集韵·麻韵》："茶、搽、茶，茗也。或从木，亦省。"唐陆羽《茶经》："茶者，南方之嘉木也。一尺、二尺，乃至数十尺。……其字：或从草，或从木，或草木并。"

荼，《集韵》直加切，平麻澄。同"茶"。《尔雅·释木》："槚，苦荼。"郭璞注："树小如栀子，冬生叶，可煮作羹饮。今乎早采者为荼，晚取者为茗，一名荈，蜀人名之苦荼。"陆德明释文："荼，音徒。《埤苍》作'搽'。案：今蜀人以作饮，音直如反，茗之类。"黄树先认为"荼"是古蜀语词。且认为"荼"的茶义出现较晚。③ "顾炎武《日知录》卷七谓茗荈指茶，不见于《诗》、《礼》，'是知自秦人取蜀而后始有茗饮之事。'"王力认为，"荼"与"茶"同源。④

（484）槚，《广韵》古疋切，上马见。"槚"指茶。《尔雅·释

---

① 王作新：《三峡峡口方言词汇与民俗》，社会科学文献出版社 2009 年版，第 21—22 页。
② 黄树先：《汉藏语论集》，华中科技大学出版社 2007 年版，第 223 页。
③ 同上书，第 223、225 页。
④ 王力编：《同源字典》，商务印书馆 1982 年版，第 147 页。

木》:"槚,苦荼。"唐陆羽《茶经·一之源》:"其名一曰茶,二曰槚,三曰蔎,四曰茗,五曰荈。"

(485)蔎,《广韵》识列切,入薛书。"蔎"指茶。唐陆羽《茶经·一之源》:"其名一曰茶,二曰槚,三曰蔎,四曰茗,五曰荈。"原注:"杨执戟云:'蜀西南人谓茶曰蔎。'""蔎"也表示香草名。《说文》:"香艹也。"王筠句读:"当作艹香。刘向《九叹》:'怀椒聊之蔎蔎兮。'王注云:'蔎蔎,香貌。'"我们猜想,是不是因为"蔎"这种草比较香,进而拿来泡茶呢?有待进一步考证。

(486)茗,《广韵》莫迥切,上迥明。"茗"表示茶的通称。北魏杨衒之《洛阳伽蓝记·正觉寺》:"渴饮茗汁。""茗"不仅表示茶,还可以表示茶的芽。《说文新附·艹部》:"茗,茶芽也。"

(487)荈,《广韵》昌兖切,上狝昌。"荈"表示茶的老叶,即粗茶。也泛指茶。《三国志·吴志·韦曜传》:"或密赐茶荈以当酒。"又表示茶的老叶。《玉篇·艹部》:"荈,茶叶老者。"

(二)其余词

(488)涮¹①,《广韵》生患切,去谏生。"涮"表示茶别名。《龙龛手鉴·水部》:"涮,茶别名也。""涮"还可以表示水名。

小结:"茶"次语义场的词其来源比较接近:"茶(荼)"既表示茶树,也表示叶子;"槚"可以指梓树;"蔎"可以表示香草;"荈"表示老叶;"茗"指茶的芽。都与植物和叶子相关。另,山东临朐方言用"喝水"来表示"喝茶"②。我的老家湖南冷水江,有用"喝茶"代称"喝药"的用法。

第六节 醋

"醋"次语义场一共有 13 个词,分别是:醋、酨(酨)、醪、酢、酸、截、酪、酮、醯、醷、醯、醁、醎。

---

① "涮"有2个与水有关的义项:涮¹:茶别名。涮²:水名。
② 钱曾怡:《临朐方言简记》,《钱曾怡汉语方言研究文选》,山东大学出版社2008年版,第195页。

(一) 醋与醋味/嫉妒

(489) 醋，《广韵》仓故切，去暮清。"醋"指调味用的酸味液体，一般用粮食发酵制成。《广韵·暮韵》："醋，酱醋。《说文》作酢。""醋"可以表示味酸。唐白居易《东院》："老去齿衰嫌橘醋，病来肺渴觉茶香。"《洪武正韵·暮韵》："醋，酸也。"也可以引申为嫉妒（多指在男女关系上）。《红楼梦》第九回："因此贾瑞、金荣等一干人。也正醋妒他两个。"

(490) 醶²，《广韵》初槛切，上槛初。又鱼窆切。"醶"表示醋。《说文·酉部》："醶，酢将也。"也表示醋味。《广韵》力减切，上赚来。《广韵·赚韵》："醶，醶醶，醋味。"

醶，《广韵》鱼欠切，去醶疑。"醶"同"醶"，表示酢浆。《集韵·验韵》："醶，今俗作醶。"

(491) 醯，《广韵》初朕切，上寝初。又所斩切。"醯"表示醋。《广雅·释器》："醯，酢也。"又表示醋味。《广韵·赚韵》："醯，醋味。"又《寝韵》："醯，酢甚。"

(492) 酢，《集韵》苍故切，去暮清。"酢"表示调味用的酸味液体。《急就篇》第三章："酸醶酢淡辨浊清。"颜师古注："大酸谓之酢。"也表示酸味。宋李石《续博物志》卷十："木瓜味酢，善疗转筋。"

(493) 酸¹′①，《广韵》素官切，平桓心。"酸"表示醋。《说文·酉部》："酸，酢也。关东谓酢曰酸。""酸"还表示小雨。也表示酸味。《书·洪范》："炎上作苦，曲直作酸。"孔传："酸，木实之性。"孔颖达疏："木生子实，其味多酸，五果之味虽殊，其为酸一也，是木实之性然也。"也可以引申因嫉妒而感到心酸。《红楼梦》第六十八回："苦尤娘赚入大观园，酸凤姐大闹宁国府。"

(二) 其余词

(494) 酨²，《广韵》昨代切，去代从。又徒耐切。"酨"指醋。《广韵·代韵》："酨，醋也。""酨"的来源与"酒"相联系，详见"酒之上位词"条下"酨"。

---

① "酸"有2个与水有关的义项：酸¹：醋。酸²：小雨。

(495) 酪¹ʹ①，《广韵》卢各切，入铎来。"酪"指醋。《楚辞·大招》："鲜蠵甘鸡，和楚酪只。"王逸注："酪，酢酨也。""酪"除了表示醋，还指奶酪和粥类。

(496) 酮¹ʹ②，《广韵》徒红切，平东定。"酮"表示醋。《广雅·释器》："酮，酢也。"

(497) 醯，《广韵》呼鸡切，平齐晓。"醯"泛指醋。《仪礼·公食大夫礼》："宰夫自东房授醯酱。"《说文·皿部》："醯，酸也。"

(498) 醵²，《广韵》许角切，入觉晓。"醵"表示醋。《广雅·释器》："醵，酢也。"

(499) 醯，《改并四声篇海》引《川篇》音毯。"醯"泛指醋。《改并四声篇海·酉部》引《川篇》："醯，醋也。"

(500) 醅，《广韵》莫杯切，平灰明。"醅"表示醋之别名。《玉篇·酉部》："醅，醋名。"

(501) 醶，《广韵》初减切，上赚初。谈部。"醶"指醋。《说文·酉部》："醶，酢也。"

小结："醋"次语义场中的词其来源比较一致，多与酸味、醋味有关，如：醋、酸（酽）、醪、酢、酸。其中，"醋、酸"还能引申为嫉妒。另，据《汉语方言地图集·词汇卷》调查显示：西南官话有 4 个点：乐山、资中、大足、富顺地区是用"酸""酸酸""酸酸儿"等来表示"醋"的。大部分赣语地区用"酸酒""酸酒哩""甜酒""小酒""老酒""酒尾"等词来表示"醋"③。浙江长乐方言"醋"就用"酸醋"来表示。④

第七节 酪

"酪"属于非典型的液体类词。关于奶酪制品，我们一直以为起源比较晚。但"酪"表示奶酪制品我们所掌握的文献最早可见《释名》

---

① "酪"有 3 个与水有关的义项：酪¹：醋。酪²：奶酪。酪³：粥类。
② "酮"有 2 个与水有关的义项：酮¹：醋。酮²：醋。
③ 曹志耘：《汉语方言地图集·词汇卷》，商务印书馆 2008 年版，第 96 页。
④ 钱曾怡：《长乐方言词语选》，《钱曾怡汉语方言研究文选》，山东大学出版社 2008 年版，第 302 页。

《汉书》。我们也搜集到了不少表示奶酪的词，一共有 5 个。分别是：酪、酮、酥、酥、醷。

（一）酪与醋

（502）酪², 《广韵》卢各切，入铎来。"酪"表示用牛、羊、马等乳炼成的食品。《释名·释饮食》："酪，泽也，乳汁所作。"蒲立本认为"干酪"的名称来自匈奴语，① 我们认为可以商榷。"酪"表示"醋"在上古就存在了。《礼记·杂记》："食菜果，饮水浆，无盐酪。"而奶酪也是一种酸性食品，我们认为其来源应与"醋"义有关。"酪" *g·raag \\ *g·rak 与 "液" *laag \\ *k·lǎk 同源。

（503）酮², 《广韵》徒红切，平东定。"酮"表示用马奶制成的酪。《集韵·东韵》："酮，《埤苍》：'马酪也。'""酮"又表示醋，详见"醋"次语义场。

（二）酪与酒

（504）酥³, 《广韵》素姑切，平模切。"酥"，酪属，即牛羊乳制成的食品。《玉篇·酉部》："酥，酪也。""酥"也表示酒，详见"酒"条下。

（505）酥², 《玉篇》音桑。"酥"，酪属。清阮葵生《茶余客话》卷二十："酥之精曰醍醐，精去而气与质犹存，熟而茗之曰酪，生而陈之曰醷，醷取其气曰酥。""酥"又表示乳酒，详见"酒"条下"米酒"次语义场。

（三）其余词

（506）醷², 《玉篇》于力切。"醷"表示酪的一种。清阮葵生《茶余客话》卷二十："酥之精曰醍醐。精去而气与质犹存，熟而茗之曰酪，生而陈之曰醷，醷而取其气曰酥。"

小结："酪"次语义场的词其来源比较整齐，与醋有关的词有：酪、酮。与酒有关的有：酥、酥。"酪"为什么会与醋和酒有关？细想其实很简单，"酒"本身就是一种酸性饮料。说到底，"酪"还是与酸味有关。

---

① ［加拿大］蒲立本：《上古汉语的辅音系统》，潘悟云等译，中华书局 1999 年版，第 173—181 页。

第八节 糖

"糖"类词和"酪"类词一样，是非典型的液体类词。"糖"次语义场包含8个词，分别是：饴、蜜、餳（饧）、餹（糖）、釋、飴、餃、餵。季羡林曾专书讨论过"糖"的问题。先生认为，在先秦时代，人工制造的甜的东西主要有两种：一种叫 yi，一种叫 tang。其中，软一点、湿一点、稀一点的叫 yi。yi 这个音有的写作"饴"，有的写作"餳"。硬一点、干一点的叫 tang。tang 这个音有的写作"饧"，有的写作"餹"，有的直接用拼音（反切）的办法表示，写作"餦餭"，"张皇"，"粻餭"，"粻餭"，前者取其双声，后者取其叠韵，拼起来就是 tang。①

（一）糖与甜味

（507）饴，《广韵》与之切，平之以。"饴"指糖稀，用米、麦芽熬成的糖浆。《诗·大雅》："周原膴膴，堇荼如饴。"《吕氏春秋·异用》："仁人之得饴，以养疾侍老也。"高诱注："饴，饧。"《说文》："饴，米糵煎者也。"段玉裁《说文解字注》："者字今补。米部曰：糵，芽米也。火部曰：煎，熬也。以芽米熬之为饴，今俗用大麦。释名曰：饧，洋也。煮米消烂洋洋然也。饴，小弱于饧，形怡怡也。内则曰：饴蜜以甘之。"今指某些软糖类的糖果。如：高粱饴；绿豆饴。"饴"表示糖与其表示"甜"义有关。《周礼·天官·盐人》："王之膳羞共饴盐。"郑玄注："饴盐，盐之恬者，今戎盐有焉。"

（508）蜜，《广韵》弥毕切，入质明。"蜜"表示蜂蜜。《楚辞·宋玉〈招魂〉》："瑶浆蜜勺，宝羽觞些。"王逸注："言食已复有玉浆以蜜沾之，满于羽觞，以溯口也。""蜜"可以引申出"甜美"义。南朝梁简文帝《南郊颂》："朝叶与蜜露共鲜，晚花与熏风俱落。"明沈采《裴度香山还带记·裴度初相》："蜜口腹剑，林甫之佞无似。"

（二）其余词

（509）餳，《广韵》徐盈切，平清邪。"餳"表示饴加上糯米粉熬成的糖。《周礼·春官·小师》："小师掌教鼓……箫、管、弦、歌。"

---

① 季羡林：《季羡林文集第九卷——糖史（一）》，江西教育出版社1998年版，第6页。

汉郑玄注："管，如今卖饴饧所吹者。"也表示饴，糖稀。《玉篇零卷·食部》引《方言》："凡饴谓之饧。"也同"餹"。《集韵·唐韵》："餹，《方言》：'饧谓之餹。'或作饧。""饧"可以引申为"眼色朦胧"义。《西游记》第二十三回："只见那妇人出厅迎接，八戒饧眼偷看，你道他怎生打扮。"

饧，同"饧"。清程际盛《骈字分笺》卷上"饴饧"注："饧、饧一物，初无二义，其分为二字两音，当自陈以后始也。"季羡林则认为，"饧"和"饧"不是一个意思。①

（510）餹，《广韵》徒郎切，平唐定。"餹"原指饴糖，后作糖的通称，也作"糖"。《方言》卷十三："饧谓之餹。"唐慧琳《一切经音义》卷五十二："蔗糖，又作糖。以甘蔗为餹，今糖是也。""餹"不见于《说文解字》，但见于《方言》。季羡林认为"餹"比"饴""饧"出现得要晚。②

糖，《广韵》徒郎切，平唐定。"糖"表示从甘蔗、米、麦、甜菜等提炼出来的供食用的甜物质。《齐民要术·五谷果蔬菜茹非中国物产者》："《异物志》：'甘蔗，远近皆有。交趾所产甘蔗特醇好……斩而食之，既甘；迮取汁为饴饧，名之曰糖，益复珍也。'"《说文新附·米部》："糖，饴也。""糖"这个词，季羡林认为出现较晚，最早只能追溯到《玉篇》和《广韵》。③

（511）䅯，《广韵》古劳切，平豪见。"䅯"指饴；糖稀。《广韵·豪韵》："䅯，今之餹䬾曰䅯。"周祖谟校勘记："䅯，《集韵》作䅯，此以䅯作䅯，误。"

（512）铊，《集韵》陈知切，平支澄。"铊"表示用米、麦熬成的糖浆。《集韵·支韵》："铊，饴也。"

（513）饬，《广韵》古哀切，平咍见。"饬"表示饴糖。《方言》卷十三："饧谓之饬。"

（514）䭼，表示饴糖。唐段成式《酉阳杂俎·酒食》："饧谓之䭼，

---

① 季羡林：《季羡林文集第九卷——糖史（一）》，江西教育出版社1998年版，第6页。
② 同上书，第8页。
③ 同上书，第7页。

一曰餽。"

小结："糖"次语义场有部分词与甜味有关，如：饴、蜜。这与人的认知也是一致的。

第九节　酱

"酱"次语义场的成员众多，所以我们把"酱"再分成几个次语义场，分别是"酱之上位词""肉酱""鱼酱""蟹酱"以及"植物酱"等。

一　酱之上位词

"酱之上位词"次语义场包含7个词。分别是：醯、醝、醰、釃、鯦、醵、醵。

（一）酱与酒/喝酒/味道

（515）醯，《广韵》弥毕切，入质明。又《集韵》壁吉切。"醯"指酱，榆酱。《广雅·释器》："醯，酱也。"王念孙疏证："醳，摇榆酱也。醳与醯同。""醯"还可以表示把酒全部喝完。《说文·酉部》："醯，饮酒俱尽也。"

（516）醝²，《广韵》在诣切，去霁从。"醝"泛指酱。《广雅·释器》："醝，酱也。""醝"还可以表示酒，详见"酒"条下。"醝"还可以表示咸味。《广韵》："醝，咸也。"

（517）醰，《广韵》慈染切，上琰从。谈部。"醰"表示酱。《集韵·琰韵》："醰，酱也。""醰"还可以表示味薄。《玉篇·酉部》："醰，醰醅，味醨。"

（二）其余词

（518）釃，《集韵》楚快切，去夬初。"釃"表示酱。唐段成式《酉阳杂俎·酒食》："醯、醝、醰、釃、鲞，酱也。"《集韵·夬韵》："釃，《广雅》：'酱也。'"

（519）鯦，《广韵》楚夬切，去夬初。"鯦"表示酱。《玉篇·卤部》："鯦，南方呼酱。""釃"与"鯦"为同源词。

（520）醵，《广韵》居聿切，入屑见。"醵"指酱。《说文》："醵，酱也。"

(521) 䁾，《广韵》莫拨切，入末明。又《集韵》莫结切。"䁾酪"表示酱。《玉篇·酉部》："䁾，䁾酪，酱也。"

小结："酱之上位词"有部分词与酒/喝酒/味道有关，如：醓、醯、醬。

二　肉酱

"肉酱"次语义场一共有 11 个词，分别是：醢、菹（葅）、酱、脡、盠、䀋、胵、膗（肶）、腜（䕖、臗）、肥、脟。

（一）肉酱与酷刑

(522) 醢，《广韵》呼改切，上海晓。"醢"既指肉酱。《诗·大雅·行苇》："醓醢以荐，或燔或炙。"孔颖达疏："《释器》云：'肉谓之醢。'李巡曰：'以肉作酱曰醢。'"后泛指酱。《广雅·释器》："醢，酱也。""醢"表"肉酱"义可以引申出"古代一种酷刑，将人剁成肉酱"义。《左传·庄公十二年》："亦请南宫万以赂，陈人饮之酒，而以犀革裹之，比及宋，手足皆见，宋人皆醢之。""脯"有类似的引申。其本义表干肉。《说文·肉部》："脯，干肉也。"《诗·大雅》："尔酒既湑，尔殽伊脯。"引申出一种酷刑，使之成为干肉。《吕氏春秋·行论》："杀梅伯而醢之，杀鬼侯而脯之。"

(523) 菹，《广韵》侧鱼切，平鱼庄。"菹"表示肉酱。《礼记·少仪》："麋鹿为菹。"清段玉裁《说文解字注·艹部》："葅菹皆本菜称，用为肉称也。""菹"也可以引申出"将人剁成肉酱的酷刑"。《汉书·刑法志》："枭其首，菹其骨肉于市。"《淮南子·览冥》："菹人肝，饮人血。"

葅，《集韵》臻鱼切，平鱼庄。"葅"指用肉制成的酱。后作"菹"。《说文·血部》："葅，醢也。"王筠句读："《少仪》曰：'麋鹿为葅'……借菹，而不作葅，亦其宜矣。"朱骏声通训定声："《广雅·释器》：'盖谓之葅。'经史皆以菹为之。"

（二）其余词

(524) 酱，《广韵》子亮切，去漾清。"酱"指肉酱。《周礼·天官·膳夫》："珍用八物，酱用百有二十瓮。"郑玄注："酱谓醯、醢也。"

(525) 脡，《广韵》式连切，平仙书。"脡"既表示生肉酱。《说文·肉部》："脡，生肉酱也。"又《广韵》丑延切，平仙彻。指鱼酱。

《广韵·仙韵》：“䑍，鱼醢也。”值得一提的是，据吴宝安考察，西汉文献中不见此词。但东汉《说文》《释名》都收了此词。①

（526）䕰，《集韵》诸仍切，平蒸章。"䕰"表示用肉制成的酱。《广雅·释器》："䕰谓之蒀。"王念孙疏证："谓之以肉为蒀也。……蒀、葅、䕰并通。"

（527）䒱，《广韵》耎仍切，平蒸章。"䒱"指肉酱。《广韵·蒸韵》："䒱，俎也。""鲽"与"䒱"为同源词。

（528）䐈，《广韵》蒲口切，上厚并。又薄侯切，蒲侯切。"䐈"指肉酱。《说文·肉部》："䐈，豕肉酱也。"段玉裁注："《鱼部》曰：'鮨，鱼䐈酱也。'是鱼肉酱亦称䐈。"王筠句读："《公食大夫礼》有'牛鮨'，则䐈亦通名。"

（529）醓²，《广韵》他感切，上感透。"醓"表示肉酱。《诗·大雅·行苇》："醓醢以荐。"陆德明释文："醓，肉酱也。"

肬，《广韵》他感切，上感透。"肬"指多汁的肉酱，后作"醓"。《说文·肉部》："肬，肉汁滓也。"王筠句读："此醓之古字也。"段玉裁注："醓醢，正字当作肬，谓多肉汁之醢也。许云汁滓者，谓醓不同滈也。"

（530）胰，《集韵》人移切，平齐日。"胰"指带骨的肉酱。《说文·肉部》："胰，有骨醢。"通"臡"：《集韵·恨韵》："臡，肉酰。"《淮南子·诠言》："周公敕臡不收于前，钟鼓不解于县，以辅成王而海内平。"

臡，《广韵》奴低切，平齐泥。又诺何切。"臡"指带骨的肉酱，也作"胰"。《尔雅·释器》："肉谓之醢，有骨者谓之臡。"《说文·肉部》："胰，有骨醢也。臡，胰或从难。"

䏑，《集韵》人移切，平齐日。"䏑"同"胰"，表示杂骨肉酱。明杨慎《奇字韵·齐韵》："䏑，有骨醢也。《说文》作胰，俗曰肉泥。"

（531）胒，《篇海类编》女至切。"胒"表示杂骨肉酱。《释名·释饮食》："臡，胒也，骨肉相搏胒无汁也。"

（532）胾，《集韵》壮仕切，上止庄。"胾"表示带骨肉酱。《齐

---

① 吴宝安：《西汉核心词研究》，巴蜀书社2011年版，第137页。

民要术·作脾奥糟苞》:"作脾肉法:卢、马、猪肉皆得。"

小结:"肉酱"次语义场中有些词可以引申为酷刑,如:醢、菹(蘁)。这很有意思,值得一提。

三 鱼酱

"鱼酱"次语义场包括3个词。分别是:鮨、腒、薣。

(一) 鱼酱与肉

(533) 鮨,《广韵》渠脂切,平脂群。"鮨"指鱼酱。《尔雅·释器》:"肉谓之羹,鱼谓之鮨。"郭璞注:"鲊,鲊属。"郝懿行义疏:"鲊乃以盐藏鱼,鮨是鱼作酱。""鮨"又可以表示细切的肉。《仪礼·公食大夫礼》:"炙南醢以西,牛胾醢牛鮨。"郑玄注:"《内则》谓鮨为鐕。"

(二) 其余词

(534) 腒,《改并四声篇海》引《川篇》音制。"腒"表示鱼酱。《改并四声篇海·肉部》引《川篇》:"腒,鱼酱也。"

(535) 薣,《广韵》昨误切,去暮从。"薣"表示鱼酱。《广韵·暮韵》:"薣,鱼酱。"

小结:"鱼酱"次语义场中,"鮨"其鱼酱义来源可能与肉有关。

四 蟹酱

"蟹酱"次语义场包含2个词。分别是:蝑、胥。

(536) 蝑,《广韵》司夜切,去祃心。"蝑"表示蟹酱。《集韵》:"蝑,蟹醢。"

(537) 胥,《广韵》相居切,平鱼心。"胥"也表示蟹酱。《说文·肉部》:"胥,蟹醢也。"

五 植物酱

"植物酱"次语义场共有3个词。分别是:酴、鮺、䔧。"植物酱"次语义场中,"酴""鮺"都是表示榆酱。"䔧"表示茱萸酱。但其用料都来源于植物,所以都归入"植物酱"一类。

(538) 酴,《广韵》同都切,平模定。又度侯切,《集韵》大透切。鮺[2],莫胡切,平模明。《集韵》莫侯切。"鮺酴"表示榆酱。《释名·

释饮食》:"酳,投也,味相投成也。"毕沅疏证:"酱酳,榆酱也。"《说文·酉部》:"酱,酱酳,榆酱也。"段玉裁注:"榆酱用榆人为之,榆人者,榆子中人也。"

(539)䓤,《集韵》苦故切,去暮溪。"䓤"指茱萸酱。《集韵》:"䓤,捣茱萸为之,味辛而苦。"

小结:从"酱"次语义场的分类我们看出,先民们的"酱"制造主要原料还是动物和植物。其中,以动物居多,特别是肉类。这与其获取的难易程度有关。毕竟,肉较之鱼、蟹容易得到多了。

第十节 粥

"粥"次语义场包括"粥之上位词""稠粥""稀粥""麦粥""粥状食品""粥块"六个次语义场。

一 粥之上位词

"粥之上位词"次语义场共有7个词,分别是:飦、䊧、馇、鬻、鬻、䊰、糦。

(540)飦,《集韵》诸言切,平元见。"飦"泛指粥。《说文·鬻部》:"鬻,鬻也。飦或从食,衍声……键,或从(食),建声。"

(541)䊧,《广韵》缚谋切,平尤奉。"䊧"表示粥。《广雅·释器》:"䊧,饘也。"

(542)馇,《集韵》徒谷切,入屋定。"馇"表示粥。《玉篇·食部》:"馇,粥也。"

(543)鬻,《改并四声篇海》引《川篇》音育。"鬻"泛指粥。《改并四声篇海·鬻部》引《川篇》:"鬻,粥也。"

(544)鬻,《广韵》余六切,入屋以。又《集韵》之六切。"鬻"指粥。《说文·弼部》:"鬻,鬻也。"段玉裁注:"按此切'余六',鬻,切'之六',本分别不同,后人以'鬻'之切为'鬻'之切,而混误日甚。"一说同"粥"。

(545)鬻,《广韵》莫结切,入屑明。又莫拨切。"鬻"表示粥类。《玉篇·鬲部》:"鬻,凉州谓粥为鬻。"

(546) 粆,《广韵》无沸切,去未微。"粆"泛指粥。《广雅·释器》:"粆,饘也。"王念孙疏证:"粆之言微,粖之言末也。《玉篇》'粿,粥粖也。'或作粆。"

二 稠粥

"稠粥"次语义场包括7个词,分别是:糜、餬(餰)、糊(饘)、饘(饘)、殷、黎(黎)餰。

(一) 稠粥与食物的碎粒

(547) 糜,《广韵》靡为切,平支明。"糜"表示稠粥。《礼记·月令》:"(仲秋之月)是月也,养衰老,授几杖,行糜粥饮食。"《说文·米部》:"糜,糁也。"段玉裁注:"以米和羹谓之糁糜,亦谓之饘。""糜"又表示米的碎粒。《广雅·释器》:"糜,糊也。"王念孙疏证:"糊,通作屑。糊之言屑屑也。《玉篇》:'糊,碎米也。'《广韵》云:'米麦破也。'"浙江长乐方言用"饭汤"来表示剩米饭煮的稀饭。[①]

(二) 其余词

(548) 餬,《广韵》户吴切,平模匣。"餬"表示稠粥。《尔雅·释言》:"餬,饘也。"郭璞注:"餬,糜也。"邢昺疏:"餬、饘、饘、糜,相类之物,稠者曰糜,淖者曰饘。餬、饘是其别名。"

餰,《集韵》洪孤切,平模匣。"餰"同"餬",指稠粥。《集韵·模韵》:"饘",《说文》:"键也。"或作餰,通作餬。

(549) 糊²,《广韵》户吴切,平模匣。"糊"指稠粥。唐冯贽《云仙杂记》五引《宣武盛事》:"日用麦一斗为糊,以供缄封。"

饘,《集韵》洪孤切,平模匣。"饘"同"糊",表示粥类。《说文·粥部》:"饘,键也。"段玉裁注:"饘,《释言》:'餬,饘也。'当作此字。今江苏俗粉米麦为粥曰餬。""餬(餰)""糊(饘)"都为鱼部字,且都表示稠粥。我们认为其是同一个来源。

(550) 饘,《广韵》诸延切,平仙章。又旨善切。"饘"表示稠粥。《礼记·檀弓上》:"饘粥之食。"孔颖达疏:"厚曰饘,希曰粥。"

[①] 钱曾怡:《长乐方言词语选》,《钱曾怡汉语方言研究文选》,山东大学出版社2008年版,第299页。

鬻，"鬻"同"饘"。《龙龛手鉴》："鬻，粥也。与饘同。"

（551）毇，《广韵》许委切，上纸晓。"毇"指饘；稠粥。《广雅·诗器》："毇，饘也。"

（552）黎，《集韵》良脂切，平脂来。"黎"表示饘，即厚粥。《集韵·脂韵》："黎，饘也。"

黎，《集韵》良脂切，平脂来。"黎"表示稠粥。也作"䉠"。《集韵·脂韵》："黎，饘也。或从米。"

（553）䉛，《广韵》居六切，入屋见。"䉛"指厚粥。《广雅·释器》："䉛，饘也。"

小结："稠粥"次语义场的词，有部分词与食物有关，如：糜。

三 稀粥

"稀粥"次语义场共有 2 个词，分别是：粥（鬻）、酏。

（554）粥，《广韵》之六切，入屋章。"粥"表示稀饭。也泛指粮食或其他东西煮成的半流质食物。《礼记·檀弓上》："饘粥之食，自天子达。"孔颖达疏："厚曰饘，希曰粥。"藏语的粥 thug 与其同源。① 丁邦新等认为瑶语"粥"的说法跟汉语"粥"* ʔljug \\ tjŭk 对应，如：江底 tswo⁷，罗香 tɕwo⁷，梁子 sou⁷ < * tswuk⁷。古代"羹"是用肉或菜调以五味做成的有汤食品……一部分侗台语称"粥"为"羹"是原始汉藏语方言的差异，如："粥"侗语 qeŋ¹，水语 qeŋ¹，毛南 ceŋ¹，傣雅 kjaŋ¹。傣雅语称"菜汤"为 nam⁴ kjaŋ¹；称"粥"为 xau³ kjaŋ¹，xau³ 义为"饭"。泰语的 kɛːŋ¹ 只指"汤菜"；相反，藏文称"肉汤"作 thug。② 沙加尔认为"粥"其来源与"养育"有关：词根为 * yuk（养育），同源词又有"育"* ᵇluk > yuwk（养育）、"畜"* ᵇq (r) – hluk > xjuwk、* ᵇq (r) – hluk – s > xjuwkH、* ᵇhluk > trhjuwk（养育）、"鞠"* ᵇk – luk > kjuwk（养育）。③

鬻，《广韵》余六切，入屋以。又《集韵》之六切。"鬻"同"粥"。

---

① 俞敏：《汉藏同源字谱稿》，《俞敏语言学论文集》，商务印书馆 1999 年版，第 83 页。
② 丁邦新、孙宏开：《汉藏语同源词研究（二）——汉藏、苗瑶同源词专题研究》，广西民族出版社 2001 年版，第 116 页。
③ [美] 沙加尔：《上古汉语词根》，龚群虎译，上海教育出版社 2004 年版，第 107 页。

《尔雅·释言》："鬻,糜也。"郝懿行义疏："鬻者,经典省作粥而训糜。"

(555) 酏[2],《广韵》弋支切,平支以。又移而切。"酏"表示稀粥。《周礼·天官·酒正》："辨四饮之物,一曰清,二曰医,三曰浆,四曰酏,掌其厚薄之齐。"郑玄注："酏,今之粥。"

四 麦粥

我们的先民也曾以食物原料来对"粥"进行命名,有专门的"麦粥"。"麦粥"次语义场有 2 个词,分别是:飵、麮。

(556) 飵,《广韵》昨误切,去暮从。又在各切。方言,古人相见后请吃麦粥。"飵"指麦粥。《方言》卷一："餥、飵,食也。陈、楚之内相谒而食麦饘,谓之餥,楚曰飵。凡陈、楚之郊,南楚之外相谒而飧,或曰飵,或曰鲇。"

(557) 麮,《广韵》丘倨切,去御溪。又羌举切。"麮"指大麦粥。《说文·麦部》："麮,麦甘鬻也。"

五 粥状食品

"粥状食品"次语义场共 3 个词,分别是:饆、餰(饡)、酪。

(558) 饆,《字汇补》移尔切。"饆"表示用油和稻米粉制成的粥状食品。《字汇补·食部》："饆,膏厌类。"

(559) 餰,《广韵》则旰切,去翰精。"餰"指用油和稻米粉制成的粥状食品。《周礼·考工记·玉人》："天子用全,上公用龙,侯用瓒,伯用将。"汉郑玄注："瓒读为饘餰之餰。"贾公彦疏："瓒读饘餰之餰者,醢人职有饘食,汉时有膏餰。"

饡,《广韵》则旰切,去翰精。"饡"同"餰"。《集韵·换韵》:"饡,以膏煎稻为酏也。古作餰。"

(560) 酪[3],《广韵》卢各切,入铎来。"酪"表示糊粥状食品。《汉书·食货志上》:"又分遣大夫谒者教民煮木为酪。"颜师古注:"服虔曰:'煮木实,或曰如今饵术之属也。'如淳曰:'作杏酪之属也。'"

武汉方言有"水饭",表示三个义项:1. 指祭奠亡人时所用的水(酒)和饭。2. 指粥(稀饭)。3. 指水浸过的饭。4. 指"米饭和水再煮,不去其汤者（如绿豆水饭）"①。

六　粥块

"粥块"小词族只有 1 个词：籸。因为其专门表示凝结的粥块，我们单独列出。

（561）籸，《广韵》所臻切，平臻生。"籸"表示凝结的粥块。《玉篇·米部》："籸，粥凝也。"

底下还有一个词：糨。"糨"属于粘稠物质，我们也把它附在"粥"次语义场之后。

（562）糨，《篇海类编》其亮切。"糨"表示用面粉等做成的可以粘贴物品的东西。《清朝野史大观·清朝史料·陆鹿京雪罪云游》："（许周父）平日待之甚厚，此祭手持糨一盂，于门上遍贴封条。"

小结："粥"次语义场里的词还需进一步研究。

---

① 朱建颂：《武汉方言概要》，华中师范大学出版社 2009 年版，第 78 页。

第六章 身体之水

第一节 体液之上位词

"体液之上位词"包含4个词,分别是:泽、津(盡)、浸、汋。

(一)体液与恩泽/润泽

(563)泽³,《广韵》场伯切,入陌澄。"泽"表示津液。《素问·疏五过论》:"尝富大伤,斩筋绝脉,身体复行,令泽不息。"王冰注:"身体虽已复旧而行,且令津液不为滋息也。何者?精气耗减也。泽者,液也。"还表示唾液或者汗水。《礼记·玉藻》:"父没而不能读父之书,手泽存焉尔。母没而杯圈不能饮焉,口泽之气存焉尔。"这个词可以分别表示津液、唾液或者汗水,既然都是表示身体类的水,那么我们把它归于上位词,不再分别列出。"泽"其"体液"义与"恩泽、润泽"义有关,详见"湖泽"条下的"泽"以及第九章。

(二)其余词

(564)津²,《广韵》将邻切,平真精。"津"表示有机体的体液。《素问·调经论》:"人有精气津液。"王冰注:"腠理发泄,汗出腠理(溱溱),是谓津。"

盡,《集韵》资辛切,平真精。《说文·血部》:"盡,气液也。"徐锴系传:"今作津,借也。""盡"表示有机体的体液。后作"津"。

(565)浸¹①,《广韵》将邻切,平真精。"浸"表示津液。《广韵·真韵》:"浸,气之液也。""浸"又表示水名。

---

① "浸"有2个与水有关的义项:浸¹:津液。浸²:水名。

（566）汋[1]①，《广韵》士角切，入觉崇。又市若切。"汋"指人的体液。《释名·释形体》："汋，泽也，有润泽也。"王先谦疏证补："王启原曰：本篇后文'自脐以下曰水腹，水汋所聚也'，又云'胪，鞄也，主以虚承水汋也'。凡二见。是成国专以汋为胪中之水。""汋"又表示水名。

小结："体液之上位词"有部分词与恩泽/润泽有关，如：泽。

第二节　汗液

"汗液"次语义场共有表示汗液的词3个，分别是：汗、䘐、瀺。

（一）汗液与出汗/润泽

（567）汗，《广韵》侯旰切，去翰匣。"汗"表示汗液。《说文·水部》："汗，人液也。"段玉裁注："汗，身液也。各本作人，今依《太平御览》订。""汗"的"汗液"义来源应与"出汗、润泽"义有关，详见第八章。

（二）其余词

（568）䘐，《改并四声篇海》引《川篇》乃伏切。"䘐"表示汗。《改并四声篇海·血部》引《川篇》："䘐，汗也。"

（569）瀺，《广韵》士减切，上豏崇。"瀺"指手足及身体所处的汗液。《史记·扁鹊仓公列传》："阴气者，病必入中，出及瀺水也。"张守节正义引顾野王曰："手足液，身体汋。"

小结："汗液"次语义场中，有与出汗/润泽义有关的词，如：汗。

第三节　唾液

表示"唾液"义的词一共有6个，分别是唾（湤）、涎（漾、㳂）、沫、汶、聚、嗸。

（一）唾液与吐唾沫/愤怒/鄙弃

（570）唾，《广韵》汤卧切，去过透。"唾"指口液；唾沫。《素

---

① "汋"有2个与水有关的义项：汋[1]：体液。汋[2]：水名。

问·宣明五气篇》："脾为涎，贤为唾。""唾"其"唾沫"义的来源应与其"吐唾沫"义有关，而后可以衍化成表达某种鄙弃或愤怒的感情。详见第八章。

溾¹①，《广韵》汤卧切，去过透。"溾"同"唾"，指口液，唾沫。《说文·口部》："唾，口液也。溾，唾或从水。""溾"也指水名。

（二）唾液与羡慕

（571）涎¹②，《广韵》夕连切，平仙邪。"涎"表示口水。《玉篇·水部》："涎，口液也。湎，同上。亦作次。"按：《说文》作"次"。"涎"还表示黏液。山东临朐方言"口水"义用"斜涎"表示。③ "涎"由"口水"义派出"羡慕"义，详见第八章。

渶，《集韵》徐连切，平仙邪。"渶"，同"涎"，表示唾液。《集韵》："渶，《说文》：'慕欲口液也。'或作涎、渶。"

陊，《龙龛手鉴》徐延反。"陊"同"涎"，指唾液。《龙龛手鉴·阜部》："陊，正作陊，口液也。"

（三）其余词

（572）沫²，《广韵》莫拨切，入末明。"沫"表示口中津液；涎沫。《庄子·大宗师》："泉涸，鱼相与处于陆，相呴以湿，相濡以沫，不如相忘于江湖。"

（573）汶¹④，《广韵》无分切，平文微。"汶"指粘唾。《广韵·文韵》："汶，黏唾。""汶"还指水名。

（574）㸔，《改并四声篇海》引《俗字背篇》音药。"㸔"是道教专用字，指自己口中津液。《改并四声篇海·水部》引《俗字背篇》："㸔，太上作，张道忠添注：从自从家从水为㸔，与药同音，使用有殊。自家水者，是人人各自己口中津液也。《仙经》云'华池神水，流入渊波'是也。又云：'休言九载三千日，一日虩成便见功。'若人恒常吞咽津液，自然寿长也。"

---

① "溾"有2个与水有关的义项：溾¹：唾液。溾²：水名。
② "涎"有2个与水有关的义项：涎¹：口水。涎²：黏液。
③ 钱曾怡：《临朐方言简记》，《钱曾怡汉语方言研究文选》，山东大学出版社2008年版，第194页。
④ "汶"有2个与水有关的义项：汶¹：粘唾。汶²：水名。

(575) 漦¹①，《广韵》俟甾切，平之崇。"漦"表示鱼或龙的涎沫。《国语·郑语》："夏后卜杀之与去之与止之，莫吉；卜请其漦而藏之，吉。"韦昭注："漦，龙所吐沫，龙之精气也。""漦"又指水名。

小结："唾液"次语义场有部分词与吐唾沫/愤怒/鄙弃有关，如：唾（涶）。有部分词与羡慕有关，如：涎（漾、陲）。

第四节　眼泪

表示"眼泪"的次语义场里一共有6个词。分别是涕、泣、泪、灖、血、汁。

（一）眼泪与流泪

(576) 涕¹②，《广韵》他计切，去霁透。又他礼切。"涕"表示眼泪。《楚辞·离骚》："长太息以掩涕兮，哀民生之多艰。"洪与祖补注："掩涕，犹抆泪也。"王凤阳认为，"涕""泣""泪"都可能来源于"滴沥"这一复辅音词。"泪"可能是"泣"的后起字，是分出"泣"名词义的。③"涕"的"眼泪"义与其"流泪"义有关，我们在第八章进行详细讨论。"涕"还指鼻涕和痰。

(577) 泣，《广韵》去急切，入缉溪。"泣"表示眼泪。《诗·邶风·燕燕》："瞻望弗及，泣涕如雨。""泣"的"眼泪"义可能与其"流泪"义有关，我们在第八章进行详细讨论。

(578) 泪，《广韵》力遂切，去至来。"泪"表示眼泪。《战国策·燕策三》："高渐离击筑，荆轲和而歌，为变徵之声，士皆垂泪涕泣。"汪维辉认为，上古汉语管眼泪叫"涕"，也叫"泣"。"泪"在战国时期也已经出现，但常用的还是"涕""泣"。据先生考察，汉魏时期的翻译佛经中以"泪"为主。魏晋以后，"泪"出现频率激增，多见于文人诗赋。从东汉中期开始，"泪"的使用才明显增多。"泪"在口语上取代"涕""泣"不晚于汉末，在文学语言中，到六朝后期"泪"也已占主导地

---

① "漦"有2个与水有关的义项：漦¹：涎沫。漦²：水名。
② "涕"有3个与水有关的义项：涕¹：眼泪。涕²：鼻涕。涕³：痰。
③ 王凤阳：《古辞辨》，吉林文史出版社1993年版，第134页。

156 汉语液体核心词研究

位。①"泪"的"眼泪"义与其"流泪"义有关,我们在第八章进行详细讨论。

(二)眼泪与灌注

(579)瀷,《集韵》朱欲切,入烛章。"瀷"指泪水。《集韵·烛韵》:"瀷,目汁。""瀷"其"泪水"义可能与灌注义有关,《大戴礼记·劝学》:"譬之如洿邪,水潦瀷焉,莞蒲生焉。"我们在第八章详细讨论。

(三)眼泪与血液

(580)血¹,②《广韵》呼决切,入屑晓。"血"可以表示悲痛的泪水。《易·屯》:"乘马班如,泣血涟如。""血"也可以指血液。"血"指"眼泪"义应与其表"血液"义有关。当人哭到一定程度,会把眼泪流干,接下来就流血了。在我的老家湖南,就有这样一种说法:把流眼泪叫"滴血"tia⁴⁵tye³³(音标参见《新化方言丛书》),③ 表达一种对哭泣的厌恶之情。

(四)其余词

(581)汁²,《广韵》之入切,入缉章。"汁"也可以指眼泪。《释名·释形体》:"汁,涕也,涕涕而出也。"

小结:"眼泪"次语义场的词其来源多与其相关动作有关。"涕、泣、泪"与"流泪"义有关,"瀷"与"灌注"义有关,"血"与"血液"义有关。其中,眼泪与流泪的关系密切,在其他语言中也有相类似的词义发展:英语 weep 也能表示"哭泣、流泪"和"眼泪"两种意义。④ 法语 pleur,1. 哭泣,流泪,眼泪,泪水。2. 浆液。⑤

第五节 鼻涕

"鼻涕"这一个次语义场里有 3 个词,分别是洟(鼽)、涕、泗。

---

① 汪维辉:《东汉—隋常用词演变研究》,南京大学出版社 2000 年版,第 32—37 页。
② "血"有 2 个与水有关的义项:血¹:泪水。血²:血液。
③ 罗昕如:《新化方言丛书》,湖南教育出版社 1998 年版。
④ [英] A.S. 霍恩比编:《牛津高阶英汉双解词典》,王玉章等译,商务印书馆 2009 年版。
⑤ 张寅德编:《新法汉词典》,上海译文出版社 2000 年版,第 166 页。

（一）鼻涕与擤鼻涕

（582）洟，《广韵》他计切，去霁透。又以脂切。"洟"指鼻涕。《易·萃》："齐咨涕洟，无咎。"陆德明释文引郑玄注："自目曰涕，自鼻曰洟。"据汪维辉，上古汉语管眼泪叫"涕"或"泣"，管鼻涕叫"洟"或"泗"。由"泪"的侵入，原来"涕、泣—洟、泗"相对立的局面被打破，"涕"逐渐由专指眼泪而兼指鼻涕，"洟、泗"被淘汰出这一语义场。成为"泪—涕"相对立的新格局。① "洟"其"鼻涕"义与"鼻子"以及"擤鼻涕、流鼻涕"义有关，详见第八章。

𰀀，《集韵》他计切，去霁透。又许几切。"𰀀"同"洟"，指鼻涕。《集韵·霁韵》："洟，《说文》：'鼻液也。'或作𰀀。"

（二）鼻涕与眼泪

（583）涕²，《广韵》他计切，去霁透。又他礼切。"涕"表示鼻涕。《素问·解精微论》："脑者，阴也；髓者，骨之充也，故脑渗为涕。"王冰注："鼻窍通脑，故脑渗为涕，流于鼻中矣。"王凤阳认为上古"涕"指眼泪或者掉泪，与鼻涕无关。② "涕"其"鼻涕"义应来源于其"眼泪"义。

（三）其余词

（584）泗¹/③，《广韵》息利切，去至心。"泗"表示鼻涕。《诗·陈风·泽陂》："寤寐无为，涕泗滂沱。"毛传："自目曰涕，自鼻曰泗。"

小结："鼻涕"次语义场其词的来源各不相同。"洟"可能与"擤鼻涕、流鼻涕"义有关。"涕"与其"眼泪"义有关。"泗"还待进一步考证。

另外，丁邦新等采集的苗瑶语方言"鼻子""鼻涕"的说法一致：巴哼 njɔ⁴⁴，优诺 mui³²。优勉：鼻子 bju:i¹³，鼻涕 bjut¹²。标敏：鼻子 bli²¹，鼻涕 blit²¹。藻敏：鼻子 bji²²，鼻涕 bjit²²。④ 这一观点得到黄树先的赞同：

---

① 汪维辉：《东汉—隋常用词演变研究》，南京大学出版社 2000 年版，第 32—37 页。
② 同上书，第 134 页。
③ "泗"有 2 个与水有关的义项：泗¹：鼻涕。泗²：水名。
④ 丁邦新、孙宏开：《汉藏语同源词研究（二）——汉藏、苗瑶同源词专题研究》，广西民族出版社 2001 年版，第 187 页。

汉语的内部材料可以看出，"鼻子、鼻涕"可以用一个词来表示。《陈风·泽陂》："涕泗滂沱。"传："自目曰涕，自鼻曰泗。"字或作洟，《玉篇》音鼻："涕也。"字或作齉。《红楼梦》第十回："忽听一位高声叫道：咱们有头发的，戴着帽子还怕冷，骆年兄头上无毛，受不住冷，别叫他光着这秃脑袋冻出齉子来。"黄陂人管鼻子、鼻涕都叫"鼻子"。

藏缅语的"鼻子"和"鼻涕"也是有联系的：藏语 sna，内瓦尔语 hna－sa，马加里语 hna，迪马尔语 hna－pu，迪加罗语 həna－gam～hnya－gom（注意腭化作用），怒语 śəna，卡杜语 sna，缅语 hna，卢舍依语 hna·r，"鼻子"，列普查语 nyo"鼻涕"，藏缅语＊s－na。藏语 snabs，缅语 hnap，卢舍依语 hnap"鼻涕"，藏缅语＊s－nap。

白保罗所举的例子，藏缅语的"鼻子"，列普查语 nyo 就当"鼻涕"讲。这就有了类型学的依据。藏语、缅语通过加词尾来表示"鼻涕"，是形态的变化。①

第六节 尿液

"尿液"次语义场共有6个词，分别是：尿（溺）、溲、便、溟、私、旋。

（一）尿液与撒尿

(585) 尿，《广韵》奴吊切，去啸泥。"尿"表示尿液。《说文·尾部》："尿，人小便也。""尿"其"尿液"义应与"撒尿"义相关，详见第八章。

溺[1]②，《集韵》奴吊切，去啸泥。"溺"同"尿"，指小便。《庄子·人间世》："夫爱马者，以筐盛矢，以蜄盛溺。""尿液"义其来源还可能与"水"有关。"溺"还可以表示水名。《广韵》而灼切，入乐日。

---

① 黄树先：《比较词义的几个问题》，《汉藏语学报》商务印书馆2007年版，第130页。
② "溺"有2个与水有关的义项：溺[1]：小便。溺[2]：水名。

药部。《说文·水部》:"溺,水。自张掖删丹西至酒泉合黎,余波入于流沙。"其他语言中也有类似的语义演变,转引黄树先的材料:汉语小便叫"放水火""湿湿",都跟水有关。元杂剧,"湿湿",用作动词,指小解;用作名词,指小便。冀鲁官话"湿湿",幼儿尿尿。印度尼西亚语 seni"细小的",air"水",airseni"小便",字面意思是"小水",这是很文雅的说法。黄陂话小便也说"小水"。德语 feuchten"弄湿,沾湿;(兽类)撒尿";nässen"动词,使……湿润;渗水;(野兽)撒尿";pieseln"下小雨;小便";pinkeln"撒尿;下雨";schiffen"尿;下大雨"①。

(586)溲¹/②,《广韵》疎有切,上有生。"溲"表示尿液。《后汉书·张湛传》:"湛至朝堂,遗失溲便,因自陈疾笃,不能复任朝事,遂罢之。"李贤注:"溲,小便也。""溲"也指水名。"溲"其"尿液"义应与其"撒尿"义有关,详见第八章。

(587)便,《广韵》婢面切,去线并。"便"指粪、尿。《本草纲目·草部·乌头》:"草乌头一两,童便浸七日,去皮。"又表示排泄大小便。《汉书·张安世传》:"郎有醉小便殿上。"详见第八章。

(588)溏,《改并四声篇海》引《川篇》病线切。"溏"表示小便。《改并四声篇海·水部》引《川篇》:"溏,小溏也。""溏"其"小便"义应与"便"有关。

(二)尿液与秘密/隐秘之事

(589)私,《广韵》息夷切,平脂心。"私"指溲溺;小便。《左传·襄公十五年》:"师慧过宋朝,将私焉。"杜预注:"私,小便也。"藏语 gtsi-ba"小便"来自藏-缅语 *ts(y)i。③ 可与汉语的"私"*sil * sǐl 比较。"私"表示"小便"与其表示"个人的,自己的"有关。《书·周官》:"以公灭私,民其允怀。"孔颖达疏:"以公平之心灭己之私欲。"由"个人的,自己的"引申为"秘密,隐秘之事"。《礼记·曲礼上》:"毋侧听。"汉郑玄注:"嫌探人之私也。"我们认为,"私"表示"小便"应属于临时用法。小便本就是秘密的事,由"秘密,隐秘之事"

---

① 黄树先:《比较词义探索》,巴蜀书社 2012 年版,第 368 页。
② "溲"有 2 个与水有关的义项:溲¹:尿液。溲²:水名。
③ 白保罗:《汉藏语言概论》,乐赛月等译,中国社会科学院民族研究所 1972 年版,第 55 页。

义发展到代指"小便"义是顺理成章的事。

(三) 其余词

(590) 旋,《广韵》似宣切,平仙邪。"旋"指小便。《左传·定公三年》:"邴子在门臺,临廷。阎以瓶水沃廷。邴子望见之,怒。阎曰:'夷射姑旋焉。'"杜预注:"旋,小便。"

小结:"尿液"次语义场的大部分词都与撒尿有关,如:尿(溺)、溲、便、溅。也有部分词是由秘密、隐秘之事代指小便,如:私。

第七节 精液

"精液"次语义场包含 5 个词,分别是:精、阳、渧、毷、屣。

(一) 精液与精华

(591) 精,《广韵》子盈切,平清精。"精"指精液。清谭嗣同《仁学》:"童而精少,老而闭房。""精"最初指优质纯净的米。《论语·乡党》:"食不厌精,脍不厌细。"刘宝楠正义:"精者,善米也。"引申为精华。《易·乾》:"刚健中正,纯粹精也。"李鼎祚集解引崔觐曰:"言乾是纯粹之精,故有刚健中正之四德也。"

(二) 精液与生殖器

(592) 阳,《广韵》与章切,平阳以。"阳"表示精液。元王恽《玉堂嘉话》卷六:"女子七七四十九阴绝,男子八八六十四阳绝,过此为婚为野合。""阳"其本义是指山的南面或水的北面。《周礼·秋官·柞氏》:"夏日至,令刊阳木而火之。"其"精液"义应来源于其"男性生殖器"义。唐顾况《囝》:"囝生南方,闽吏得之,乃绝其阳,为臧为获。"

(三) 精液与滴下

(593) 渧,《广韵》都计切,去齐端。"渧"指精液。佛家称女精为赤渧,男精为白渧。《摩诃止观》七上:"吐泪赤白二渧和合,托识其中,以为体质。""渧"其"精液"义可能与"渗""滴"等动作有关,详见第八章。

(四) 精液与骂人

(594) 毷,"毷",方言,指精液。引申为詈词。戈壁舟《我迎着阳光》:"不是我来种,饿死你狗毷。"魏钢焰《宝地——宝人——宝事·旗手刘西有》:"非把你尕髁饿死才趁我的心咧!"

(595)屄,精液的俗称。也可以用来骂人。讥笑人软弱无能。如:屄包;这人真屄。

小结:"精液"次语义场的词其来源各不相同。部分词与精华有关,如:精。部分词与生殖器有关,如:阳。部分词与滴下义有关,如:㴵。部分词可以表示骂人的话,如:髁、屄。

第八节 血液

"血"在各核心词表里都是最核心的词。"血"次语义场共有14个词,分别是:血、𧖒、红、衃、衁、瘀、经、㶸、衅、脺、衊、衋、衃、遺。

(一)血液与涂染/血统/红色

(596)血², 《广韵》呼决切,入屑晓。"血"本义指古代作祭品用的牲畜的血。《诗·小雅·信南山》:"执其鸾刀,以启其毛,取其血膋。"《说文·血部》:"血,祭所荐牲血也。"段玉裁注:"不言人血者,为其字从皿,人血不可入于皿,故言祭所荐牲血。""血"又表示血液。《左传·襄公九年》:"与大国盟,口血未干而背之,可乎?"还指妇女月经。《金匮要略·妇人》:"下血者,后断三月,衃也。"

"血"出现较早,据郑春兰,甲骨文里就有"血",即器皿中有血块状。[①]"血"其"血液"义应与其"用鲜血涂沾;涂、染"义有关,详见第八章。"血"可以引申出"血缘、血统"义。《太玄·玄错》:"亲附疏,割犯血。"俞樾平议:"血与疏对文,则血是亲近之义,犹言骨肉也。"《梁书·刘杳传》:"王僧孺被敕撰谱,访查血脉所因。"转引黄树先语料:汉语有"血缘""血统"这些词,可以比较印度尼西亚语:darah"血;血统,血缘,血亲",darahdaging"骨肉,亲人",照字面意思直译就是"血肉"。英语 blood"血;亲属,血统"。法语 sang"血;血统,门第;儿女,孩子"。西班牙语 sangre"血;血统,血缘"。捷克语

[①] 郑春兰:《甲骨文核心词研究》,博士学位论文,华中科技大学,2007年,第73页。

krev"血；血统，血亲，血族"①。再看侗台语，转引陈孝玲材料：泰语词 lɯ:at^{10}"血液；血统"，老挝语 lɯ:at^{10}"血液；血脉，血统；血缘的"。②

"血"也可以表示红色。唐李朝威《柳毅传》："俄有赤龙长千余丈，雷目血舌，朱鳞大齅。"

（597）衊，《广韵》莫结切，入屑明。"衊"指污血。《素问·六元正纪大论》："少阴所至，为悲妄衄衊。"王冰注："衊，污血。亦脂也。""衊"其"污血"义应来源于其"鼻出血、涂染"义，且又可以派生出涂染和造谣破坏别人的名誉等意义来。第八章对此进行详细讨论。

（598）红，《广韵》户公切，平东匣。"红"表示鲜血的代称。晋张协《七命》："沫（沫）如挥红，汗如振血。""红"表示鲜血义与其"红色"义有关。鲜血就是红色的。《史记·司马相如列传》："红杳渺以眩愍兮，猋风涌而云浮。"裴骃集解引晋灼曰："红，赤色貌。"黄树先认为"血"与"红色"的关系密切。③

学者经常拿汉语"赤"跟藏文 khrag"血"、缅文 ရှေ့hrak^4"惭愧，害羞"比较。这样的比较是可信的。血的一个显著特点是色红，方言中有不少用"红"来指血。包括动物的血和人血。粤语"红"，动物的血。粤语"鸡红"，鸡血；中原官话、西南官话、客家话、粤语"猪红"，猪血。吴语"放鼻红"，流鼻血；"流鼻头红"，流鼻血。印度尼西亚语 darah"血"，mendarah"呈血色，呈猩红色；流血"。英语 blood"血"，bloody"血色，红色"。西班牙语 sangre"血；血红色，鲜红色"。捷克语 kreveta"血"，krvácet"流血；似血般红"。黔东苗文 boxlix"红浮萍；引喻为血（忌语）"。

（二）血液与胚胎

（599）胚，《广韵》芳杯切，平灰滂。又匹尤切。"胚"指赤黑色

---

① 黄树先：《比较词义探索》，巴蜀书社 2012 年版，第 169 页。
② 陈孝玲：《侗台语核心词研究》，巴蜀书社 2011 年版，第 84 页。
③ 黄树先：《比较词义探索》，巴蜀书社 2012 年版，第 168 页。

的瘀血。《素问·五藏生成论》："赤如衃血者死。"王冰注："衃血，谓败恶凝聚之血，色赤黑也。""衃"其"瘀血"义可以与"胚胎"义有关。"衃"同"肧（胚）"，指胚胎。《集韵·尤韵》："胚胎，未成物之始，或从血。"

（600）衁，《广韵》呼光切，平唐晓。"衁"表示血液。《左传·僖公十五年》："士刲羊，亦无衁也。"杜预注："衁，血也。""衁"也可以表示"蟹黄"义。《正字通·血部》："衁，蟹黄，俗曰衁。"众所周知，"蟹黄"就是螃蟹卵，也是胚胎。

（三）血液与郁积

（601）瘀，《广韵》依倨切，去御影。又《集韵》衣虚切。"瘀"指积血。《说文·疒部》："瘀，积血也。"段玉裁注："血积于中之病也。""瘀"表示"积血"义应与其表"郁积"义有关。《伤寒论·太阳病中》："所以然者，以太阳随经，瘀热在里故也。"王力认为，"瘀"与"淤"同源：淤，水凝滞。瘀，血液凝滞。①

（四）血液与经过

（602）经，《广韵》古灵切，平青见。又古定切。"经"表示月经。《本草纲目·草部七·茜草》："（妇人）五旬行经，女子经闭。""经"表"月经"义应与"经过、经历"义有关。《孟子·尽心下》："经德不回，非以干禄也。"赵岐注："经，行也。"《后汉书·冯衍传》："日月经天，河海带也。"

（五）血液与青色

（603）姎，《广韵》于亮切，去漾影。又于惊切。"姎"表示青血。《集韵·漾韵》："姎，青血也。""姎"其"青血"义可能与其表"青色"有关。《玉篇·皮部》："姎，青貌。"《广韵·漾韵》："姎，青面。"

（六）其余词

（604）姅，《广韵》博漫切，去换帮。又普半切。"姅"表示月经，妇女因分娩或小产出血也叫姅。《说文·女部》："姅，妇人污也。《汉律》曰：见姅变不得侍祠。"段玉裁注："谓月事及免身及伤孕皆是也。"

---

① 王力编：《同源字典》，商务印书馆1982年版，第29页。

黄树先认为其与缅语 ṵsʰpan³（月经）同源。① 据张博，"挽（娩）—娩"与"面—颎""万—夆""挽—攀""馒—伴"等都是音转形式相同的同族词。②

（605）脺²，《广韵》吕恤切，入术来。"脺"指古代祭祀所用的牲血。《礼记·祭义》："鸾刀以刲，取脺膋，乃退。"孙希旦集解："脺，血也。"

（606）靦，《广韵》莫甸切，上有溪。"靦炫"表示汗血。《广韵·霰韵》："靦，靦炫，汗血。"

（607）魘，《改并四声篇海》引《川篇》于叶切。"魘"泛指血。《改并四声篇海》引《川篇》："魘，血也。"

（608）鹹，《广韵》古获切，入麦见。"鹹"形容狗血。《广韵·麦韵》："鹹，犬血。"

（609）澶，《广韵》以水切，上旨以。"澶"指膏液，表示脂膏与血液。《集韵·旨韵》："澶，膏液。"

小结："血液"次语义场的词一部分与涂染/血统/红色有关，如：血、纁、红。一部分与胚胎有关，如：衃、衁。一部分与郁积有关，如：瘀。一部分与经过有关，如：经。一部分与青色有关，如：衃。

第九节　黏液

一　痰

"痰"次语义场很小，只有3个词：涕、痰、涎。

（一）痰与鼻涕

（610）涕³，《广韵》他计切，去霁透。又他礼切。"涕"表示痰。《金匮要略·五脏风寒积病脉证并治》："肺中寒，吐浊涕。""涕"的"痰"义应与其"鼻涕"义有关，详见第八章。

（二）其余词

（611）痰，《广韵》徒甘切，平谈定。"痰"指下呼吸道黏膜分泌出来的黏液。《广韵·谈韵》："痰，胸上水病。"

---

① 黄树先：《汉缅语比较研究》，华中科技大学出版社2003年版，第92页。
② 张博：《汉语同族词的系统性与验证方法》，商务印书馆2006年版，第336页。

(612) 涎², 《广韵》夕连切, 平仙邪。"涎"表示黏液。《素问·咳论》:"贤咳之状, 咳则腰背相引而痛, 甚则咳涎。"

小结:"痰"次语义场中, 部分词与"鼻涕"义有关, 如:涕。

二 眼屎

"眼屎"次语义场共有 5 个词:眵、睛、䀎、䁾、䏏。

（一）眼屎与眼病

(613) 眵, 《广韵》叱支切, 平支昌。又章移切。"眵"表示目汁, 俗称眼屎。《说文·目部》:"眵, 一曰蕾兜。"徐错系传:"蕾兜, 目汁凝也。""眵"其"眼屎"义与"眼眶有病"义有关, 详见第八章。

（二）眼屎与审视

(614) 睛, 《广韵》唐丁切, 平青定。"睛"表示目眵, 俗称眼屎。《集韵·青韵》:"睛, 目眵。""睛"其"眼屎"义可能与其"审视、直视"义有关, 详见第八章。

（三）其余词

(615) 䀎, 《广韵》当侯切, 平侯端。"䀎眵"指眼中分泌物, 俗称眼屎。《玉篇·目部》:"䀎, 䀎眵, 目汁凝。"

(616) 䁾, "䁾"俗称眼屎。《说文》:"䁾, 目蔽垢也。"徐错系传:"䁾, 眵。目汁凝也。"朱骏声通训定声:"䁾, 苏俗谓之眼眵。"

(617) 膑, 《字汇补》昌支切。"膑"指泪凝, 眼屎。《字汇补·肉部》:"膑, 目汁凝也。"

小结:"眼屎"次语义场中部分词与眼病有关, 如:眵。部分词与审视义有关, 如:睛。

三 耳屎

"耳屎"次语义场只有 1 个词:聤。

耳屎与听觉不灵敏

(618) 聤, 《广韵》都挺切, 上迥端。"聤聍", 指耳孔后部有聤聍腺, 常分泌一种黄色脂肪质蜡样物, 名曰聤聍。俗名耳垢。《灵枢经》:"若有干聤聍, 耳无闻也。"《玉篇·耳部》:"聤, 聤聍, 耳垢也。""聤"其"耳屎"义可能与"听力不灵敏"有关, 详见第八章。

第十节 骨髓

"骨髓"次语义场也只有1个词：髓。

（619）髓，《广韵》息委切，上纸心。"髓"表示骨髓，指骨中的凝脂，即充满骨内腔隙的胶状物质。《素问·解精微论》："髓者，骨之充也。"王冰注："充，满也，言髓填于骨充而满也。"

第十一节 脓汁

"脓汁"次语义场只有1个词：脓。

脓汁与腐烂

（620）脓[2]，《广韵》奴冬切，平冬泥。"脓"表示化脓性炎症病变所形成的黄白色汁液。《说文·血部》："衁，肿血也……脓，俗衁。"《玉篇·肉部》："脓，癰疽溃也。"王力认为，"醲""脓""浓"同源，与"浓厚"义有关。① "脓"其"浓汁"义与其"腐烂"义有关，详见第八章。

---

① 王力编：《同源字典》，商务印书馆1982年版，第30页。

第七章 自然界之水

第一节 雨

"雨"在斯瓦迪士"百词表"中居第76位。在郑张尚芳"华澳语言比较三百核心词表"中居第6位，加＊号，为最核心的词。在黄布凡"藏缅语300核心词词表"中为二级核心词。

一 雨之上位词

"雨之上位词"一共有17个词。分别是：雨、水、雷、泽、润、霄、霪、零、霝、霈、霂、霅、霌、霃、霂、霉、澤。

（一）雨与下雨

（621）雨，《广韵》王矩切，上麌云。"雨"指从云层中降向地面的水滴。《诗·小雅·甫田》："以御田祖，以祈甘雨。"《说文·雨部》："雨，水从云下也。"

"雨"早在殷商时期就对社会生产、生活有着重要的影响，据郑春兰，甲骨文中关于雨的记载相当丰富。既记载了先民对于雨的描述：大雨、小雨、多雨/雨多、烈雨、雨疾、延雨等，还记录了雨的来向。[①]

据吴宝安，"雨"在古代文献中有两个义项：下雨和雨，据《说文》，动词"下雨"应该是它的本义，先秦文献中，"雨"也以动词义为常，因此，"雨"的本义当为下雨这种现象，引申之，所下之水也称之雨。吴宝安推断，到西汉为止，"雨"的名词义比动词义更常用，动词义也还没有完全

---

① 郑春兰：《甲骨文核心词研究》，博士学位论文，华中科技大学，2007年，第110页。

消失。① 龙丹考察发现，魏晋时期的"雨"还是同时具有"雨水"和"下雨"两个义项。② "雨"其来源与"下雨"有关，详见第九章。

（二）雨与水

（622）水⁶，《广韵》式轨切，上纸书。"水"也可以指雨。《格物粗谈·天时》："立夏，夏至日晕，主水。"又"中秋晴，主来年水"。

吴安其认为，"雨"似乎与"水"有关系。"水"，阿眉斯语 nanum，布农语 danum，耶眉语ᶎanum < *C‑num。侗台语 *nam‑ɤ < *nam‑g。"雨"，错那门巴语 nam³⁵，独门语nɑm³⁵。吴先生还认为侗台语 *p‑run 似与藏文"云"spin 的读法相近。③

（三）雨与云

"雨"与"云"存在一定的联系是有一定的依据的，比如：

（623）霸，《集韵》黄外切，去泰匣。"霸"也表示雨。《玉篇·雨部》："霸，雨也。"《集韵》乌外切，去泰影。又表示小云。《集韵》："霸，小云谓之霸。"

试比较韩语：비-구상，雨和云，阴云。운우，云和雨；云雨，性交；德泽。④

（四）雨与润泽

"雨"与"润泽"有关，比如韩语的"운우"⑤。汉语的例子有：

（624）泽⁴，《广韵》场伯切，入陌澄。"泽"既表示雨露，也指土壤中的水分。《管子·治国》："耕耨者有时，而泽不必足，则民倍贷以取庸矣。"《汉书·扬雄传上》："云霏霏而来迎兮，泽渗漓而下降。"颜师古注："泽，雨露也。"

（625）润¹′⁶，《广韵》如顺切，去稕日。"润"表示雨水。《后汉书·钟离意传》："而比日密云，遂无大润。"李贤注："《易》曰：'密云不雨，自我西郊。'""润"也可以表示水名。

---

① 吴宝安：《西汉核心词研究》，巴蜀书社2011年版，第266页。
② 龙丹：《魏晋核心词研究》，巴蜀书社2015年版，第267页。
③ 吴安其：《汉藏语同源研究》，中央民族大学出版社2002年版，第315页。
④ 刘沛霖编：《韩汉大词典》，商务印书馆2004年版，第751、1224页。
⑤ 同上书，第1224页。
⑥ "润"有2个与水有关的义项：润¹：雨。润²：水名。

（五）雨与雨貌

"雨"还与某种下雨的状貌相关，比如：

（626）霫，《广韵》先立切，入缉心。又似又切。"霫霫"表示雨，也单用作"霫"。《广雅·释训》："霫霫，雨也。"王念孙疏证："《玉篇》：'靇霫，大雨也。'重言之则曰靇靇、霫霫。""霫"表示雨貌。《广韵·缉韵》引《字林》："霫，雨貌。"

（627）霵，《广韵》锄针切，平侵崇。表示久雨。《广雅·释言》："霵，霖也"。王念孙疏证："《淮南子·主术训》："时有涔旱灾害之患。"高诱注云：'涔，久雨水潦也。'涔与霵同。"又表示水声。《广雅·释训》："霵霵，雨也。"《玉篇·雨部》："霵，霵霵，雨声。"

（628）霵，《广韵》都宗切，平冬端。"霵"指雨。《玉篇·雨部》："霵，雨也。"又表示雨貌。唐王仁昫《刊谬补缺切韵·冬韵》："霵，雨貌。"

（629）霟，《广韵》徒历切，入锡定。"霟霟"连用，指雨。《广雅·释训》："霟霟，雨也。"也表示雨貌。《玉篇·雨部》："霟，雨貌。"

（630）雨，《广韵》王矩切，上麌云。"雨"泛指雨。《集韵·姥韵》："雨，北方谓雨曰雨，吕静说。"还表示雨貌。《说文·雨部》："雨，雨貌，方语也。"

（六）雨与雪

（631）霰[1]①，《广韵》山责切，入麦生。"霰"表示雨。《玉篇·雨部》："霰，雨。""霰"还表示雪颗粒。雨雪往往一起出现，这类词义演变的现象在其他次语义场还有一些。

（七）其余词

（632）雩，"雩"泛指雨。《玉篇·雨部》："雩，雨也。"

（633）雼，《广韵》牛尹切，上准疑。"雼"表示雨。《玉篇·雨部》："雼，雨也。"

（634）霸，《改并四声篇海》引《川篇》伯骂切。"霸"泛指雨。《改并四声篇海·雨部》引《川篇》："霸，雨也。"

---

① "霰"有2个与水有关的义项：霰[1]：雨。霰[2]：雪颗粒。

（635）霃，《玉篇》胡沟切。"霃"表示雨。《玉篇·雨部》："霃，雨也。"

（636）䨣，《广韵》古核切，入麦见。"䨣"表示雨。《玉篇·雨部》："䨣，雨也。"

（637）䨳，《广韵》匹各切，入铎滂。"䨳"泛指雨。《玉篇·雨部》："䨳，雨也。"

小结："雨"与"下雨"有关。动词"下雨"甚至可能是"雨"的本义，名词义的"雨"是后起的意义。泛指义的"雨"还可能与"云""水""雨露""润泽""雪"等存在一定的关系，与下雨的状貌和声音也紧密相关。

二 大雨

"大雨"次语义场一共有 13 个词。分别是：䨆、霈、滈、霓、䨣、䨣、雿、霍、霎、霶、䨓（雷）、霶、霪。

（一）大雨与盛大/多

（638）䨆，《广韵》孚缚切，入药敷。"䨆"既表示大雨。《玉篇·雨部》："䨆，大雨也。"又表示美雨。《广韵·药韵》："䨆，美雨。""䨆"表示大雨可能与"溥"有关。溥，《广韵》古姥切，上姥滂。《诗·大雅·公刘》："笃公刘，逝彼百泉，瞻彼溥原。"毛传："溥，大。"郑玄笺："溥，广也。"《说文·水部》："溥，大也。"张博认为："方""甫"都有始义，"旁""溥"都有广大义，"榜""辅"都有辅助义，"纺""缚"都有束缚义，"雱"指雪大，"䨆"指大雨，"旁"指旁边、"溥"指水边，这六组词都有同义或近义关系，可以确定它们是因帮母阳部与帮母鱼部之间的语音流转而形成的六组同族词。① 此说是。

（639）霈，《广韵》普盖切，去泰滂。"霈"表示大雨。唐慧琳《一切经音义》卷四十一引《文字集略》："霈，大雨也。""霈"之"大雨"义可能与其"恩泽"义有关，详见第九章。又表示（雨、雪等）盛貌。也作"沛"。唐慧琳《一切经音义》卷四十引《考声》："霈，雨多貌也。"

---

① 张博：《汉语同族词的系统性与验证方法》，商务印书馆 2006 年版，第 34 页。

（二）大雨与久雨

(640) 滈[1]①，《广韵》许角切，入觉晓。“滈”表示大雨。《集韵·沃韵》：“滈，大雨。”“滈”还可以表示久雨和水名。（按：我们一般把一个次语义场下词都并作一个词条。但“滈”作为“雨”次语义场下的词，其表示大雨和久雨两个义项的读音不同，上古拟音也不一样，我们把其分开处理，归入不同的次语义场。）

（三）大雨与下大雨貌/雨声

(641) 霕，《集韵》徒浑切，平魂定。“霕”表示大雨。《玉篇·雨部》：“霕，大雨也。”也指大雨貌。《集韵·魂韵》：“霕，大雨貌。”

(642) ⿱雨資，《广韵》疾资切，平脂从。又即夷切。“⿱雨資”指大雨。《字汇·雨部》：“⿱雨資，大雨。”又表示雨声。《玉篇·雨部》：“⿱雨資，雨声。”

(643) ⿱雨鹿，《广韵》卢谷切，入屋来。“⿱雨鹿”表示大雨。《广韵·屋韵》：“⿱雨鹿，大雨。”也表示暴雨。《集韵·屋韵》：“⿱雨鹿，暴雨谓之⿱雨鹿。”一说大风。《玉篇·雨部》：“⿱雨鹿，大风也。”

有意思的是，有时“大雨”由一些词语的重叠来表示。

(644) ⿱雨壬，《广韵》丑入切，入缉彻。“⿱雨壬霫”指大雨。《广韵·释训》：“⿱雨壬⿱雨壬霫霫，雨也。”王念孙疏证：“《玉篇》：‘⿱雨壬霫，大雨也。’重言之则曰⿱雨壬⿱雨壬霫霫。”

(645) ⿱雨濯，《广韵》直角切，入觉澄。“⿱雨濯”表示大雨，《玉篇·雨部》：“⿱雨濯，大雨也。”“⿱雨濯⿱雨濯”连用也表示大雨。《广韵·觉韵》：“⿱雨濯，大雨⿱雨濯⿱雨濯。”

(646) ⿱雨役，《广韵》营只切，入昔以。“⿱雨役⿱雨濩”也作“⿱雨役⿱雨蒦，表示大雨。《玉篇·雨部》：“⿱雨役，大雨也。”

（四）其余词

(647) ⿱雨朋，《玉篇》北朋切。“⿱雨朋”指大雨。《玉篇·雨部》：“⿱雨朋，大雨。”

(648) ⿱雨臿，《玉篇》士甲切。“⿱雨臿”也指大雨。《玉篇·雨部》：“⿱雨臿，大雨。”

---

① “滈”有3个与水有关的义项：滈[1]：大雨。滈[2]：久雨。滈[3]：古水名。

霤，"霤"同"䨧"，大雨。《龙龛手鉴·雨部》："霤，俗；䨧，正。雨大下也。"

（649）霨，《集韵》居候切，去候见。"霨"指大雨。《玉篇·雨部》："霨，大雨也。"

（650）霵，《集韵》台隥切，去嶝透。"霵"表示大雨。《玉篇·雨部》："霵，大雨也。"

小结："大雨"多数时候与"盛大""持久""量多"和"大雨貌（声）"等相关，有时也用词语的重叠形式表示。我们知道，名词的重叠有时表示的就是量的增加，因此用重叠形式来表示大雨符合人类的认知规律。

三　小雨

"小雨"次语义场一共有18个词，分别是：溦（霺）、浽（霎）、零、溟、濛、霡（霢）、霂、霢、霎、酸、霖（瀯）、霹、鑯（霯）、䨞、霪、霢、霢、䨞。

（一）小雨与细微/微小

（651）溦，《集韵》无非切，平微微。"溦"表示小雨。《说文·水部》："溦，小雨也。"朱珔假借义证："今人诗文凡言'微雨'者，皆当为'溦'之假借，故《广韵》、《集韵》并云'浽溦'。"王力认为：微，细微，微小。溦，小雨。两者同源。①"溦"表"小雨"义与"小"义有关。

霺，《集韵》无非切，平微微。"霺"同"溦"，指小雨。《集韵·微韵》："溦，《说文》：'小雨也'。或作霺。"

（652）浽，《广韵》息遗切，平脂心。"浽溦"指小雨。《广韵·脂韵》："浽，浽溦，小雨。"

霎，《集韵》宣佳切，平脂心。"霎微"，也作"浽溦"，指小雨。《集韵·脂韵》："浽，浽微，小雨。或作霎。"方成珪考证："溦讹从彳，据《类篇》正。"

---

① 王力编：《同源字典》，商务印书馆1982年版，第32页。

(二) 小雨与徐徐降落

(653) 零,《广韵》郎丁切,平青来。又郎定切。"零"形容徐徐而下的雨,即细雨。《说文·雨部》:"零,徐雨也。"段玉裁注:"谓徐徐而下之雨。""零"表"小雨"义与其表"(雨、霜、露等)降;落"有关,详见第九章。

(三) 小雨与朦胧/不清晰

(654) 溟²,《广韵》莫经切,平青明。"溟"表示小雨。《说文》:"溟,小雨溟溟也。"《广韵·青韵》:"溟,溟蒙,小雨。"据吴宝安,"零""溟"为同族词。① "溟"可以引申出"迷茫、不清晰"义。北周庾信《望渭水》:"犹言吟溟浦,应有落帆还。"

(655) 濛²,《广韵》莫红切,平东明。"濛"指小雨。《说文·水部》:"濛,微雨也。"又表示雨貌。《诗·豳风·东山》:"我来自东,零雨其濛。"毛传:"濛,雨貌。"其表"小雨"可能与其"模糊不明"义有关。《广韵》莫孔切,上董明。表示混沌貌。《论衡·谈天》:"儒书又言,溟涬濛澒,气未分之类也。"又可以引申出"笼罩"义。《文选·左思〈魏都赋〉》:"阳灵停曜于其表,阴祇濛雾于其里。"王力认为,"蒙""朦""濛""曚"同源。蒙,阴暗,不明。曚,曚昽,日未明。朦,朦胧,月不明。矇,目不明。② 我们认为,"濛"应属于水不明。

(656) 霢,《广韵》莫获切,入麦明。"霢霂"表示小雨。《诗经·小雅》:"益之以霢霂,既优既渥。"《尔雅·释天》:"小雨谓之霢霂。""霢"表"小雨"可能与"汗流貌"有关,详见第九章。

霡,《广韵》莫获切,入麦明。"霡霂"也作"霢霂",指小雨。《诗经》:"益之以霡霂,既优既渥。"毛传:"小雨曰霡霂。"

(657) 霂,《广韵》莫卜切,入屋明。"霢霂"表示小雨。《说文·雨部》:"霂,霢霂也。"字典按:《尔雅·释天》云:"小雨谓之霢霂。也单用作'霂'。"

(658) 霿,《广韵》莫红切,平东明。"霿霿"也作"蒙蒙",表示小雨。也单用作"霿"。《广雅·释训》:"霿霿,雨也。"《集韵·东

---

① 吴宝安:《西汉核心词研究》,巴蜀书社 2011 年版,第 267 页。
② 王力编:《同源字典》,商务印书馆 1982 年版,第 32 页。

韵》:"蒙,《说文》:'微雨也。'或作霁。"

（四）小雨与小雨貌

(659) 霰,《广韵》素官切,平桓心。"霰"表示小雨。《说文·雨部》:"霰,小雨也。"又表示小雨貌。胡文英《吴下方言考·元韵》:"霰,小雨貌。吴中谓小雨曰霰霰然落也。"

(660) 酸²,《广韵》素官切,平桓心。"酸"指小雨。《管子·轻重甲》:"天酸然雨,十人之力不能上。"

（五）雨与水

(661) 霃,《广韵》子廉切,平盐精。又力验切。"霃"指小雨。《说文·雨部》:"霃,小雨也。"

瀸²,《集韵》将廉切,平鹽精。"瀸"同"霃（霃）",指小雨。《集韵·盐韵》:"瀸,小雨。或从水。""瀸"又可以表示"水"。《玉篇·雨部》:"瀸,水。"

（六）其余词

(662) 霵¹①,《广韵》息移切,平支心。"霵"表示小雨。《玉篇·雨部》:"霵,小雨。""霵"也指雪颗粒。"霵"其"小雨"义与"下雨""雪"有关,详见第九章。

(663) 霵,《广韵》子廉切,平盐精。又所咸切。"霵"表示细雨。《集韵·咸韵》:"霵,细雨谓之霵。""霵"其"细雨"义应与"浸渍"义有关,详见第九章。

雭,《广韵》所咸切,平咸生。"雭"同"霵",表示小雨。《集韵·咸韵》:"霵,细雨谓之霵。或作雭。"

(664) 霎,《广韵》山洽切,入洽生。又山辄切。"霎"表示小雨。《说文新附·雨部》:"霎,小雨也。"

(665) 雺,《改并四声篇海》引《搜真玉镜》莫红切。"雺"表示小雨。《改并四声篇海·雨部》引《搜真玉镜》:"雺,小雨也。"

(666) 霹,《佩文韵府》息移切。"霹"指小雨。《佩文韵府·支韵》:"霹,小雨。"

---

① "霵"有2个与水有关的义项:霵¹:小雨。霵²:小雪颗粒。

(667) 䨲，《集韵》力协切，入帖来。"䨲"表示小雨。《集韵·帖韵》："䨲，小雨。"

(668) 䨑，《广韵》丑辄切，入叶彻。"䨑霎"连用指小雨。《玉篇》："䨑，䨑霎，小雨。"

小结："小雨"与"细微/微小""徐徐降落""朦胧/不清晰""小雨貌""水"等有紧密联系，有时"小雨"也用双声或叠韵词表示，比如䨑霎、䕘䕘、霢霢、霢霡等。

四　久雨

"久雨"次语义场一共有词11个，分别是：众、霝、霖（淋）、霪（淫、湛）、霂、霩、濱、漓、潯、霄、霢（霖）。

（一）久雨与量多

(669) 众，《广韵》之仲切，去送章。"众"指久雨。《礼记·月令》："淫雨蚤降。"汉郑玄注："雨三日以上为霖。今《月令》曰众雨。""众"其"久雨"义可能与其表示"许多、众多"义有关。"众"的本义表示"许多人"。《论语·卫灵公》："众恶之，必察焉，众好之，必察焉。"引申为"许多"。《庄子·齐物论》："狙公赋芋，曰：'朝三而暮四。'众狙皆怒。曰：'然则朝四而暮三。'众狙皆悦。""久雨"表示连绵不断的下雨。想来，也算是很多雨。

(670) 霝，《广韵》胡男切，平覃匣。侵部。"霝"指久雨，多雨。《说文·雨部》："霝，久雨也。"《玉篇·雨部》："霝，多雨也。"

（二）久雨与时间

(671) 霖，《广韵》力寻切，平侵来。"霖"指久雨。《书·说命》："若岁大旱，用汝作霖雨。"孔传："霖，三日雨。"孔颖达疏："隐九年《左传》云：'凡雨自三日以往为霖'。"

淋，《广韵》力寻切，平侵来。"淋"同"霖"，指久雨。《庄子·大宗师》："霖雨十日。"唐陆德明释文："霖，本又作淋。""霪（淫）"与"霖（淋）"为同族词。据吴宝安，西汉文献中有"霖"表示久雨的例证，不见"淋"的例证。[①]

---

① 吴宝安：《西汉核心词研究》，巴蜀书社2011年版，第267页。

（三）久雨与过度/奢华/淫荡

（672）霪，《广韵》余针切，平侵以。"霪雨"表示久雨，也单用作"霪"。《淮南子》："禹沐浴霪雨，栉扶风。"高诱注："以久雨为沐浴。"《玉篇·雨部》："霪，久雨也。"

淫[1]①，《广韵》余针切，平侵以。"淫"既表示久雨。《左传·庄公十一年》："天作淫雨，害于粢盛，若之何不吊？"还可以表示水名。据吴宝安考察，西汉文献中"淫"表示久雨的例证较多，"霪"则较少。② 据龙丹考察，魏晋文献中"霪"无用例，"淫"则有用例。但"淫"之久雨义并非主要义项，多半为"过度、奢华、放纵、淫荡"等义。③ 可以看出，魏晋时期"淫"的引申义更常用。

湛[2]，《集韵》夷针切，平侵以。"湛"同"霪（淫）"，指久雨。《集韵·侵韵》：霪，久雨为霪。或作湛。通作淫。《论衡》："变复之家，以久雨为湛，久旸为旱。"据张博，"湛"与"霪"属于同源词，含有与"深"义有关的"久"义。且它们与"潭"也同源。④

（四）其余词

（673）霃，《广韵》鱼金切，平侵疑。"霃雨"即"淫雨"，表示久雨。《说文·雨部》："霃，霖雨也。南阳谓霖霃。"段玉裁注："淫雨，即霃雨之假借。"

（674）霃，《广韵》直深切，平侵澄。"霃"指久雨。《篇海类编·天文类·雨部》："霃，久雨。"

（675）瀄[1]⑤，《广韵》即夷切，平脂精。又疾资切。"瀄"表示久雨。《说文·水部》："瀄，久雨涔瀄也。"《集韵·脂韵》："瀄，久雨。""瀄"也指水名。

（676）滈[2]，《广韵》胡老切，上皓匣。"滈"表示久雨。《说文·水部》："滈，久雨。"

（677）霮，《集韵》徒绀切，去勘定。"霮"表示久雨。《玉篇·

---

① "淫"有2个与水有关的义项：淫[1]：久雨。淫[2]：水名。
② 吴宝安：《西汉核心词研究》，巴蜀书社2011年版，第267页。
③ 龙丹：《魏晋核心词研究》，巴蜀书社2015年版，第269页。
④ 张博：《汉语同族词的系统性与验证方法》，商务印书馆2006年版，第361页。
⑤ "瀄"有2个与水有关的义项：瀄[1]：久雨。瀄[2]：水名。

雨部》:"霪,久雨也。"

(678)霂,《广韵》锄针切,平侵崇。"霂"表示久雨。《广雅·释言》:"霂,霖也。"王念孙疏证:"《淮南子·主术训》:'时有滛旱灾害之患。'高诱注云:'滛,久雨水潦也。'滛与霂同。"

(679)霖,《广韵》力盐切,平盐来。"霖"指久雨。《说文·雨部》:"霖,久雨也。"段玉裁注:"霖之言连也。"

霖,"霖"同"霖"。《集韵·覃韵》:"霖,或从淋。"

小结:"久雨"与"量多""时间"和"过度/奢华/淫荡"有一定的关系。"大雨""久雨"和"暴雨"之间相互联系:"久雨"往往意味着量多,也即为"大雨","大雨"往往下得持久,也即为"久雨"。

五 暴雨

我们理解的"暴雨"包括暴雨、急雨、骤雨。急雨本来就是骤雨。而暴雨一般也是急雨。我们把它们归入一个次语义场。"暴雨"次语义场有5个词,分别是:瀑、溢、涷、霁、霖。

暴雨与急雨

(680)瀑², 《广韵》薄报切,去号并。"瀑"表示急雨,暴风雨。《说文·水部》:"瀑,疾雨也。《诗》曰:'终风且瀑。'"

(681)溢¹①,《广韵》蒲奔切,平魂并。"溢"表示急雨,暴雨。《字汇·水部》:"溢,溢雨,大骤雨也。""溢"还表示水名。

(682)涷¹②,《广韵》德红切,平东端。又多贡切。"涷"表示暴雨。《尔雅·释天》:"暴雨谓之涷。"郭璞注:"今江东呼夏月暴雨为涷雨。"《广韵·送韵》:"涷,瀑雨。""涷"也指水名。龙丹认为,"涷"属于方言词。③"涷"其来源可能与"冻"有关。冻,《广韵》多贡切,去送端。又德红切。东部。"冻"表示厚冰。《管子·五行》:"然则冰解而冻释,草木区萌。"

(683)霁,《类篇》所介切,去怪生。"霁"表示骤雨。《类篇·

---

① "溢"有2个与水有关的义项:溢¹:暴雨。溢²:水名。
② "涷"有2个与水有关的义项:涷¹:暴雨。涷²:水名。
③ 龙丹:《魏晋核心词研究》,巴蜀书社2015年版,第268页。

雨部》:"霎,雨疾也。"

(684)霖,《集韵》仕庄切,平阳崈。"霖霖"连用表示急雨。《集韵·阳韵》:"霖,霖霖,急雨。"

小结:"暴雨"与"急雨""骤雨"以及"暴风雨"之间是很难区分的,它们之间存在紧密的联系。

六 时雨

"时雨"是指应时的雨水,指把田地里干土层淋透的雨。在上古,以耕种为生的人们,对于需要雨水的农耕季节所下的雨也专门造词来描述,足见对"时雨"的重视。该语义场有1个词:澍(霔)。

时雨与降落/浸渍/灌注/滋润/恩惠

(685)澍,《广韵》常句切,去遇禅。又之戍切。侯部。"澍"表示时雨;透雨。《说文·水部》:"澍,时雨,所以树生万物。""澍"其"时雨"义可能与其"降落(雨水);沾湿;浸渍"义有关。《春秋繁露》卷十六:"祝曰:昊天生五谷以养人,今五谷病旱,恐不成实敬,进清酒膊脯,再拜请雨雨,幸大澍。"可以引申为"滋润、恩惠"义。《史记·司马相如列传》:"汉与七十有八载德茂存乎六世,威武纷纭,湛恩汪濊,群生澍濡,洋溢乎方外。"《论衡·雷虚》:"说雨者,以为天施气;天施气,气渥为雨;故雨润万物,名曰澍。"试比较:英语 shower,淋浴,阵雨。

霔,《广韵》之戍切,去遇章。"霔雨"也作"澍雨"。也单用作"霔",表示时雨。唐慧琳《一切经音义》卷十二引《集训》:"霔,时雨所灌,普生万物。或作澍,亦通。"南朝梁元帝《藩难未净述怀》:"差营逢霔雨,立垒挂长虹。""霔"其"时雨"义应与其"灌注"义有关,详见第九章。

小结:"时雨"这样意义的引申是与人们的耕种生活密切相关的,正如《集训》所言:"霔,时雨所灌,普生万物。"可见时雨在人类生产和生活中起着举足轻重的作用,用于灌溉和浸渍,滋润万物,惠及他人。《水浒》中宋江是及时雨,表示的就是他对人们的及时帮助和解困。

七 其他雨

我们搜集语料的过程中，还找到这么3个词：霣、霦、汁。分别表示雷雨、霦雨以及雨夹雪。因为不太好分类，所以把它们归入"其他雨"次语义场。

(686) 霣，《广韵》于敏切，上轸云。谆部。"霣"表示雷雨。《说文·雨部》："霣，雨也。"王筠句读："阴阳缠固之时，得雷乃解散而成雨也。"

(687) 霦，《龙龛手鉴》莫凤反。"霦"表示霦雨。《改并四声篇海·雨部》引《龙龛手鉴》："霦，霦雨也。"

(688) 汁³，《广韵》之入切，入缉章。缉部。"汁"可以形容雨夹雪。《礼记·月令》："（仲冬之月）行秋令，则天时雨汁，瓜瓠不成。"郑玄注："雨汁者，水雪难下也。"

第二节 雪

"雪"次语义场一共有9个词，分别是：雪、霙、渣、霰（雹）、雯、渣、霖、霜、霄。

（一）雪与冰/雪花/下雪

在搜集语料的过程中，我们发现，"雪"和"冰"来源相关。

(689) 雪，《广韵》相绝切，如薛心。"雪"，指从云中降落的白色结晶体。《诗·小雅·采薇》："今我来思，雨雪霏霏。"《广韵·薛韵》："雪，凝雨也。"据郑春兰，早在殷商时期，"雪"就可以当动词用，当下雪讲：甲辰卜，雪。① "雪"其"雪"义与"下雪"义有关，且可以引申出"白色"义，详见第九章。

(690) 霙，《广韵》于惊切，平庚影。"霙"表示雪花。南朝梁简文帝《雪朝》："落梅飞四注，翻霙舞三袭。"《艺文类聚》卷二引《韩诗外传》："雪花曰霙。"又指小的雪颗粒。《文选·谢惠连〈雪赋〉》："霰淅沥而先集"唐李善注："《韩诗》'先集惟霰'。薛君曰：'霰，霙

---

① 郑春兰：《甲骨文核心词研究》，博士学位论文，华中科技大学，2007年，第112页。

也。'""霅"其"雪"义可能与"下雪"有关,详细讨论见第九章。

（二）雪与寒冷

（691）溚², 《广韵》力竹切,入屋来。"溚"指凝雨。《玉篇·水部》:"溚,凝雨也。""溚"表"冰"义与"寒冷"义有关,详细讨论见第九章。

（三）其余词

（692）霰, 《广韵》苏佃切,去霰心。"霰"表示米雪。《诗·小雅》:"如彼雨雪,先集维霰。"郑玄笺:"将大雨雪,始必微温,雪自上下,遇温气而抟谓之霰,久而寒胜则大雪矣。"陆德明释文:"霰,消雪也。"《埤雅·释天》:"《说文》曰:'霰,稷雪也。'闽俗谓之米雪,言其霰粒如米。所谓稷雪,义盖如此。"《广韵·霰韵》:"霰,雨雪杂。"克钦语 khyen～gyen～tsen"雪、冰"① 与之语音相似。王力认为,"雪"与"霰"同源。②

霰², 《广韵》苏佃切,去霰心。"霰"同"霰",表示小的雪粒。《玉篇·雨部》:"霰,亦与霰同。"

（693）霙, 《集韵》于良切,平阳影。"霙"指雪花。明袁宏道《荆州后苦雪引》:"东皇放晴亦不恶,何事飞霙巧穿凿。"

（694）溚, 《集韵》力竹切,入屋来。"溚"表示凝雨。《集韵·屋韵》:"溚,凝雨也。""溚"与"溚"为同族词。

（695）霰², 《广韵》山责切,入麦生。"霰"指小的雪颗粒。《广韵·麦韵》:"霰,霰。"

（696）霤, 《集韵》色责切,入麦生。"霤"表示米雪。《集韵·麦韵》:"霤,霰也。"

（697）霄, 《正字通》先结切。"霄"指米雪。《康熙字典·雨部》引《字义总略》:"霄,雪也。"

小结: "雪"与"冰""雪花""下雪"以及"寒冷"等相关,此外,它还能够引申出很多相关的意义,我们在第九章将详细论述。

---

① [美]白保罗:《汉藏语言概论》,乐赛月等译,中国社会科学院民族研究所1972年版,第51页。

② 王力编:《同源字典》,商务印书馆1982年版,第32页。

第三节 冰霜

"冰霜"次语义场共有19个词,分别是:冰(冫)、冻、凌、冷、霖、泭、雰、雹、凇、凘、霜、溓、灖、澤、活、洛、浃、隸、霄。

(一) 冰与结冰/寒冷/白色

(698)冰²,《广韵》笔陵切,平蒸帮。"冰"表示水冻结成的固体,《易·坤》:"履霜坚冰,阴始凝也。""冰"与"结冰""寒冷"义有关,且可以引申出"白色"义,详见第九章。

冫,《广韵》笔陵切,平蒸帮。蒸部,"冫",也作"仌",后作"冰"。《说文》:"仌,冻也。象水凝之形。"《玉篇·冫部》:"冫,冬寒水结也。"

(699)冻,《广韵》多贡切,去送端。又德红切。东部。"冻"表示厚冰。《管子·五行》:"然则冰解而冻释,草木区萌。"《说文·仌部》:"冻,仌也。"段玉裁注:"初凝曰仌,仌壮曰冻。""冻"表示"厚冰"义应与其"寒冷"义有关。《管子·五辅》:"衣冻寒,食饥渴,匡贫寒,振罢露,资乏绝,此谓振其穷。"山东临朐方言把"冰"说成"冻冻","冰锥儿"说成"冻冻凌子"[①]。"冻"其"厚冰"义与"凝结""寒冷"义有关,详细讨论见第九章。

(700)凌,《广韵》力膺切,平蒸来。"凌"泛指冰。《广雅·释言》:"䏦,仌也。"王念孙疏证:"《豳风·七月》篇:'三之日纳于凌阴。'毛传云:'凌阴,冰室也。'""凌"之"冰"义应与其表"结冰"义有关,详见第九章。

(701)冷,《广韵》郎丁切,平青来。"冷泽"表示冰凌。《广韵·青韵》:"冷,冷泽,吴人云冰凌。""冷"表"冰凌"义可能与其"寒冷"义有关。《庄子·则阳》:"夫冻者假衣于春,暍者反冬乎冷风。"详细讨论见第九章。

(702)霖,《广韵》都念切,去㮇端。谈部。"霖"指早霜。《说

---

① 钱曾怡:《临朐方言简记》,《钱曾怡汉语方言研究文选》,山东大学出版社2008年版,第191页。

文·雨部》:"䨛,或曰早霜。""䨛"其"早霜"义应与"寒冷"义有关,详见第九章。

(703)冹,《广韵》分勿切,入物非。"冹"表示寒冰貌。一说寒冰。《玉篇·冫部》:"冹,寒冰貌。"《广韵·月韵》:"冹,寒冰。"

(二)其余词

(704)雰[1]①,《广韵》府文切,平文非。"雰"表示霜。《古今韵会举要·文韵》:雰,《释名》曰:润气着草木,遇寒冻色白曰雰。"雰"也表示雾气。

(705)雹,《广韵》蒲角切,如觉并。"雹"表示冰雹。《说文·雨部》:"雹,雨冰也。"

(706)凇,《广韵》息恭切,平钟心。又苏弄切,祥容切。"凇"表示雾或水气结成的冰花。《玉篇·冫部》:"凇,冻落也。"

(707)澌,《广韵》息移切,平支心。"澌"指解冻后随流而下的冰。《说文·欠部》:"澌,流欠也。"桂馥义证引《风俗通》:"冰流曰澌。"

(708)霜,《广韵》色庄切,平阳生。"霜"是指温度降到摄氏零度以下时,水气凝结成的白色结晶体。《诗·秦风·蒹葭》:"蒹葭苍苍,白露为霜。"毛传:"白露凝戾为霜,然后岁事成。""霜"可以引申出"白色"义,详见第九章。

(709)溓[2],《广韵》良冉切,上琰来。"溓"表示薄冰。《广韵·琰韵》:"溓,薄冰也。""溓"表薄冰与"廉"表狭窄义有关,详见"小水"条下"溓"。

(710)㶌,《集韵》卢忝切,上忝来。"㶌"指薄冰。《集韵·忝韵》:"㶌,薄冰。""㶌"与"溓"同源。

(711)澤,《广韵》徒落切,入铎定。"澤"指冰;檐冰。《玉篇·冫部》:"澤,冰也。"

(712)㴺,《玉篇》胡括切。"㴺"表示冰。《玉篇·冫部》:"㴺,冰也。"

(713)洛,《广韵》下各切,入铎匣。"洛泽"泛指冰。汉王逸《九思·悯上》:"霜雪兮漼澄,冰冻兮洛泽。"

---

① "雰"有2个与水有关的义项:雰[1]:霜。雰[2]:雾气,祥气。

(714) 冹，《广韵》胡颊切，入帖匣。"冹渫"表示冰冻；受冻而凝结。《广韵·帖韵》："冹，冹渫，冰冻。"

(715) 澧², 《玉篇》卢帝切。"澧"泛指冰。《字汇·氵部》："澧，冰也。"

(716) 霜，《集韵》五甘切，平谈疑。"霜"表示霜。《玉篇·雨部》："霜，霜也。"

小结："冰"与"结冰""寒冷""白色"相关，此外还能引申出一些相关的意义，具体我们将在第九章展开论述。

第四节 露

"露"次语义场共有3个词，分别是：露、霮、瀣。

（一）露与雾/朦胧/润泽

(717) 露²，《广韵》洛故切，去暮来。"露"指露水。《诗·小雅·湛露》："湛湛露斯，匪阳不晞。"《说文·雨部》："露，润泽也。""露水"义其来源可能与"润泽"义有关，详见第九章。"露水"义可以引申出"露宿"义。转引黄树先的材料：《淮南子·道应》："去舍露宿以示平易，解剑带笏以示无仇。"印度尼西亚语 embun "露，露水"；ber-embun "有露水的；露宿"[1]。

（二）其余词

(718) 霮[1]/[2]，《玉篇》于阗切。"霮"表示大露。《玉篇·雨部》："霮，大露也。""霮"又指雾。

还有一个双音节词表示露气：

(719) 瀣，《广韵》胡介切，去怪匣。又胡禊切。"沆瀣"表示露气。《楚辞·远游》："餐六气而饮沆瀣兮，溯正阳而含朝霞。"王逸注："沆瀣者，北方夜半气也。"

小结："露"与"雾""朦胧""润泽"等具有一定的关系，还能

---

[1] 北京大学东方语言文学系印度尼西亚语言文学教研室编《新印度尼西亚汉语词典》，商务印书馆1997年版。

[2] "霮"有2个与水有关的义项：霮[1]：大露。霮[2]：雾。

引申出相关的一些意义,具体我们在第九章展开。

第五节 气

一 雾气

"雾气"次语义场一共有 7 个词,分别是:雾(雾)、霏、蔼、晦、雰、雾(霂)、霭。

(一)雾与朦胧/轻柔/笼罩

(720)雾,《广韵》亡遇切,去遇微。"雾"泛指雾气。《尔雅·释天》:"地气发,天不应曰雾;雾谓之晦。郭璞注:言晦冥。""雾"可以引申出"消散"义,比喻"轻细""浓密",详见第九章。丁邦新等关于侗台语中的"雾"进行比较:泰语 $mɔ:k^{7c}$,武鸣 $mo:k^7$,龙州 $mo:k^7$,剥隘 $mo:k^7$,佯黄 $mɔ:k^{7c}$,莫家 $mɔ:k^{7c}$,仫佬 $mo:k^8$,锦话 mok^7。可以与汉语的"雾" *mogs \\ *moks 比较。有一部分侗水语的韵尾变 -n:侗语 mun^2,水语 mon^2,毛南 $mu:n^1$。可以与汉语的"雾"比较。[①]

雾,《集韵》亡遇切,去遇微。侯部。"雾"同"雾"。雾气。《说文·雨部》:"雾,雾,籀文省。"王力认为,"雾"与"雾"虽属于同源词,但还是有细微区别的:雾,地气发天不应。雾,天气下地不应。[②]

(721)霏,《广韵》芳菲切,平微敷。"霏"指云雾气。唐韩愈《山石》:"天明独去无道路,出入高下穷烟霏。"钱仲联补释:"烟霏,烟雾。""霏"表示"雾气"可能与"弥漫、笼罩"义有关,可以表示云气盛貌、泪下貌、草盛貌和露盛貌等义,详见第九章。

(722)蔼,《广韵》于盖切,去泰影。又乌葛切。"蔼"指云雾气。晋陶潜《时运》四首之一:"山涤余蔼,宇暧微霄。"《古今韵会举要·贿韵》:"蔼,氛也。""蔼"表"雾气"可能与"笼罩"义有关,详见第九章。

[①] 丁邦新、孙宏开:《汉藏语同源词研究(二)——汉藏、苗瑶同源词专题研究》,广西民族出版社 2001 年版,第 44 页。

[②] 王力编:《同源字典》,商务印书馆 1982 年版,第 25 页。

(723) 晦，《广韵》荒内切，去队晓。"晦"泛指雾。《尔雅·释天》："地气发，天不应曰雾，雾谓之晦。"邢昺疏："雾又名晦。""晦"又表示昏暗、隐晦等义。详见第九章。

（二）其余词

(724) 雺², 《广韵》府文切，平文非。"雺"表示雾气。唐慧琳《一切经音义》卷六十八引《仓颉篇》："雺，雾也。"又同"氛"，指祥气。《说文·气部》："雰，祥气也。雺，氛或从雨。"邢公畹用汉语"雺" * phɯn 与原始台语 * pən 对应。① 陈孝玲认为"气"与"风"有关系：藏缅语 rluŋ "风，气"，风就是气，是原始汉藏人的共同思维。泰语 lom² 也兼表风和气。②

(725) 霏，《广韵》芳否切，上有敷。又《集韵》房尤切。"霏"表示雾。《集韵·尤韵》："霏，雾也。"

䨦，《龙龛手鉴》芳否反。"䨦"同"霏"，指雾。《龙龛手鉴·雨部》："'䨦'，'霏'的俗字。"

(726) 㴝², 《集韵》乌懈切，去卦影。"㴝"表示雾。《集韵·卦韵》："㴝，雾也。"

小结："雾"与"朦胧""轻柔""笼罩"等有一定关系，还与其他一些意义相关，我们具体在第九章展开。

二 水气

"水气"次语义场共有 3 个词，分别是：漱、汽、溴。

(727) 漱，《广韵》士尤切，平尤崇。幽部。"漱"表示腹中有水气。《说文·水部》："漱，腹中有水气也。"又表示水气不和而作声。《正字通·水部》："漱，水气不和作声皆曰漱。"

(728) 汽²，《集韵》丘既切，去未溪。"汽"指水蒸气。《集韵·未韵》："汽，水气也。"

(729) 溴，《玉篇》尺又切。"溴"泛指水气。《改并四声篇海·水部》引《对韵音训》："溴，水气。"

---

① 邢公畹：《汉台语比较手册》，商务印书馆1999年版，第215页。
② 陈孝玲：《侗台语核心词研究》，巴蜀书社2011年版，第186页。

第六节 泥

"泥"包含泥与泥浆。"泥"次语义场共有词19个，分别是：泥（埿）、泞、沑、洳、淖、涂、溏、涅、沈、墼（淀）、澍、溷、汀、埩、瀽、淫、渥、濡、浚。

（一）泥与湿润

(730) 泥¹①，《广韵》奴低切，平齐泥。"泥"指含水的半固体状的土。《广韵·齐韵》："泥，水和土也。"俞敏把藏文 nul（泥）看作其同源词。② 吴安其认为，"泥"与"土"有关。"土"，原始侗台语 * kh-lomʔ。试比较"泥"缅文 hrom¹ < * khromʔ，藏文 ɦdam < * m-dam。③

埿¹④，《广韵》奴低切，平齐泥。"埿"同"泥"，表示湿泥。《集韵·齐韵》："埿，塗也。通作泥。"又指水名。

(731) 泞²，《广韵》乃定切，去径泥。又乃挺切。"泞"指泥泞。《左传·僖公十五年》："战于韩原，晋戎马还泞而止。"杜预注："泞，泥也。还，便旋也。小驷不调，故陷泥中。"《广雅·释诂三》："泞，泥也。"

(732) 沑²，《广韵》女六切，入屋娘。"沑"表示泥。《玉篇·水部》："沑，泥也。"又表潮湿义。《说文·水部》："沑，温也。"桂馥义证："温也者，温当为湿。《集韵》：'沑，湿也。'湿，俗作湿，与温形误。沑，别作淊，《玉篇》：淊，湿也。"

(733) 洳¹⑤，《广韵》人恕切，去御日。"洳"既指潮湿，低湿的地方。《广雅·释诂一》："洳，湿也。"王念孙疏证："《说文》：'瀀，渐湿也。'瀀与洳同。"也表示水名。

(734) 淖，《广韵》奴教切，去效娘。"淖"表示烂泥；泥沼。《左传·成公十六年》："乐、范以其族来公行，陷于淖。"《说文·水部》："淖，泥也。"又表示湿润。《管子·地员》："五粟之状，淖而不肕。……

---

① "泥"有3个与水有关的义项：泥¹：泥。泥²：涂料。泥³：水名。
② 俞敏：《汉藏同源字谱稿》，《俞敏语言学论文集》，商务印书馆1999年版，第81页。
③ 吴安其：《汉藏语同源研究》，中央民族大学出版社2002年版，第315页。
④ "埿"有2个与水有关的义项：埿¹：泥。埿²：水名。
⑤ "洳"有2个与水有关的义项：洳¹：潮湿，低湿的地方。洳²：水名。

不泞车轮，不污手足。"《广雅·释诂一》：淖，湿也。王念孙疏证："淖者，《尔雅·释言》(陆德明)释文引《字林》云：'淖，濡甚也。'"

（二）泥与道路

（735）涂，《广韵》同都切，平模定。又宅加切。"涂"泛指泥；泥巴。《孟子·公孙丑上》："立于恶人之朝，与恶人言，如以朝衣朝冠，坐于涂炭。"赵岐注："涂，泥。""涂"可以表示"道路"义。《论语·阳货》："孔子时其亡也，而往拜之。过诸涂。"何晏集解引孔安国注："涂，道也。"《集韵·模韵》："途，通作涂。"汉语中，"道路"义与"水渠"义有关的词有不少：道、术等。"涂"其"泥巴"义是否也和"道路"义有关。"涂"可以表示"粉刷物品"义。《书·梓材》："若作家室，既勤垣墉，惟其涂塈茨。"

（736）溏^2，《广韵》徒郎切，平唐定。"溏"指泥浆。《广雅·释言》："溏，淖也。""溏"来源于"道路"，详见"池塘坑"条下"溏"。

（三）泥与泥渣/淤泥/积淀

（737）涅$^{1'}$①，《广韵》以整切，上静以。"涅"指泥；泥滓。《玉篇·水部》："涅，泥也，淀也。"还表示水名。"涅"还可以表示下沉。《字汇》："涅，沉也。"

（738）沈^2，《广韵》直深切，平侵澄。又直禁切。"沈"表示污泥。《庄子·达生》："沈有履。"陆德明释文："司马本作'沈有漏'，云：沈，水污泥也。"《说文·水部》："沈，浊黕也。"段玉裁注："《黑部》曰：'黕，滓垢也。'黕、沈同音通用。""沈"还表示"沉没"。《诗·小雅·菁菁者莪》："泛泛杨舟，载沈载浮。"《左传·成公十一年》："晋人归之施氏，施氏逆诸河，沈其二子。"

（739）墊，《广韵》堂练切，去霰定。"墊"泛指泥滓。也作"淀"。《正字通·土部》："墊，《六书统》：墊，滓垽也。《尔雅》作淀，义同。""墊"可以表示砌，铺。《汉武故事》："庭中皆墊以文石，率以铜为瓦。"还可以指地基。《广韵·霰韵》："墊，堂基。"

淀^2，《广韵》堂练切，去霰定。"淀"指淤泥；沉积的泥滓。《尔雅·释器》："淀谓之垽。"郭璞注："滓淀也，今江东呼垽。"郝懿行义

---

① "涅"有2个与水有关的义项：涅^1：泥，泥滓。涅^2：水名。

疏:"淀,今之浑泥是也。""淀"也可以指淤积;沉淀。宋沈括《梦溪笔谈·杂谈二》:"汴渠有二十年不浚,岁岁堙淀。"

（740）澍,《集韵》芳用切,去用敷。"澍"表示深泥。《集韵·用韵》:"澍,沉泥。"

（四）泥与稀泥/搅混

（741）淈,《广韵》古忽切,入没见。又下没切。"淈"泛指稀泥。《说文·水部》:"淈,浊泥。"段玉裁注:"多汁成泥。""淈"表"稀泥"义可能与其表"搅浊;扰乱"义有关。《楚辞·渔夫》:"世人皆浊,何不淈其泥而扬其波？"《说文·水部》:"淈,浊也。"段玉裁注:"今人'汩乱'字当作此。按《洪范》:'汩陈其五行。'某曰:'汩,乱也。'"

（742）汀²,《集韵》待鼎切,上迥定。"汀泞"指稀泥浆。《集韵·迥韵》:"汀,汀泞,泥淖也。"

（743）灺,《集韵》以者切,上马以。"灺"表示泥淖。《集韵·马韵》:"灺,泥淖也。""灺"还可以表示泥水貌。《玉篇·水部》:"灺,泥水貌。"

（五）其余词

（744）淊,《改并四声篇海》引《奚韵》胡感切。"淊"指淊泥。《改并四声篇海·水部》引《奚韵》:"淊,横泥。"

（745）洷,《集韵》觅毕切,入质明。"洷洼"表示泥淖。《类篇·水部》:"洷,洷洼,泥淖。"

（746）渗,《广韵》蒲鉴切,去鉴并。"渗"指深泥;烂泥。《广韵·鉴韵》:"埝,深泥也。渗,渗同。""渗"可以表示在泥淖中行走。《集韵·卫韵》:"渗,行淖中也。"

（747）濡,《集韵》尼赚切,去陷娘。"濡"泛指泥。《玉篇·雨部》:"濡,泥也。"

（748）溁,《集韵》楚瓦切,上马切。"溁"泛指泥。《玉篇·水部》:"溁,泥也。"

小结:"泥"与"湿润""道路""泥渣/淤泥""积淀""稀泥"和"搅混"都有一定关系。认知上的转换在词义演变过程中占有十分重要的地位,比如"泥渣/淤泥"是"泥"的沉淀物,做动词用就是"积淀""淤积"。当"泥"为"稀泥"或"泥水"时,也"搅混"存在一定的关系。

第七节　胶脂

"胶脂"次语义场中,有自然界的天然胶脂,也有取材于自然界的加工后的"胶脂"。我们一并列出。"胶"与"脂"都属于粘性的物质,因为词比较少,把它们合并成一个次语义场。"胶脂"次语义场一共有5个词,分别是:黐、槾、胶、枆、㮾。

(749)黐,《广韵》丑知切,平支彻。又吕知切。"黐"表示木胶。唐玄应《一切经音义》卷二:"黐,《字书》:'木胶也。'"

(750)槾,《集韵》莫半切,去换明。"槾"指木脂。《集韵·换韵》:"槾,木脂。"据陈孝玲:侗台语表"油脂"的词,梁敏拟为 *mən "荤油"。在各语言中,该词一般表示"荤油",但也有个别例外,如德宏傣语 man² 也可用于植物油,如 man²tho⁵ 豆油, man²phak⁷ 菜油。印度尼西亚语 minyak 油脂,油,脂肪与"槾"比较。①

(751)胶,《广韵》古肴切,平肴见。又古孝切。"胶"泛指能粘合器物的物质。《说文·肉部》:"胶,昵也,作之以皮。"

(752)枆,《说文系传》敕其反。"枆"表示树脂,一种树木分泌出的粘性物质。五代徐锴《说文系传·黍部》:"枆,有树出之(脂)如漆,可以黏蝉雀。"吴锦章补遗:"枆,为木汁之能黏者,非黍类也。段氏以为䅻之俗,非也。"

(753)㮾,《广韵》良弊切,上养来。"㮾"指松脂。《玉篇·木部》:"㮾,松脂。"

第八节　涂料

严格地说,"涂料"不算一种纯粹的"自然界之水"。只是通过自然界的原料加工而成,我们将其附于"自然界之水"后。下面的"墨"语义场也是如此。"涂料"次语义场包含漆以及其他涂料。漆其实也是

---

① 陈孝玲:《侗台语核心词研究》,巴蜀书社2011年版,第89页。

一种涂料。"涂料"次语义场共有词 5 个，分别是：漆（柒、桼）、靛（淀、澱）、髤（髹）、泥、麲。

（一）涂料与涂漆/使……光亮

(754) 漆[1/]①，《广韵》亲吉切，入质清。《书·禹贡》："（豫州）厥贡漆、枲、絺、紵。"《玉篇·桼部》："桼，木汁，可以髤物。今为漆。""漆"既指用漆树汁制成的涂料，也指水名。丁邦新等曾讨论过"桼，漆"：发现侗台语"漆"的说法有一种收 – k 尾的，如：佯黄 rak^7，毛南 $^ndjak^7$，莫家 dak^7，水语 $^ndak^7$，泰语 rak^7，傣西 $ha:k^8$，布依 zak^8。另一部分侗台语"漆"的说法可以与汉语对应，如：兴义布依 $çat^7$，侗语 $sət^7$，仫佬 $thət^7$，拉珈 $thet^7$。② "漆"的"涂料"义可能与"涂漆"义有关。《战国策·赵策一》："豫让又漆身为厉，灭须去眉，自刑以变其容。"黄树先也持同一观点。转引先生的材料：印度尼西亚语 cat 对应汉语"漆"。汉语"漆"字有名词、动词两个形式。闽语"漆漆"，名词当干漆讲，动词是上漆使光亮。印度尼西亚语 cat "漆，颜料。bercat 漆上，用……漆"。英语 paint "油漆。动词，涂油漆"。③

柒[1/]④，《广韵》亲吉切，入质清。唐佚名《范氏夫人墓志》："凝脂点柒，独授天资。""柒"同"漆"。表示用树的胶汁做成的涂料；还指水名。"柒"还表示"上过漆的"。唐张洸《济渎庙北海坛祭器碑阴》："柒盆子二……柒杓子六。"

桼，"桼"同"漆"。用漆树皮里的粘液做成的涂料。《说文·桼部》："桼，木汁，可以髤物。"《汉书·贾山传》："冶铜锢其内，桼涂其外。"

（二）其余词

(755) 靛，《广韵》堂练切，去霰定。"靛"表示蓝色染料。《本草纲目·草部·蓝靛》："以蓝浸水一宿，入石灰搅至千，澄去水，则

---

① "漆"有 2 个与水有关的义项：漆¹：涂料。漆²：水名。
② 丁邦新、孙宏开：《汉藏语同源词研究（二）——汉藏、苗瑶同源词专题研究》，广西民族出版社 2001 年版，第 105 页。
③ 北京大学东方语言文学系印度尼西亚语言文学教研室编：《新印度尼西亚汉语词典》，商务印书馆 1997 年版。
④ "柒"有 2 个与水有关的义项：柒¹：涂料。柒²：水名。

青黑色。亦可干收，用染青碧。其搅起浮沫，掠去阴干，谓之靛花。"

淀², 《广韵》堂练切，去霰定。"淀"同"靛"，指蓝色染料。《敦煌变文集·维摩诘经讲经文》："身色皆蓝淀（靛），情田尽虎狼。"

澱³, 《广韵》堂练切，去霰定。谆部。"澱"指蓝靛，后作靛。《通志·昆虫草木略一》："蓝有三种。蓼蓝如蓼染绿，大蓝如芥染碧，槐蓝如槐染青。三蓝皆可作澱，色成胜母。"

（756）髤，《广韵》许尤切，平尤晓。"髤"指赤黑色的漆。《仪礼·乡射礼》："楅髤横而拳之。"郑玄注："髤，赤黑漆也。"

髹，《广韵》许尤切，平尤晓。"髹"同"髤"，表示赤黑漆。《玉篇》："髹，赤黑漆。髤，同髹。"

（757）泥²，《广韵》奴低切，平齐泥。"泥"也表示墙壁的涂料。《世说新语·汰侈》："石（崇）以椒为泥。"

（758）䃺，《广韵》薄交切，平肴并。"䃺"也指赤黑色的漆。《广韵·肴韵》："䃺，赤黑之漆。"

小结："漆""涂料"与"涂漆""使……光亮"意义上具有一定的关联性。

第九节　墨

"墨"表示黑色的颜料。"墨"次语义场共有 3 个词，分别是：墨、煤、螺。

（一）墨与黑

（759）墨，《广韵》莫北切，入德明。"墨"表示写字绘画用的黑色颜料。《国语·吴语》："右军亦如之，皆玄裳、玄旗、黑甲、乌羽之矰，望之如墨。"《说文·土部》："墨，书墨也。"桂馥义证："古者，漆书之后，皆用石墨以书。""墨"的"黑色颜料"义与其"黑色"义有关。《左传·僖公三十三年》："遂墨以葬文公，晋于是始墨。"《广雅·释器》："墨，黑也。"这个词有很多学者进行了讨论。王力认为"黑""墨"同源，属于形容词到名词的音转滋生词。[①] 沙加尔持同一观点："墨"与"黑"关系明

[①] 王力编：《同源字典》，商务印书馆 1982 年版，第 49 页。

显,是同源词。① 张博认为,"墨"派生出了"黑",属于"名>形"系列同族词,② 黑,《说文》:"黑,火所熏之色也。"《书·禹贡》:"厥土黑坟。"孔传:"色黑而坟起。"

(760) 煤,《广韵》莫杯切,平灰明。"煤"表示墨。唐韩偓《横塘》:"蜀纸麰煤添笔砚,越瓯犀液发茶香。""煤"的"墨"义可能与其表示"黑色"义有关。明汤显祖《邯郸记·鏖夹》:"呀,山色烧煤了。"

(二) 其余词

(761) 螺,《广韵》落戈切,平戈来。"螺",螺子墨的省称。晋陆云《与平原书》:"曹公藏石墨数十万斤,云烧此消复可用,然烟中人不知,兄颇见之不?今送二螺。"

小结:"墨"次语义场的词多与"黑"相关,如:墨、煤。

---

① [美] 沙加尔:《上古汉语词根》,龚群虎译,上海教育出版社 2004 年版,第 235 页。
② 张博:《汉语同族词的系统性与验证方法》,商务印书馆 2006 年版,第 202 页。

第八章　身体之水与相关动作
——名动转换(1)：一种常见的语义衍生方式

有的核心词，既有名词义项，又有动词义项，或由名词义衍生为动词义，或由动词义衍生为名词义，名动转换是核心词常见的词义衍生方式之一。

比如汉语"唾"，既表示口液；唾沫。《素问·宣明五气篇》："脾为涎，肾为唾。"同时又表示吐。《韩非子·外储说左上》："鲁人有自喜者，见长年饮酒，不能釂则唾之，亦效唾之。"

藏-缅语 *(m-)tuk~*(s-)tu·k~*(s-)du·k;米基尔语 iŋtok "吐；唾沫"；马鲁语 tauk "呕吐，呕出"；列普查语 tyuk "吐"，dyuk "唾沫"[1]。

英语 spit 同样有动词和名词两个义项，动词为"吐，唾（唾沫、食物等）"，名词为"唾液，唾沫"，还表示"啐唾沫，吐痰，吐食物"之类的行为。[2]

郑张尚芳曾探讨对比词根的名动转换问题：

> 选择对比词根在语义方面要求相通，而非等同。可允许名动名形相转、大小称相转、通名与代表种相转，相似物、相近部位相变转等。

---

[1] [美]白保罗：《汉藏语言概论》，乐赛月等译，中国社会科学院民族研究所1972年版，第234页。

[2] [英] A. S. 霍恩比编：《牛津高阶英汉双解词典》，王玉章等译，商务印书馆2009年版，第1940页。

名动相转，如汉语"炜"＊hmɯiʔ(《说文》："火也"，通毁，义兼名动)，对藏文 me、缅文 miih（火）为名词，对泰文 hmaix（烧）为动词。汉语"咬"（下巧切）＊greeuʔ，对泰文 giaux（嚼）为动词，对泰文 khiaux（齿）为名词。名形相转，如：藏文"血"khrag 对汉语"赤"＊khljaag，对印度尼西亚语 merah（红）和 darah（血）的词根 rah，比较粤语"猪血"讳称"猪红"。①

我们拟通过系联几个语义场和词族中的同族词，通过比较汉藏语系语言和其他语系语言，以期说明名动转换是语言中一种常见的语义衍生方式，这种词义衍生方式具有一定的类型学意义。

为了论题的相对集中，一般只考虑同形的名动转换词语，即所谓"零派生"（zeroderivation）或"功能转移"（functionalshift）的词语。英语 saliva"唾液"、salivate"垂涎，流口水"这类不在我们讨论的范围之内。只是在语言比较的时候会有所涉及。

本章探讨身体之水及相关动作，身体之水包括眼泪、口水、鼻涕、乳汁、尿液、精液、汗水、血、耳屎、眼屎、脓以及骨髓等，它们在词义衍生的时候与其相关动作有着十分密切的关系。

第一节 眼泪与流泪

汉语"眼泪"与"流泪"相关，有些词语既能表示眼泪这种事物，同时还能表示流泪或哭泣之类的动作。例如：

【泣】"泣"在上古就有了"眼泪"义。张永言说："泪"的意义在上古常常说成"泣"。例如《吕氏春秋·长见》："吴起抿泣而应之。"②《诗·邶风·燕燕》："瞻望弗及，泣涕如雨。"此例中"泣""涕"并举，都为眼泪。《广雅·释言》："泣，泪也。"同时它也可以表示哭泣。《说文·水部》："泣，无声出涕曰泣。"段玉裁注："'哭'

---

① 郑张尚芳：《汉语与亲属语同源根词及附缀成分比较上的择对问题》，《中国语言学报》1995 第 2 期。
② 张永言：《读王力主编〈古代汉语〉札记》，《中国语文》1981 年第 3 期，第 126 页。

下曰:'哀声也。'其出涕不待言,其无声出涕者为泣。此哭、泣之别也。"《史记·宋微子世家》:"……箕子伤之,欲哭则不可,欲泣为其近妇人,乃作《麦秀之诗》以歌咏之。"这说明,开始"哭"和"泣"是有区别的,无声为"泣",有声为"哭"。后来,"哭"和"泣"的区别逐渐消失了,如《六书故·地理三》:"泣,声泪俱下曰泣。"

《易·屯》:"泣血涟如。"李鼎祚集解:"《九家易》曰:'掩目流血,泣之象也。'"① 我们认为是可以商榷的。"泣血涟如"中"泣"应该和"血"一样,都指眼泪。看"血"的训释。《易·屯》:"乘马班如,泣血涟如。"《文选·李陵〈答苏武书〉》:"战士为陵饮血。"李善注:"血即泪也。"② 笔者家乡话"哭"也可以称作"溅血 [tsɛk⁵¹ phik⁵⁵]"或"滴血 [tia⁵¹ phik⁵⁵]",要求别人别哭称作"莫溅血哩/莫滴血哩"。看来"血"确是可以表示"眼泪"的。"涟",泪流不断的样子。③ 综合起来,"泣血涟如"应是表泪流不断。

"汽"表流泪应当是"泣"的假借。《说文·水部》:"汽,泣下。"郑张和潘先生拟音可信,他们对"汽"的拟音分别为 *khɯds 和 *khŭts。

【泪】"泪"比较晚起,俞敏说来自"泣"④。它也有两个意思,一方面表示眼泪。《玉篇·水部》:"泪,涕泪也。"《集韵·至韵》:"泪,目液也。"《战国策·燕策三》:"高渐离击筑,荆轲和而歌,为变征之声,士皆垂泪涕泣。"另一方面表示流泪。《文选·孔稚珪〈北山移文〉》:"泪翟子之悲,动朱公之哭。"李善注:"墨子见练丝而泣之,为其可以黄,可以黑。"

【淚】同"泪"。《玉篇·水部》:"淚",同"泪"。

【涕】《说文·水部》:"涕,泣也。"桂馥义证:"泣也者,《一切经音义》三:'涕,泪也。'"《玉篇·水部》:"涕,目汁出曰涕。"《广韵·霁韵》:"涕,涕泪。"《楚辞·离骚》:"长太息以掩涕兮,哀民生之多艰。"洪兴祖补注:"掩涕,犹抆泪也。""涕"在其中表示眼泪。

---

① 汉语大字典编辑委员会编:《汉语大字典》,湖北辞书出版社1987年版,第1593页。
② 同上书,第3050页。
③ 同上书,第1695页。
④ 俞敏:《汉藏文献相互为用一例》,《语言研究》1991年第1期,第130页。

同时它也能表示流泪。例如宋陈亮《念奴娇·登多景楼》："因笑王、谢诸人，登高怀远，也学英雄涕。"清邹道济《割地议款说》："途人闻之，纷纷而涕，唯唯而散。"

其他语系语言也有类似的词义演变情况。例如：

英语 weep 也能表示"哭泣、流泪"和"眼泪"两种意义。① 此外和 sob 一样，weep 也可以表示"哭泣、落泪"之类的行为或声音。例如：

Sometimes you feel better for a good weep. 有时候你痛痛快快哭上一场就会觉得好受些。

He gave a deep sob. 他发出一声低沉的抽噎声。

法语 pleur, 1. 哭泣，流泪，眼泪，泪水。2. 浆液。②

"眼泪"与"灌注"也可能存在派生上的关系。除了表示"眼泪"的"灙"可以表"灌注"外，其他一些表示液体的词也具有"灌注"义。对比两个例子：

【灙】《集韵》朱欲切，入烛章。既可以表示眼泪，如《集韵·烛韵》："灙，目汁。"又表示灌注。如《大戴礼记·劝学》："譬之如洿邪，水潦灙焉，莞蒲生焉。"

【洎】《广韵》其冀切，去至群。又几利切。一方面表示往锅里添水。如《说文·水部》："洎，灌釜也。"《周礼·秋官·士师》："祀五帝，则沃尸；及王盥，洎镬水。"郑玄注："洎，谓增其沃汁。"另一方面表示汤汁。《玉篇·水部》："洎，肉汁也。"《左传·襄公二十八年》："公膳日双鸡，饔人窃更之以鹜。御者知之，则去其肉，而以其洎馈。"陆德明释文："洎，肉汁也。"

英语也可以这样说，Tears poured down his cheeks（眼泪顺着他的面颊簌簌流下）。可见"眼泪"和"灌注"之间还是存在一定联系的。

第二节　鼻涕与流涕

"鼻涕"先秦本作"洟"。《说文·水部》："洟，鼻液也。"但该词

---

① [英] A. S. 霍恩比：《牛津高阶英汉双解词典》，王玉章等译，商务印书馆 2009 年版。
② 张寅德编：《新法汉词典》，上海译文出版社 2000 年版，第 166 页。

的使用频率并不高,据钟明立对先秦常见文献的调查,一共才使用六次。先秦又借"泗"为"洟"。段注:"泗即洟之假借字也。"① 如《诗经·陈风·泽陂》:"寤寐无为,涕泗滂沱。"毛传:"自目曰涕,自鼻曰泗。"

汉语"鼻涕"与"流鼻涕""擦鼻涕"等动作相关,有些词语既能表示鼻涕这种事物,又能表示流鼻涕或擦鼻涕之类的动作。例如:

【洟】《说文·水部》:"洟,鼻液也。"《易·萃》:"赍咨涕洟,无咎。"陆德明释文引郑玄注:"自目曰涕,自鼻曰洟。"又表示擤鼻涕和流鼻涕等。例如《礼记·内则》:"(在父母舅姑之所)升降出入……不敢唾洟。"意为既不敢吐口水,又不敢擤鼻涕。明张煌言《旅愁》:"故园花侯又辛夷,梦自惺忪涕自洟。""洟"意为流鼻涕。

【齂】一方面同"洟",意为"鼻涕"。《集韵·霁韵》:"洟,《说文》:'鼻液也。'或作齂。"又《旨韵》:"齂,涕也。"另一方面同"挮",意为"擦去鼻涕眼泪"。《集韵·荠韵》:"挮,去涕也。或从鼻。"《玉篇·手部》:"挮,去洟泪。"《广韵·荠韵》:"挮,去泪。"

段玉裁在给"洟"做注的时候说:"古书弟、夷二字多相乱,于是谓自鼻出者曰涕,而自目出这别制泪字,皆许不取也。""弟""夷"或"涕""洟"相混固然有语音上的原因,但我们认为"鼻涕"和"眼泪"相混也有认知等方面的原因。黄树先曾说:"'鼻子'跟'颧骨,脸颊'在词义上,是可以转换的。""'鼻'和'脸',包括颧骨、额头,部位很近,词义发生转移不足为奇。"② 郑张尚芳也曾指出藏文本身就有"鼻脸"同词的先例:

近部位变义,如藏文 gdoŋ 兼指鼻梁和脸,此词对印度尼西亚语 hiduŋ,和泰文 ʔdangx,只指鼻、鼻梁。但以藏文 sna(鼻)对缅文 hnaa(鼻)、泰文 hnaax(脸)时,白保罗对谢飞这一泰文变义比对就很不以为然,他忘了藏文本身就有"鼻脸"同词的先例。③

---

① 钟明立:《"洟/泗/涕/鼻涕"历时更替考》,《华南师范大学学报》2007 年第 2 期,第 71 页。
② 黄树先:《汉语核心词"鼻"音义研究》,《语言研究》2009 年第 2 期,第 73 页。
③ 郑张尚芳:《汉语与亲属语同源根词及附级成分比较上的择对问题》,《中国语言学报》1995 年第 2 期。

"鼻""脸"语义既然可以转换,"鼻涕"与"眼泪"当然也是如此,语义上可以相互转换,有时还包括痰、唾液、口水等。例如:

【涕】既能表示鼻涕。如《素问·解精微论》:"脑者,阴也;髓者,骨之充也,故脑渗为涕。"王冰注:"鼻窍通脑,故脑渗为涕,流于鼻中矣。"也能表示眼泪。如《楚辞·离骚》:"长太息以掩涕兮,哀民生之多艰。"洪与祖补注:"掩涕,犹抆泪也。"还能表示痰。例如《金匮要略·五脏风寒积病脉证并治》:"肺中寒,吐浊涕。"

德语 Rotz［粗］鼻涕;rotzen［粗,贬］动词,既能表示(大声)擤鼻涕;又能表示(大声)咳出痰,吐痰。① 可见"鼻涕"和"痰"是相通的。

"鼻子"和"脸"可相互转换,我们既能说"哭脸",也能说"哭鼻子"。"鼻涕"和"眼泪"也相通,德语 schnupfen 既表示擤鼻涕、倒吸鼻涕,又表示抽噎、啜泣。

与"鼻涕""鼻液"有关的名动转换的例子还有"鼽""衄"等。

【鼽】它也有两个意义,一是名词义,表示由感冒引起的鼻塞。《释名·释疾病》:"鼻塞曰鼽。鼽,久也。涕久不通遂至窒塞也。"二是动词义,表示鼻流清涕。《素问·金匮真言论》:"春不鼽衄。"王冰注:"鼽,谓鼻中水出。"德语 schnupfen 一方面表示擤鼻涕、倒吸鼻涕,另一方面也表示感冒、伤风等。②

【衄】一是动词义,表示鼻出血。《素问·气厥论》:"传为衄衊瞑目,故得之气厥也。"王冰注:"衊谓(鼻)汗血也。"二是名词义,表示鼻血、污血。如《素问·六元正纪大论》:"少阴所至,为悲妄衄衊。"王冰注:"衊,污血。亦脂也。""污血"义又可以派生出涂染和造谣破坏别人的名誉等意义来。例如《新唐书·桓彦范传》:"恐为雠家诬衊。"

另外,"鼻涕"还与"鼻子"有关,另起章节讨论。山东临朐方言的"鼻子、鼻涕"义都用"鼻子"来表示。③ 浙江长乐方言则"鼻头"

---

① 张才尧等编:《新编德汉词典》,外语教学与研究出版社 2004 年版,第 1324 页。
② 同上书,第 1409 页。
③ 钱曾怡:《临朐方言简记》,《钱曾怡汉语方言研究文选》,山东大学出版社 2008 年版,第 194 页。

既指鼻子，又可以指鼻涕。①

第三节 乳汁与相关动作

"乳汁"与"哺乳""生育"等动作相关。例如汉语：

【乳】既表示乳汁和乳房。《古今韵会举要·虞韵》引《增韵》："乳，湩也。"《史记·扁鹊仓公列传》："意（仓公）告之后百余日，果为疽发乳上。"还表示喂奶和生子等相关动作。如《左传·宣公四年》："邔夫人使弃诸梦中，虎乳之。""乳"意为哺乳，喂奶。再如《史记·扁鹊仓公列传》："菑川王美人怀子而不乳。"司马贞索引："乳，生也。"哺乳、喂奶义的"乳"可进而泛化，意为饮、喝。如南朝宋鲍照《芜城赋》："伏虣（暴）藏虎，乳血飡肤。"

"乳"还可以派生出初生、新生等含义来。南朝宋鲍照《咏采桑》："乳燕逐草虫，巢蜂拾花药。"汉语"乳儿""乳臭未干""乳名""乳牙""乳猪"等都与初生、新生相关。汉语"子"，《周易·序卦》："有夫妇然后有父子。"字或作"字"，《易·屯卦》："女子贞不字。"虞注："字，妊娠也。"《说文》："字，乳也。"《广雅·释诂》一："字，生也。"王力认为"子""字"同源。②

"乳""生育（怀孕）""小孩"词义可以相通。郑张尚芳说，原始南岛语 nunuh"乳"，印度尼西亚语 nuug 昵称小孩。③ 法语 élève¹"门生，弟子，门徒；学生；饲养的幼畜；苗木"；nourriture"乳儿，婴儿；[古，转] 弟子，门生"④。黄树先也曾讨论"婴与婴儿"的关系：黄陂话小孩叫"奶伢"，也说"吃妈的伢"。西南官话"奶"，正在喂奶或刚断奶的，"奶狗儿""奶猪儿"。"奶儿"，江淮官话、吴语指乳房，西南官话，父母对小孩的昵称。赣语"奶崽"，男孩。意大利语

---

① 钱曾怡：《长乐方言词语选》，《钱曾怡汉语方言研究文选》，山东大学出版社 2008 年版，第 289 页。
② 王力编：《同源字典》，商务印书馆 1982 年版，第 98 页。
③ 郑张尚芳：《汉语的同源异形词和异源共形词》，侯占虎《汉语词源研究》（一），吉林教育出版社 2001 年版，第 180 页。
④ 张寅德编：《新法汉词典》，上海译文出版社 2000 年版，第 425、854 页。

póppa"乳",poppante"吃奶的;乳儿;没有经验的年轻人"。比较汉语"乳臭未干"的说法。葡萄牙语 mama "乳房;乳汁;哺乳期:criança de mama 哺乳的孩子"。俄语 тнтечный/tntechy "乳房的;哺乳期的,吃奶的:тнтечный мальчóнка 吃奶的小男孩"①。

【奶】也兼有名词和动词义。名词表示乳汁、乳房（如奶头）。《红楼梦》第十九回:"我的血变的奶,吃的长这么大,如今我吃他一碗牛奶,他就生气了?"动词表示喂奶。《红楼梦》第二十回:"把你奶了这么大。"浙江长乐方言中"奶奶"既表示乳房,又表示乳汁。②

【洳】《正字通·水部》:"洳,吴元满《总要》:乳,音汝。酱酥也,谚呼为奶,又泥吼切。洳,溷也,母血所化,以饮婴孩者。"这说明,"洳"有两音,一音为汝,意为乳房,二音为泥吼切,意为乳汁。《汉语大字典》释"洳"同"乳",乳汁,可能不全。"洳"还有动词义,表示哺乳,也作"嗀"。《正字通·水部》:"洳,一说《左传》:楚人谓乳为洳。洳,一作嗀。"

【嗀】《玉篇·女部》:"嗀,妳异名。"《正字通·女部》:"嗀,乳之异名。"也表示给孩子喂奶。《集韵·厚韵》:"嗀,乳子也。"还表示取乳。《集韵·俟韵》:"嗀,取乳也。"

其他语言中,"乳汁"也与"哺乳""吃奶"等动作相关。例如:

藏语 nu-ma "乳房",藏拉语 nu "奶",缅语 nui,卢舍依与 hnu-te "乳房,奶"（藏-缅语 *nuw）。藏语 nud-pa（还有 snun-pa）"哺乳"< nu-ba "吮吸"。藏语 'dzo-ba(<'zo-ba)~bzo-ba "挤奶"（zo "奶酪"）。普沃语 nu,斯戈语 nü "乳房";藏—缅语 *nuw。缅语 nui,普沃语 nu,斯戈语 nü "乳房"。缅语 niu/nziu "乳头,奶;（AD）释为乳房",藏—缅语 *nəw "乳房,奶"③。英语 suck "吮吸;吸;咂;啜";suckle "给……喂奶,给……哺乳;吸奶,吃奶"④。葡萄牙语 chucha 吮

---

① 黄树先:《比较词义探索》,巴蜀书社2012年版,第292页。
② 钱曾怡:《长乐方言词语选》,《钱曾怡汉语方言研究文选》,山东大学出版社2008年版,第290页。
③ [美]白保罗:《汉藏语言概论》,乐赛月等译,中国社会科学院民族研究所1972年版,第105、144、161、131、316页。
④ [英]A.S.霍恩比编:《牛津高阶英汉双解词典》,王玉章等译,商务印书馆2009年版,第2019页。

吸；[儿童用语] 乳房，奶头；[罕] 食物，食品。① 印度尼西亚语 telek 奶，乳房。②

"奶"还与"挤奶、吃奶"有关。

【构】《广韵》古侯切，去侯见。"构"表示牛羊的乳汁。《汉书·叙传上》："楚人谓乳'谷'。"唐颜师古注引如淳曰："牛羊乳汁曰构。"黄树先曾讨论过这个词：汉语"构"指奶，《汉书·叙传》："楚人谓乳榖。"如淳注："牛羊乳汁曰构。"动词是挤奶、喂奶，字或作"构""榖"。《水经注·河水》一："小夫人即以两手捋乳。"王国维校："《佛国记》作两手构乳。乳亦读若构，互相为用。"现代汉语"奶"是名词，"奶孩子"就变成了动词。葡萄牙语 chucha "吮吸；乳房，奶头；食物，食品"。英语 milk "乳，奶。动词，挤（牛，羊之）奶"③。

英语 milk，既表示"（牛或羊等的）奶；（人或哺乳动物的）奶，乳汁；（椰子等植物的）白色汁液，乳液"；也表示"挤奶；趁机牟利，捞一把，捞好处"。汉语"趁机牟利"意义用"揩油"表示。"奶"和"油"意义上具有一致性，韩语 착유 "榨油；挤奶"④。英语 milk–sop "懦弱的男子（或男孩）；弱不禁风的男子（或男孩）"，汉语称作"奶油小生"⑤。

第四节　口水与相关动作

我们所指的"口水"是指从口中流出或吐出的液体，包括"唾液""唾沫"和"痰"等。严格说来，这几种"口水"是有区别的，"唾液"起消化作用，"痰"却是人的口腔和呼吸道分泌出的一种病理产物，只是这些液体都由"口"出，因此统称为"口水"。况且，有时这几种"口水"很难区分，如缅语 tam-thwe "唾沫"，来自 *ta-mthwe，而后者 =

---

① 陈用仪编：《葡汉词典》，商务印书馆 2007 年版，第 223 页。
② 北京大学东方语言文学系印度尼西亚语言文学教研室编：《新印度尼西亚汉语词典》，商务印书馆 1997 年版，第 688 页。
③ 黄树先：《比较词义探索》，巴蜀书社 2012 年版，第 291 页。
④ 刘沛霖编：《韩汉大词典》，商务印书馆 2004 年版，第 1532 页。
⑤ [英] A. S. 霍恩比编：《牛津高阶英汉双解词典》，王玉章等译，商务印书馆 2009 年版，第 1273 页。

"它的（m-）水（thwe）"。加罗语 khu-tsi "唾液" = "口（khu）水"。米基尔语 tsiŋkhak "吐痰，清嗓子，咳出；痰，唾液"①。汉语"涎"，有时表示"痰"，如《素问·咳论》："肾咳之状，咳则腰背相引而痛，甚则咳涎。"也表示"口水、唾液"，如宋陆游《记梦》："君知梦觉本无异，勿为画饼流馋涎。"

"口水"与"吐口水""流口水"和"哽咽"等动作相关，"吐口水"进而可衍化为表达某种鄙弃或愤怒的感情，"流口水"进而可派生出"羡慕"等意义。"羡慕"义准确地说应该是由表"唾液"的"口水"派生而来，而表达某种鄙弃或愤怒的感情的用法应该是由表"唾沫"或"痰"的"口水"派生出来。

一　唾沫与相关动作

【唾】既表示口液；唾沫。《说文·口部》："唾，口液也。"《素问·宣明五气篇》："脾为涎，肾为唾。"唐杜甫《醉歌行》："汝身已见唾成珠，汝伯何由髮如漆！"又意为吐或者吐唾沫。如《韩非子·外储说左上》："鲁人有自喜者，见长年饮酒，不能釂则唾之，亦效唾之。""吐唾沫"常衍化成表达某种鄙弃或愤怒的感情。如《左传·僖公三十三年》："先轸怒曰：'武夫力而拘诸原，妇人暂而免诸国，堕军实而长寇雠，亡无日矣！'不顾而唾。"

藏语 mtshil-ma，卢舍依语 tsil "唾沫"，怒语 thil "唾沫"，thilthil "吐"，来自藏-缅语 *m-ts(y)il。②

藏—缅语 *(m-)tuk ~ *(s-)tu·k ~ *(s-)du·k：米基尔语 iŋtok "吐；唾沫"；马鲁语 tauk "呕吐，呕出"；列普查语 tyuk "吐"，dyuk "唾沫"。列普查语通常用声母腭化的方式表示及物动词，dyuk "唾沫"，tyuk "吐"③。

汉—藏语 tʰwa（C 调）"唾"（吐），tʰo/tʰuo（B～C 调）"吐"[从嘴吐出；（AD）释为呕吐、吐出]，藏—缅语 *(m-)twa ~ *(s-)twa "吐，

---

① [美]白保罗：《汉藏语言概论》，乐赛月等译，中国社会科学院民族研究所1972年版，第206、74页。
② 同上书，第55页。
③ 同上书，第234、135页。

唾沫"（在怒语支语言和克钦语也是"呕吐"）。克钦语 mətho "吐"，同藏语 tho-、西部藏语 thu、加罗语 stu、迪马萨语 thu，以及卡瑙里语 thu "吐"、tu-kəŋ "唾沫"，日旺语（怒语支语言）du "呕吐" 可归为一组。克钦语也有 məton ~ mədon "吐" 大概来自 * m-to-n；藏—缅语为 *（m-）twa ~ *（s-）twa。①

英语 expectorate "咳出（痰），吐出（唾液、血等）"；expectoration "痰、咳出物"。英语 spit（意为"吐口水"）可以衍化成表达某种鄙弃或愤怒的感情。② 看下面三个例子：

（1）The prisoners were spat on by their guards. 监狱看守朝犯人身上吐唾沫。

（2）She spat in his face and went out. 她朝他脸上啐了一口，然后走了出去。

（3）"You liar!" he spat. "你撒谎！"他怒叱道。

例（1）意为"吐唾沫"，鄙弃和愤怒义还不太明显，例（2）还意为"吐唾沫"，但具有很明显的鄙弃义和愤怒义，例（3）则纯粹表达鄙弃和愤怒。三者是词义演变的三个层次。例（3）尤有意思，很多语言中"吐""喷"之类的词语可以派生出说一类的意义。如汉语"呠"，本指猫狗呕吐，借指人信口胡说，出言污秽。《红楼梦》第75回："再灌丧了黄汤，还不知呠出什么新样儿的来呢。"③ 印度尼西亚语 menyemprot "喷出来，喷射；［口］责骂，训斥"；semprotan "喷射器；喷，喷射；［口］破口大骂，训斥"；menyemprotkan "把……喷出来；［喻］激烈地发出，很快地说出"④。法语 vomir 吐，呕吐；喷出；说出，吐出（骂人的话）。⑤

---

① ［美］白保罗：《汉藏语言概论》，乐赛月等译，中国社会科学院民族研究所1972年版，第319、224页。

② ［英］A. S. 霍恩比编：《牛津高阶英汉双解词典》，王玉章等译，商务印书馆2009年版，第699、1940页。

③ 陆澹安：《小说词语汇释》，上海古籍出版社1979年版，第420页。

④ 北京大学东方语言文学系印度尼西亚语言文学教研室编：《新印度尼西亚汉语词典》，商务印书馆1997年版，第592页。

⑤ 张寅德编：《新法汉词典》，上海译文出版社2000年版，第1359页。

二 唾液与相关动作

【涎】《玉篇·水部》:"涎,口液也。㳄,同上。亦作次。"表示口水。《新书·匈奴》:"得赐者之喜也……一国闻之者、见之者,垂涎而相告。"又表示贪图和羡慕。《字林》:"慕欲曰潺。"唐玄应《一切经音义》卷十一:"潺,又作涎。"《清史稿·袁希祖传》:"即天长、六合之贼,亦涎其利。"眼神呆滞义可能由羡慕义发展而来,因为这是羡慕达到一定程度的结果。平常我们见到美女或者帅哥,会看傻或者眼神呆滞,起因则在于羡慕。【㳄】同"涎"。《说文·㳄部》:"㳄,慕欲口液也。从欠,从水。"段注:"有所慕欲而口生液也,故其字从欠水会意。俗作涎。郭注、尔雅作䀉。"汉语有成语"垂涎三尺",表示极想得到某种希望得到的东西。《玉篇·㳄部》:"㳄,亦作涎。"《方言》卷四"繄袼谓之䙅。"晋郭璞注:"即小儿㳄衣也。"【潺】同"涎"。唾液。《集韵·仙韵》:"㳄,《说文》:'慕欲口液也。'或作涎、潺。"

【羡】《说文》:"羡,贪欲也。从㳄,羑省。"段注:"《大雅》:无然歆羡。毛传云:无是贪羡。此羡之本义也。"爱慕和贪欲并不可分,只是褒贬不同。《文选·张衡〈思玄赋〉》:"羡上都之赫戏兮,何迷故而不忘!"吕向注:"羡,慕也。"有时却表示贪欲。《周礼·地官·小司徒》:"凡起徒役,毋过家一人,以其余为羡。"

其他语言也是如此,"口水、唾液"与"流口水"等动作有关,进而可演变成"垂涎、羡慕"等意义。例如:

印度尼西亚语:liur (= airliur) "唾液,口水。be(r)liur, meliur 流口水,垂涎。terliur 垂涎,非常想吃";iler "[爪] 唾沫,口水。mengiler 流口水;[喻] 十分羡慕,渴望得到,垂涎三尺";ngiler "[爪] 流口水;垂涎,羡慕"。ludah "口水,唾液";meludah "吐唾沫,吐痰;吐出(口水)"①。

德语 Sabbel "嘴"。Sabbeln "[贬](不停地抢着)说废话;淌口水"。Sabber "唾沫,口水"。sabbern "[口] 流口水;不停地说废话"。

---

① 北京大学东方语言文学系印度尼西亚语言文学教研室编:《新印度尼西亚汉语词典》,商务印书馆 1997 年版,第 401、241、455、406 页。

Speichel "唾液，口水，唾沫"。speicheln "流涎，流口水，分泌唾液"。Speichel-fluβ "【医】流唾液（症），流口水，过分分泌唾液"。Speichel-lecker "阿谀奉承者，拍马屁的人"。Speichel-leckerei "阿谀奉承，谄媚"①。

西班牙语 babear 流口水；[转，口] 迷恋（一个女人）。baboso 好流口水的；[转，口] 好向女人献殷勤的。②

英语 slaver "流口水，垂涎"③。

葡萄牙语 babar "流口水；迷恋"④。

三　痰与相关动作

"痰"与"吐痰""梗塞""哽咽"之类的动作相关。汉语中暂时没发现既表示"痰"这一事物又表示"吐痰""哽咽"之类动作的词语。但"痰"与这些动作相关却具有类型学特征。很多语言中的"痰"与"吐痰"之类动作有关。例如：

汉—藏语 kʰəg/kʰai（C 调）"咳"，来自 *khek-ma 或类似形式；藏—缅语 *ka·k "咳，痰"（米基尔语和卢舍依语）。缅语 hak "咳嗽，咳出痰"，还有"张（嘴），张开"，卢舍依语 ha·k "哽噎"（藏—缅语 *ha·k）；还参见米基尔语 tsiŋkhak "吐痰，清嗓子，咳出；痰，唾液"，卢舍依语 kha·k "痰"。斯戈语 kəhaʔ "痰"；藏—缅语 *ha·k "鹰，口衔，噎塞"。藏语 sud-pa，马加里语 su "咳嗽"，来自藏—缅语 *su(w)。藏语 lud-pa "痰" < lu-pa "咳，吐痰"。藏—缅语 *m-tok "吐"：米基尔语 iŋthok；参见克钦语 məthoо。⑤

印度尼西亚语：ludah "口水，唾液"；meludah "吐唾沫，吐痰；

---

① 张才尧等编：《新编德汉词典》，外语教学与研究出版社 2004 年版，第 1345、1491 页。

② 北京外国语学院西班牙语系《新西汉词典》组编：《新西汉词典》，商务印书馆 2008 年版，第 123 页。

③ [英] A. S. 霍恩比编：《牛津高阶英汉双解词典》，王玉章等译，商务印书馆 2009 年版。

④ 陈用仪编：《葡汉词典》，商务印书馆 2007 年版。

⑤ [美] 白保罗：《汉藏语言概论》，乐赛月等译，中国社会科学院民族研究所 1972 年版，第 315、74、141、152、106、125 页。

吐出（口水）"①。

英语 expectorate "咳出（痰），吐出（唾液、血等）；吐痰、唾液等"。也能充当名词，表示"痰，咳出物"②。

西班牙语 esputación 名词，痰；esputar 动词，咳出，吐出（痰）。③

韩语：침 "唾沫，唾液，口水，涎水"。가랫-침 "带痰唾液；痰"。담：라 "痰和唾沫；含有痰的唾沫"。담：해 "痰和咳嗽；咳嗽"。④

黄树先认为："印尼语－hak 可能对应汉语'喀'。喀是动作，喀出来的东西是唾沫。"这是有一定道理的。印度尼西亚语 dahak "痰"，ludah "口水，唾液"，都有 da(h),da(h) 可能意为 "口水"。后来可能加上动词前缀 me-，meludah 意为 "吐唾沫，吐痰；吐出（口水）"⑤。

汉语"涎"，有时表示粘液或浆汁（即痰），这与"咳"是联系在一起的。《素问·咳论》："肾咳之状，咳则腰背相引而痛，甚则咳涎。"

"痰"与"鼻涕"有时又很难分清楚，擤的鼻涕如果从口出，很难说这是鼻涕还是痰。德语 Rotz［粗］鼻涕；rotzen 动词，［粗，贬］（大声）擤鼻涕；（大声）咳出痰；吐痰。⑥

第五节 尿与撒尿及相关动作

【溲】一方面表示尿液。如《后汉书·张湛传》："湛至朝堂，遗失溲便，因自陈疾笃，不能复任朝事，遂罢之。"李贤注："溲，小便也。"另一方面也表示便溺、撒尿等。《国语·晋语四》："臣闻昔者大任娠文王不变，少溲于豕牢，而得文王，不加疾焉。"韦昭注："溲，便也。"还可以指吐血或排泄精液等。《庄子·则阳》："并溃漏发，不

---

① 北京大学东方语言文学系印度尼西亚语言文学教研室编：《新印度尼西亚汉语词典》，商务印书馆 1997 年版，第 406 页。
② ［英］A. S. 霍恩比编：《牛津高阶英汉双解词典》，王玉章等译，商务印书馆 2009 年版，第 424 页。
③ 北京外国语学院西班牙语系《新西汉词典》组编：《新西汉词典》，商务印书馆 2008 年版，第 461 页。
④ 刘沛霖：《韩汉大词典》，商务印书馆 2004 年版，第 1603、7、371、1603 页。
⑤ 黄树先：《比较词义探索》，巴蜀书社 2012 年版，第 363 页。
⑥ 张才尧等编：《新编德汉词典》，外语教学与研究出版社 2004 年版，第 1324 页。

择所出，漂疽疥癕，内热溲膏是也。"成玄英疏："溲膏，溺精也。"《史记·扁鹊仓公列传》："（潘满如）后二十余日，溲血死。"

【尿】既表示尿液。《说文·尾部》："尿，人小便也。"唐玄应《一切经音义》卷十七引《通俗文》："出脬曰尿。"也表示撒尿。《汉书·郦食其传》："沛公不喜儒，诸客冠儒冠来者，沛公辄解其冠，溺其中。"唐颜师古注："溺，读曰尿。"

【溺】同"尿"。既表示小便。《庄子·人间世》："夫爱马者，以筐盛矢，以蜄盛溺。"又表示屙尿。《韩非子·内储说下》："及夷射去，刖跪因捐水郎门溜下，类溺者之状。明日，王出而诃之曰：'谁溺于是？'"

【便】《广韵》婢面切，去线并。"便"指粪、尿。《本草纲目·草部·乌头》："草乌头一两，童便浸七日，去皮。"又表示排泄大小便。《汉书·张安世传》："郎有醉小便殿上。"

亲属语言中"尿液"与"排尿"等动作也关系密切。如藏语 gtsid-pa～gtsi-ba "解小便"，gtsin "小便"，克钦语 dzittsyi～dzitdzi "解小便"，dzit "小便"，怒语 tsi "小便"，tsitsi "解小便"，缅语 tshi "小便"（雅词），拉祜语 jɨ，迪马萨语 si-di "小便，解小便"（di "水"），来自藏—缅语 *ts(y)i；在缅—傈僳语中也有同源异形词 *ziy "小便"，由缅语 se，傈僳语 rzi，阿细语 zö，尼语 zə 来表示。藏语 gtsin "小便" < gtsi-ba "撒尿"①。

再如藏拉语 yu，怒语 əyü，缅语 yui，梅特黑语 yu "漏"，拉客尔语 zu < yu "滴，漏；一滴"，哈卡语 zuθ < yut "漏，滴，落下"，克钦语 yun～kəyun "漏"，卢舍依语和哈卡语 zun < yun "粪便，小便"（藏—缅语 *yuw）。② 这里"小便"与"滴""漏"相关。

再看非亲属语言的例子：

英语 pee 既能充当动词，意为"撒尿"，又能充当名词，表示"撒

---

① ［美］白保罗：《汉藏语言概论》，乐赛月等译，中国社会科学院民族研究所1972年版，第27、107页。

② 同上书，第108页。

尿"这一行为或者表示"尿，小便"这种事物。①

印度尼西亚语 Airseni"尿"，Kencing"小便"，也表示"撒尿"。

加词缀来表示"尿"和"撒尿"的就更多，如英语 urine"尿，小便"，urinate"撒尿"。德语 Pisse"［粗］尿，小便"，pissen"［粗］撒尿，小便"。

"撒尿"与"使……湿润""下雨"之类动作相关。如德语 nässen［雅］动词，使……湿润；渗水；［猎］（野兽）撒尿。feuchten 弄湿，沾湿；（兽类）撒尿。湿尿；湿湿。Pinkeln［俗］撒尿；下雨。schiffen［粗］撒尿；［俗］下大雨。②

"尿""粪"不可分。有些词既能表示"尿液"，又能表示"粪便"。例如，韩语：분지"粪便，粪尿"。③ 卢舍依语和哈卡语 zun＜yun"粪便，小便"。

第六节　汗液与出汗及相关动作

首先，汗液与出汗有关。比如汉语：

【汗】既表示人和部分动物汗腺里排泄出来的液体。如《说文·水部》："汗，人液也。"段玉裁注："汗，身液也。各本作人，今依《太平御览》订。"《素问·经脉别论》："饮食饱甚，汗出于胃。惊而夺精，汗出于心。持重远行，汗出于肾。疾走恐惧，汗出于肝。摇体劳苦，汗出于脾。"又能表示出汗，使出汗。《世说新语·言语》："卿面何以汗？"

再看加罗语 gramtsi"汗"，博德语 galam"出汗"，galamdoi"汗"，迪马萨语 gilimdi～gulumdi"汗"（="热水"）（藏—缅语＊lum）。④

法语 transpirer"分泌，渗出；泄露，走漏，透露；出汗，流汗；

---

① ［英］A. S. 霍恩比编：《牛津高阶英汉双解词典》，王玉章等译，商务印书馆 2009 年版，第 1466 页。

② 张才尧等编：《新编德汉词典》，外语教学与研究出版社 2004 年版，第 1080、527、1175、1382 页。

③ 刘沛霖编：《韩汉大词典》，商务印书馆 2004 年版，第 743 页。

④ ［美］白保罗：《汉藏语言概论》，乐赛月等译，中国社会科学院民族研究所 1972 年版，第 84 页。

苦干；蒸腾。"transpiration"出汗，流汗；汗，汗水；蒸腾作用"①。

"汗"和"出汗"的意义可以泛化，类似"汗"的事物可称"汗"，如"新竹有汗"，类似"出汗"的动作也称为"汗"，如"（竹）凡作简者，皆于火上炙干之，陈、楚间谓之汗"。《太平御览》卷六百零六引汉应劭《风俗通》："刘向《别录》曰：'杀青者，直治竹作简书之耳。'新竹有汗，善朽蠹，凡作简者，皆于火上炙干之，陈、楚间谓之汗。汗者，去其汗也。"《汉语大字典》释"汗"为"用火烤竹子，使它的汁液像出汗一样散发掉"，这只是"汗"的动词义，意为使"汗"蒸发。

其次，"汗"与"润泽""浸渍""辛劳"等意义也密切相关。例如"汗"，有润泽义。《太玄·闒》："饮汗吭吭，得其膏滑。"范望注："汗，润泽也。"再如：

【泽】一方面它表示"津液、唾液或汗水"，《礼记·玉藻》："父没而不能读父之书，手泽存焉尔。母没而杯圈不能饮焉，口泽之气存焉尔。"前者表示汗水，后者表示唾液、津液。同时它也具有"光亮、润泽，滋润，恩泽、恩惠，雨露，土壤中的水分，遗风"等意义。黄树先认为："泽"指汗，故汗衣也叫"泽"，《秦风·无衣》："岂曰无衣，与子同泽。"传："泽，润泽也。"笺："襌，亵衣，近污垢。"《释名·释衣服》："汗衣，近身受汗垢之衣也。《诗》谓之泽，受汗泽也。"比较英语 sweat "汗；水汽，湿气"，sweater "汗衫"。法语 eau "水；雨，雨水；大片的水（指海、湖、河、池塘等）；温泉，矿泉；人体分泌的液体（如汗、唾液、泪等）"②。

【泚】《正字通·水部》："泚，汗出貌。"《孟子·滕文公上》："其颡有泚，睨而不视。"赵岐注："泚，汗出泚泚然也。""泚"又表示清澈、浸渍等意义。如《说文·水部》："泚，清也。"《广韵·荠韵》："泚，水清也。"宋赵叔向《肯綮录·俚俗字义》："点笔曰泚笔。"

法语 moiteur "微湿，潮湿；轻微的出汗，少量的汗水"③。

再看"辛劳"。汉语有成语"汗马功劳"，指战功，后也泛指大的

---

① 张寅德编：《新法汉词典》，上海译文出版社 2000 年版，第 1020 页。
② 黄树先：《比较词义探索》，巴蜀书社 2012 年版，第 368 页。
③ 张寅德编：《新法汉词典》，上海译文出版社 2000 年版，第 639 页。

功劳（汗马：将士骑马作战，马累得出汗）。① 《韩非子·五蠹》："弃私家之事而必汗马之劳，家困而上弗论则穷矣。"成语"汗牛充栋""汗流浃背"等也与"辛劳"有关。"汗牛充栋"，形容书籍极多（汗牛：用牛运输，牛累得出汗）。②

法语 suer "出汗，冒汗，流汗；辛劳，劳累，费力，费劲；使某人厌烦；冒水气，渗水"。sueur "汗，汗水，出汗；辛勤劳动"。transpirer "分泌，渗出；泄露，走漏，透露；出汗，流汗；苦干；蒸腾"③。

再如汉语"血汗"，表示"血和汗，借指辛勤的劳动"，"血汗钱""粮食是农民用血汗换来的"④。都与"辛劳"有关。韩语피-땀"血和汗；血汗，心血"⑤。

此外，"汗"与"热"有关。例如《现代汉语词典》对"汗"的解释："人和高等动物从皮肤排泄出来的液体，是机体通过皮肤散热的主要方式。"

列普查语 lyam < *s–lam "热食物"（参见克钦语 sə–lum，缅语 hlum），克钦语 lum "暖"，məlum "煨，热"，sə–lum "热（如食物）"，怒语 lim "暖"，缅语 lum "热"，hlum "烤火取暖"，hlum "煮，把（食物）重新煮热"，博德语 lum–doŋ（霍奇森的材料）~ lam（恩德勒的材料）"热度"，迪马萨语 lim ~ lum "热的，发烧"，lim–ba "病，热病"，还有加罗语 gramtsi "汗"，博德语 galam "出汗"，galamdoi "汗"，迪马萨语 gilimdi ~ gulumdi "汗"（＝"热水"；参见西因语 kwo–ul "汗" ~ "暖"）（藏–缅语 * lum）。⑥

法语 ressuer "再次出汗，大量出汗；返潮，潮气渗出；热析，熔

---

① 中国社会科学院语言研究所词典编辑室编：《现代汉语词典》（第六版），商务印书馆 2016 年版，第 512 页。
② 同上。
③ 张寅德编：《新法汉词典》，上海译文出版社 2000 年版，第 966、1020 页。
④ 中国社会科学院语言研究所词典编辑室编：《现代汉语词典》（第六版），商务印书馆 2016 年版，第 1481 页。
⑤ 刘沛霖编：《韩汉大词典》，商务印书馆 2004 年版，第 1710 页。
⑥ ［美］白保罗：《汉藏语言概论》，乐赛月等译，中国社会科学院民族研究所 1972 年版，第 84 页。

析"①。

再有,"汗"与"让人讨厌"也有关系。汉语说"一身臭汗","汗"用臭来形容,说明"汗"是让人讨厌的。法语 suante "出汗的,流汗的,渗水的,冒出水点的;使人厌烦的"。suer "出汗,冒汗,流汗;辛劳,劳累,费力,费劲;使某人厌烦;冒水气,渗水"。② 视点不同,人们的认识也会不太一样。"一身臭汗"男女通用,但如果只用来形容女性,也可以说"香汗淋漓"。

第七节 血与相关动作

汉语"血"与"流血""血染"之类动词有关。

【血】意为血液或是古代作祭品用的牲畜的血。如《左传·襄公九年》:"与大国盟,口血未干而背之,可乎?""血"意为血液。再如《诗·小雅·信南山》:"执其鸾刀,以启其毛,取其血膋。"《说文·血部》:"血,祭所荐牲血也。"

"血"字可作动词用,意为"用鲜血涂沾;涂,染"。如《荀子·议兵》:"故近者亲其善,远方慕其德,兵不血刃,远迩来服。"《汉书·吴王濞传》:"兵可毋血刃而俱罢。"颜师古注:"血刃,谓杀伤人而刃着血也。"这意义进而可派生出杀伤、杀害义来。如唐沈光《李白酒楼记》:"挥直刃以血其邪者。"有时仅仅表示涂、染。《山海经·南山经》:"(仑者之山)有木焉……其名曰白䓘,可以血玉。""血"还能表示血尽。《韩非子·说林上》:"夫死者,始死而血,已血而衄,已衄而灰。"王先慎集解:"此言人血尽则皮肉皆缩。"

【衅】《说文·爨部》:"衅,血祭也。"段玉裁注:"凡言衅庙,衅钟,衅鼓,衅宝镇、宝器,衅龟策,衅宗庙,名器皆同,以血涂之,因荐而祭之也。"《周礼·春官·天府》:"上春衅宝镇及宝器。"郑玄注:"衅,谓杀牲以血血之。"孙诒让正义:"以血涂之谓之血。""衅"因此具有涂染义。《正字通·酉部》:"衅,涂也。"《周礼·春官·女巫》:"女巫掌岁时祓除

---

① 张寅德编:《新法汉词典》,上海译文出版社 2000 年版,第 881 页。
② 同上书,第 963、966 页。

釁浴。"

【衊】既具有名词义，表示鼻血或者污血。《素问·气厥论》："传为衂衊瞑目，故得之气厥也。"王冰注："衊谓（鼻）汗血也。"《素问·六元正纪大论》："少阴所至，为悲妄衂衊。"王冰注："衊，污血。亦脂也。"《说文·血部》："衊，污血也。"也具有动词义，表示涂染。《汉书·文三王传》："污衊宗室，以内乱之恶披布宣扬于天下。"颜师古注："衊，谓涂染也。"这一意义进而可以派生出诬毁、破坏别人的名誉等意义来。《新唐书·桓彦范传》："恐为雠家诬衊。"《正字通·血部》："凡毁人善行，非其实而横诬之者曰污衊。通用'蔑'。""涂染"与"污蔑""诋毁"有关。汉语"洿""污""涂"等都既具有"涂抹"义，又具有玷污、污蔑意义。

黄树先认为在湖北一些地方，为了让鱼网经久耐用，用猪血染之，亦谓之"血"。比较印度尼西亚语：mendarah"呈血色，呈猩红色；流血"；mendarah"血染"①。英语 blood"血。动词，[古] 放……的血；用血染，用血弄湿"②。

值得一提的是，"污血"派生出来的"涂染"和由"（杀牲所得）血液"派生出来的"涂染"意义上是有区别的，前者能派生出"污蔑""诋毁"等意义，后者因为杀牲涂染，一般会派生出杀伤、杀害等意义来。

此外，"血"与"红""血液"与"血缘"等也关系密切，③ 只是与名动转换无关，另作专文讨论。

第八节　精液与相关词语及其动作

"精液"与"种子"和"播种"相关。"种子"为名词，"播种"为动词，"种子""精液"和"播种"之间在语义上派出和派进，一起形成各种错综复杂的语义关系。

---

① 北京大学东方语言文学系印度尼西亚语言文学教研室编：《新印度尼西亚汉语词典》，商务印书馆1997年版，第144页。

② [英] A. S. 霍恩比编：《牛津高阶英汉双解词典》，王玉章等译，商务印书馆2009年版，第120页。

③ 黄树先：《比较词义探索》，巴蜀书社2012年版，第168—169页。

德语 Samen "（植物的）种子；（人或动物）精子，精液"①。法语 semence "（谷物、果子等的）种；精液；［转］根源"②。

汉语中，生育的后代、子嗣则可称作"种"，使之怀孕、生育的动作和过程则可称作"播种"。《云笈七签》卷九："男女婚嫁，恩爱交接，生子种人，永世弗绝。"有时也指养育动物，如苏轼《次韵送张山人归彭城》："种鱼万尾橘千头。"

从认知的角度看，"种"语义的改变是由于认知域的转换所造成的，从植物域转向了动物域和人类域，从而导致了词义上的变化。

"种"开始意为播种和种子。如《大雅·生民》："诞降嘉种。""种"意为种子。同诗"种之黄茂"是动词，意为播种和栽种。比较：

德语 aussäen "动词，播种"；aussaat "名词，播种；播下的种子"；Einsaat "名词，播种；种子"；einsäen "动词，播种"③。捷克语 osít 种子；osít 在……播种，撒种。④

"播种"，印欧语 * sē-，古爱尔兰语 sīl "种子"⑤。

英语 corn "谷物；谷粒，（胡椒、水果等的）子。动词，给（土地）种上谷类"。

后来认知域发生了转换，从植物域转向了动物和人类域。如英语 seed，一方面表示"种子""播种"，另一方面也表示"（旧）子嗣"⑥。汉语也是如此，人们常常会用种子表示后代，生育后代也可以叫"种"。

"种"和养殖、栽培也密切相关。"苗""栽培""养""扶植"等都可以用于人类域，表示对人的栽培、扶植等。比较：

英语 raise "举起；种植，饲养，抚养"；plant "植物，（尤指小于

---

① 张才尧等编：《新编德汉词典》，外语教学与研究出版社 2004 年版，第 1352 页。
② 张寅德编：《新法汉词典》，上海译文出版社 2000 年版，第 91、171 页。
③ 张才尧等编：《新编德汉词典》，外语教学与研究出版社 2004 年版，第 135、399、400 页。
④ 北京外国语大学《新捷汉词典》编写组编：《新捷汉词典》，商务印书馆 1998 年版，第 587 页。
⑤ 吴安其：《汉藏语同源研究》，中央民族大学出版社 2002 年版，第 114 页。
⑥ ［英］A. S. 霍恩比编：《牛津高阶英汉双解词典》，王玉章等译，商务印书馆 2009 年版，第 980 页。

乔木及灌木的）花草、苗木。动词，栽种；安置；建立"；plant 还表示养殖（鱼秧等）"①。

葡萄牙语 criar "创作；建立，建设；哺育，养育；抚养，教养；繁殖，饲养；种植，栽培"；cultivo "耕种，种植；农作物；培养"②。

西班牙 criar "哺育，养育，抚养，教育；种植，栽种；饲养；（动物）繁殖"；ahijar "收养；（动物）代哺；使哺育。产崽；[农]分蘖，分支，分颗"③。

葡萄牙语 criação "建立，建设；喂奶，哺育；养，抚养；饲养；饲养的家畜；种植，栽种"④。

"精液"可能与"渗""滴"等动作相关。如汉语"渧"，一方面表示水慢慢渗下。三国时期《埤苍》云："渧㴲渌也。"另一方面表示滴水和精液。如《集韵·霁韵》："渧，滴水。"又《摩诃止观》七上："吐泪赤白二渧和合，托识其中，以为体质。"佛家称女精为赤渧，男精为白渧。

第九节 眼屎、耳屎及其相关意义

"眼屎"与"眼睛（眶）有病""看不清"等意义相关。如汉语"眵"，在表示眼屎的同时还表示眼眶有病。《说文·目部》："眵，目伤眦也。"段注："《释名》曰：目眦伤赤曰䁾，䁾，末也。创在目网末也。""眵"，一曰䁾兜。"瞢"，目不明也。《文选·王褒〈洞箫赋〉》："垂喙蜿转，瞪瞢忘食。"李善注："瞢，视不审谛也。""目不明"可以派生出"昏暗不明""闷""昏聩、愚昧"等意义来。《周礼·春官·视祲》："掌十辉之法……六曰瞢。"郑玄注："瞢，日月瞢瞢无光也。"从眼睛不明到日月昏暗不明，认知域从人类域转向了自然域。此外，也可从人的身体部位域转向内心和行为域。如《左传·襄公十四年》："不与于会，亦无

---

① [英] A. S. 霍恩比：《牛津高阶英汉双解词典》，王玉章等译，商务印书馆2009年版，第1097、800、999页。
② 陈用仪编：《葡汉词典》，商务印书馆2007年版，第284、289页。
③ 北京外国语学院西班牙语系《新西汉词典》组编：《新西汉词典》，商务印书馆2008年版，第289、36页。
④ 陈用仪编：《葡汉词典》，商务印书馆2007年版，第283页。

薈焉。"杜预注："薈，闷也。"再如《太玄·冲》："薈久而益忧。"范望注："闇致咎也。"

"眼屎"可能也与"直视""审视"等动作相关，二者具有一定的因果关系。因为有眼屎，看不清楚，需要审视、盯着看。如汉语"睁"，《广韵·耕韵》："睁，安审视也。"《集韵·庚韵》："瞠，直视也。或作睁。"

"耳屎"与听觉不灵敏、听不见等意义相关。《玉篇·耳部》："耵，耵聍，耳垢也。"《灵枢经》："若有干耵聍，耳无闻也。"韩愈《献山南郑相公樊员外》："如新去耵聍，雷霆逼飕飗。"

第十节 脓与腐烂及相关词语

"脓"与"腐烂"相关。汉语"脓"，一方面表示化脓性炎症病变所形成的黄白色汁液。《说文·血部》："䀄，肿血也……脓，俗䀄。"《史记·扁鹊仓公列传》："此病疽也，内发于肠胃之间，后五日当臃肿，后八日呕脓死。"另一方面表示"腐烂"。《齐民要术·水稻》："稻苗长七八寸，陈草复起，以镰侵水芟之，草悉脓死。"

藏语'dzu–ba~zu–ba"融化、消化"，加罗语 so"腐烂、变化"，迪马萨语 sau"腐烂、变坏"，gosau"腐烂的"，masau"消化、分解，水中浸烂"，也许是来自藏—缅语 *zyaw，但需要注意卢舍依语 thu，米基尔语 thu"腐烂、变化" <库基—那加语 *su。①

瓦尤语 ri"腐烂"，米里语 təri"伤，溃疡，疮"，克钦语 ri"排出"，əri"慢性尿道炎"，nyi（n–yi）"脓，脓水"，缅语 ri~yi"破旧（衣服），排（如脓）"，ari"黏液"（藏—缅语 *ri）。普沃语和斯戈语 phi"脓"；藏—缅语 *pren：列普查语 fren~fran < *phren"疮，溃疡"，缅语 pran > pyi。克钦语 mətsəwi~mətswi"脓"，缅语 tshwe"腐烂、粉碎；烂的"（藏—缅语 *tswiy）。②

---

① ［美］白保罗：《汉藏语言概论》，乐赛月等译，中国社会科学院民族研究所 1972 年版，第 54 页。

② 同上书，第 63、152、45 页。

其次,"脓"与"使……成熟/溃烂""煮"等词语相关。《释名·释形体》:"脓,醲也,汁醲厚也。""脓"同"醲",指浓烈的酒。只有经过深度发酵,使充分成熟、溃烂,才能酿出香浓的酒来。汉语日久之酒和疾酒是有区别的。《说文·酉部》:"酋,绎酒也。"段玉裁注:"绎之言昔有人。昔,久也……然则绎酒谓日久之酒,对畲为疾孰酒,醴、酤为一宿酒言之。""酎"也指经过多次反复酿成的醇酒,杜预:"酒之新熟重者为酎。"

比较藏语 smin-pa "使……成熟;成熟;成熟的",瓦尤语 min,巴兴语 miŋ "熟的;煮的",马加里语 min "成熟的,使……成熟",列普查语 aman < *amin "成熟的,煮的",myan < *s-min "熟的",米里语 min,克钦语 myin "成熟的",怒语 min "煮熟的;腐烂(如木料)",缅语 hmyan ~ hman "熟的",加罗语 min "使……溃烂,使……成熟",min-gi-pa "成熟的",迪马萨语 min ~ mun "使……成熟,煮"(不及物),gimin ~ gumun "煮熟的,成熟的,征服的"(gumundi "脓"),卢舍依语 hmin "使……成熟,熟的",米基尔语 men "熟的"(藏—缅语 *s-min)。①

此外,"脓"还与"缓慢流动""黏连"等动作相关。克钦语 twi "生脓(如脓肿)",缅语 twe "缓慢而不停地流"(藏—缅语 *twiy)。缅语 ri ~ yi "破旧(衣服),排(如脓)",ari "黏液"(藏—缅语 *ri)。②

第十一节 小结

从上面的论述可以看出,名动转换是一种常见的语义衍生方式。或是派出,由名词义派生出的动词义,如闽南方言:鼻对象——嗅东西,鼻芳——闻香味儿;③ 或是派进,由动词义派生出名词义,如表示植物种子的"种"派生出精液、精子义等。也可能从派生义衍生新的派生义,如眼屎与眼睛不明有关,眼睛不明则可以派生出心情沉闷、处事昏

---

① [美]白保罗:《汉藏语言概论》,乐赛月等译,中国社会科学院民族研究所1972年版,第111页。
② 同上书,第43、63页。
③ 林宝卿:《"鼻"字音义演变探源》,《厦门大学学报》(哲学社会科学版)1986年第1期,第149页。

聩、愚昧等意义来。

多数时候，随着认知域的转变，词语的意义也会发生变化，产生新的派生意义。例如"吐口水""流口水"，本属于人的动作域，一转向人的情感域，表达人的某种情感，意义就发生了转变，"吐口水"变成表达某种愤怒或鄙弃的感情，"流口水"则演变成为羡慕。

我们应该加强这种以语义场为核心的名动转换比较词义研究。全章以"语义场—词族—词"为研究脉络，采用了比较词义的研究方法，以名动转换为视点，集中论述身体之水及其相关动作。

第九章　名动/形转换与自然之水
——名动/形转换(2)：一种常见的词义衍生方式

前面对身体之水及其相关动作的关系进行了探讨，本章对自然之水与相关动词或形容词的关系展开讨论。本章主要讨论雨、雪/冰/霜、雾气/水气等表示自然液体的词语。

我们拟通过系联自然之水这一语义场中的若干个词族和相关词语，通过比较汉藏语系语言和其他语系语言，以期说明名动/形转换是语言中一种常见的语义衍生方式，名词和相关动词或形容词之间在词义衍生的时候具有十分密切的关系。同样，我们一般只探讨同形的名动/形转换词语，即所谓"零派生"（zeroderivation）或"功能转移"（functionalshift）的词语。非同形形式只是在语言比较的时候会有所涉及。

第一节　雨与下雨及相关动作

"雨"在斯瓦迪士"百词表"中居第76位，在郑张尚芳"华澳门语言比较三百核心词表"中是标 * 的重点词汇。《说文》："雨，水从云下也。"甲骨文作🝁，像从天空中降落水滴的样子，这是"雨"的动词义。它还具有名词义，表示从天空降下的水滴。甲骨卜辞（I12870）"癸卯卜，今日雨。其自东来雨？其自西来雨？其自北来雨？"前一个为动词，后三个为名词。动词念去声，名词念上声。

进入这个词族中的词语有雨、霖、零（霝）、霢（霂）、霍（澍）、霈（沛）、露、霖等几个。这几个词语都兼有动词下雨义和名词雨义。

【雨】《广韵》王矩切，上麌云。一为名词义。《诗·小雅·甫田》："以御田祖，以祈甘雨。"二为动词义。《集韵·遇韵》："雨，自上而下曰雨。"《诗·小雅·大田》："雨我公田，遂及我私。"

【䨆】《广韵》息移切，平支心。一为小雨或小的雪粒。《玉篇·雨部》："䨆，小雨。"二为动词，表示小雨才落。《说文·雨部》："䨆，小雨纔零也。"

【零】《广韵》郎丁切，平青来。又郎定切。一为名词，表示徐徐而下的雨、细雨。《说文·雨部》："零，徐雨也。"段玉裁注："谓徐徐而下之雨。"二为动词，表示（雨、霜、露等）降；落。《诗·庸风·定之方中》："灵雨既零，命彼倌人。"毛传："零，落也。"又《郑风·野有蔓草》："零露漙兮。"郑玄笺："零，落也。"

缅语 rwa "下雨"，卢舍依与 ruaʔ "雨"，巴兴语 rya-wa "雨"（参见坎布语 kəwa，瓦林语 tsəwa，罗东语 wa "水"），迪加罗语 kəra "雨"，加罗语 mikkawa，迪马萨语 ha "下雨"（前缀丢失）（藏—缅语 *r-wa）；也许还有列普查语 so，来自 *wa。① 再如其他汉藏语的"雨"和"下雨"：雨：壮（武鸣）fɯn¹，壮（龙州）phən¹，布依语 vɯn¹，傣（西）fun¹，傣（德）fon¹，侗 pjən¹，仫佬 kwən¹，水 fən¹，毛难 fin¹，黎（通什）fun¹，黎（保定）fun¹。下雨：壮（武鸣）tok⁷ fɯn¹；ɣoŋ² fɯn¹，壮（龙州）nuŋ² phən¹，布依语 tau³ vɯn¹，傣（西）fun¹ tok⁷，傣（德）fon¹ tok⁹，侗 tok⁷ pjən¹，仫佬 tɔk⁷ kwən¹，水 tok⁷ fən¹，毛难 tɔk⁷ fin¹，黎（通什）fun¹，黎（保定）fun¹。②

再看非汉藏语的例子。韩语：레인，雨，雨水；下雨，降雨；雨天。③ 印度尼西亚语：印度尼西亚语 hujan "雨；下雨"④。英语 rain "名词，雨；动词，下雨"⑤。德语 Regen "雨；（雨点般）落下"；reg-

---

① [美] 白保罗：《汉藏语言概论》，乐赛月等译，中国社会科学院民族研究所 1972 年版，第 115 页。

② 王均等：《壮侗语族语言简志》，民族出版社 1984 年版，第 796、854 页。

③ 刘沛霖编：《韩汉大词典》，商务印书馆 2004 年版，第 486 页。

④ 北京大学东方语言文学系印度尼西亚语言文学教研室编：《新印度尼西亚汉语词典》，商务印书馆 1997 年版，第 235 页。

⑤ [英] A.S. 霍恩比编：《牛津高阶英汉双解词典》，王玉章等译，商务印书馆 2009 年版，第 1633—1644 页。

nen "动词，下雨"①。法语 brouillasser "起雾；下毛毛雨，下蒙蒙细雨"②。

"雨"的意义进一步泛化，自上而下的不只是雨了，还包括雪、粮食、珠玉以及恩泽等了。如《诗·邶风·北风》："北风其凉，雨雪其雱。"此下的是雪。《淮南子·本经》："昔者苍颉作书，而天雨粟，鬼夜哭。"此下的是粟。宋苏轼《喜雨亭记》："使天而雨珠，寒者不得以为襦；使天而雨玉，饥者不得以为粟。"此下的是珠玉。《墨子·备蛾传》："烧答复之，沙石雨之。"此下的是沙石。《孙膑兵法·十阵》："以火乱之，以矢雨之。"此下的是箭。这一类的词义我们认为是其比喻的用法。

比较印度尼西亚语 hujan "雨；下雨"，hujansalju "下雪"③。日语 あめ "雨，雨水；下雨天，雨天；雨点般的东西"④。法语 pluie "雨，下雨；下雨般，雨点般；一阵，大量，大批"⑤。德语 Pinkeln [俗] 撒尿；下雨；schiffen [粗] 撒尿；[俗] 下大雨。⑥

"零"也是如此。除了表示下雨，还表示落涕、流泪。《古诗十九首·迢迢牵牛星》："终日不成章，泣涕零如雨。"此流的是眼泪。比较法语 pleur "哭泣，流泪，眼泪，泪水；浆液"；pleuvoir "下雨；纷纷落下，倾泻"⑦。草木凋零也可以用"零"。《楚辞·离骚》："惟草木之零落兮，恐美人之迟暮。"王逸注："零、落，皆堕也。"从而可用来比喻人的暮年或死亡。孔融《论盛孝章书》："海内知识，零落殆尽。"

"零"，后作"落（荅）"。"零""泠（霝）"最初都只指降雨，《说文·雨部》："零，雨零也"；"霝，雨零也。《诗》曰：'霝雨其蒙。'"只是后来意义泛化，泛指坠落和失落。如清龚自珍《说印》："古官私印之

---

① 张才尧等：《新编德汉词典》，外语教学与研究出版社 2004 年版，第 1271、1272、1275 页。
② 张寅德编：《新法汉词典》，上海译文出版社 2000 年版，第 128 页。
③ 北京大学东方语言文学系印度尼西亚语言文学教研室编：《新印度尼西亚汉语词典》，商务印书馆 1997 年版，第 235—236 页。
④ 日本株式会社旺文社编：《日汉双解学习词典》，外语教学与研究出版社 2005 年版，第 41 页。
⑤ 张寅德编：《新法汉词典》，上海译文出版社 2000 年版，第 768 页。
⑥ 张才尧等：《新编德汉词典》，外语教学与研究出版社 2004 年版，第 1175、1382 页。
⑦ 张寅德编：《新法汉词典》，上海译文出版社 2000 年版，第 766 页。

霈苔人手也。"再如：

【霡】《广韵》莫获切，入麦明。意为小雨。《诗·小雅·信南山》："益之以霡霂，既优既渥。"又喻汗流貌。白居易《香山寺石楼潭夜浴》："摇扇风甚微，褰裳汗霡霂。"

"雨"与润泽义也紧密相关。《说苑·贵德》："吾不能以春风风人，吾不能以夏雨雨人。"此"雨"义为润泽，比喻及时给人以教育或帮助。日语うろ"雨露；恩惠"①；韩语"沛泽，雨泽；（大赦罪犯的）恩典，德泽。"② 再如：

【露】《广韵》洛故切，去暮来。鱼部。一意为露水。《诗·小雅·湛露》："湛湛露斯，匪阳不晞。"《五经通义》："和气津凝为露也。"《玉篇》："露，天之津液下，所润万物也。"二为润泽。《诗·小雅·白华》："英英白云，露彼菅茅。"陈奂传疏："英英然白云下露，润彼菅之与茅。"所以《说文·雨部》释"露，润泽也"应该是露的派生义。

【霈】《广韵》普盖切，去泰滂。一为大雨。唐慧琳《一切经音义》："霈，大雨也。"二为（雨、雪等）盛貌，也作"沛"。《孟子》："油然作云，霈然下雨。"同时表示恩泽。《集韵·泰韵》："霈，多泽也。"李邕《淄州刺史谢上表》："雨沾深仁，沾霈及于萧艾。"

"雨"还与灌溉、渗透、浸渍等意义相关。唐孟郊《终南山下作》："山村不假阴，流水自雨天。"此"雨"为灌溉义。比较"荫"，在江淮官话和湘语、客家话和粤语中都意为浇灌、浇水，粤语中"荫"还有雨水渗透的意思。③ 再如：

【霔】《广韵》之戍切，去遇章。一为名词，表示"霔雨"，也作"澍雨"，意为时雨。唐慧琳《一切经音义》："霔，时雨所灌，普生万物。或作澍，亦通。"也为动词，指时雨灌注。唐慧琳《一切经音义》："霔，并急写水曰霔。"宋张君房《云笈七签》："甘雨大霔，联绵两夕，远近告足。"

【霑】：《广韵》子廉切，平盐精。又所咸切。一为名词，表示小

---

① 日本株式会社旺文社编：《日汉双解学习词典》，外语教学与研究出版社 2005 年版，第 146 页。
② 刘沛霖编：《韩汉大词典》，商务印书馆 2004 年版，第 1677 页。
③ 许宝华等主编：《汉语方言大词典》，中华书局 1999 年版，第 3899 页。

雨。《玉篇·雨部》："霁，微雨也。霭，同霁。"二为动词，意为浸渍。《玉篇·雨部》："霁，渍也。霭，同霁。"

下面这个词很能说明问题。既有雨的意义，又有雨水降落的意义，还能表示沾湿、浸渍和灌溉，还能比喻为恩泽。

【澍】《广韵》常句切，去遇禅。又之戍切。侯部。唐玄应《一切经音义》卷六引《三苍》曰："澍，时雨也，百卉沾洽也。"《后汉书·明德马皇后》："其时黄雾四塞，不闻澍雨之应。"也表示降落（雨水）、沾湿和浸渍。宋王禹偁《对雪示嘉佑》："秋来连澍百日雨，禾黍漂溺多不收。"《水浒全传》："乔冽揭榜上坛，甘霖大澍。"还表示滋润（比喻恩惠）。《史记·司马相如列传》："汉兴七十有八载，德茂存乎六世，威武纷纭，湛恩汪濊，群生澍濡，洋溢乎方外。"还同"注"，表示灌溉。《文选·王褒〈洞箫赋〉》："扬素波而挥连珠，声礚礚而澍渊。"李善注："《说文》曰：'注，灌也。'澍与注，古字通。"

"滋润""恩泽"和"帮助"是有联系的，一些与"雨"有关的词语具有帮助义。例如，韩语음우"阴雨；霖雨；暗助，背后帮助"①。因此，我们觉得汉语"雨"具有朋友义是一种自然的引申，"旧雨新知"中的"雨"就意为朋友。宋杨万里《重九前四日昼睡独觉》诗："旧雨不来从草绿，新丰独酌又花黄。"诗中"雨"也意为朋友。再比较韩语：

동우，冬雨；（志趣相投的）知心朋友；同忧；冻雨。사우，良师益友；老师和朋友；祠堂；（风中）斜雨；细雨，毛毛雨；伺牛。양우，良友，好朋友；凉雨。호:우，好友，挚友；好雨，及时雨。②

杜甫《秋述》："秋，杜子卧病长安旅次。……常時车马之客，旧雨来，今雨不来。"有人是这么释读的：

> 杜甫说，他自己卧病再加下雨太多，凄苦中思念朋友，平时车马来来往往的客人中，旧朋友，下雨也来，新朋友，由于下雨就不来了。（《朋友为何叫"雨"》，《青岛晚报》2007年2月4日）

---

① 刘沛霖编：《韩汉大词典》，商务印书馆2004年版，第1272页。
② 同上书，第431、795、1080、1775页。

我们觉得这是值得怀疑的，从下雨到润泽、恩泽、帮助然后再到朋友是一条比较正常的语义演变链，极有可能"朋友"义的雨就是由下雨派生而来的。

此外，大雨与痛打、惩戒等动词也可能存在关系。高尔基诗歌《海燕》有海燕在暴风雨中的经典形象描述：

> 这些闪电的影子，活像一条条火蛇，在大海里蜿蜒游动，一晃就消失了。——暴风雨！暴风雨就要来啦！这是勇敢的海燕，在怒吼的大海上，在闪电中间，高傲的飞翔；这是胜利的预言家在叫喊：——让暴风雨来得更猛烈些吧！

风雨之后就是彩虹，只要像海燕般勇敢、执着、自信，终究会克服暴风雨的困境，给暴风雨最有力的还击。比较法语 rincée "痛打，饱打；失败，失利，倒霉；倾盆大雨"。saucée "倾盆大雨，阵雨；惩戒，惩罚，毒打，拳打脚踢"①。

因为语义的一致性，"水滴"和"滴下"的关系也在这儿一起讨论。《说文》："滴，水注也。从水啇声。"如唐李绅《悯农二首》："锄禾日当午，汗滴禾下土。"也可为名词，指一点一点地下落的液体。《玉篇·水部》："滴，水滴也。"再如"溜"，一为名词，指水滴或细小水流（包括其他液体）。如汉杜笃《首阳山赋》："青罗落漠而上覆，穴溜滴沥而下通。"二可为动词，表示水或其他液体向下流。《仓颉解诂》："溜，谓水垂下也。"南朝宋孔欣《置酒高堂上》："生犹悬水溜，死若波澜停。"此外，"沥"也是如此，兼有动词和名词两个义项。如汉王延寿《鲁灵光殿赋》："动滴沥以成响，殷雷应其若惊。"南朝梁江淹《别赋》："沥泣共诀，抆血相视。"前者为名词，后者为动词。黄树先认为印度尼西亚语 - tik 对应汉语的"滴"字，这是有道理的。印度尼西亚语：titik "（露水等的）点，滴；（液体）滴下"；rintik "斑点；

---

① 张寅德编：《新法汉词典》，上海译文出版社 2000 年版，第 894、915 页。

水点：rintikhujan 雨点"。① 英语 drop 同样兼有名词和动词义，表示"点、滴"或"（液体）滴落"。②

第二节 雪/冰/霜与相关词语

"雪"在斯瓦迪士"后百词表"中居第71位，"冰"位于第39位，"霜"在黄布凡核心词表中属三级核心词，都为核心词语。这个词族中的词语主要有：冻、冷、凉、洞、淘、瀓、溘、沧、漱、寒等。有时与下雪、结冰等动作相关，有时与洁白、清冷等状态相关。

一 雪/冰/霜及相关动词

"雪"与"下雪"相关。如：

【雪】《广韵》相绝切，如薛心。既表示雪这种事物。《广韵·薛韵》："雪，凝雨也。"《诗·小雅·采薇》："今我来思，雨雪霏霏。"又下雪。《世说新语》："于时始雪，五处俱贺。"

【霙】《广韵》于惊切，平庚影。既表示雪花。南朝梁简文帝《雪朝》："落梅飞四注，翻霙舞三袭。"《艺文类聚》卷二引《韩诗外传》："雪花曰霙。"又指雨雪杂下。《玉篇·雨部》："霙，雨雪杂下。"

比较英语 snow "雪，雪花，积雪；下雪；（用花言巧语）蒙，唬"。sleet "雨夹雪；动词，下雨夹雪"③。

"雪"还和"擦拭""洗雪"存在关系。《韩非子·外储说左下》："黍者，非饭之也，以雪桃也。"《广韵·薛韵》："雪，拭也。""雪仇""雪恨"，"雪"，意为洗雪也。《广雅·释诂三》："雪，除也。"《正字通·雨部》："雪，洗涤也。凡冤释曰雪冤，刷耻曰雪耻。"汉语"湔"也具有洗雪义。不过二者的来源却不同。《广韵·仙韵》："湔，洗也。"《史记·扁鹊仓公列传》："湔浣肠胃，漱涤五藏。"同时表示洗雪，清

---

① 北京大学东方语言文学系印度尼西亚语言文学教研室编：《新印度尼西亚汉语词典》，商务印书馆1997年版，第697、544页。
② ［英］A.S. 霍恩比编：《牛津高阶英汉双解词典》，王玉章等译，商务印书馆2009年版，第335页。
③ 同上书，第1905、1888页。

除（耻辱，过恶，冤屈，哀痛等）。《金史·张特立传》："近降赦恩，谋反大逆，皆蒙湔雪。"《清史稿·德宗纪论》："欲张挞伐，以湔前耻。"日语すすぐ"①用水洗涮；②洗雪。"①"擦拭""洗/除"义的"雪"来源于"白色"和"高洁"义的"雪"，"擦拭""洗/除"即是"使之白""使之高洁"。

"雪"与"冰"相通，在很多语言中，"雪"和"冰"就是同一形式。苗瑶语郭苗"雪"mpaŋ^{24}，"冰"mpaŋ^{24}；东努"雪"mpuŋ^{41}，"冰"mpuŋ^{41}；霍讷"雪"paŋ^{33}，"冰"paŋ^{33}；炯奈"雪"mpaŋ^{35}，"冰"mpaŋ^{35}；巴那"雪"bon^{35}，"冰"bon^{35}；优勉"雪"buan^{24}，"冰"buan^{24}；标敏"雪"bin^{13}，"冰"bin^{13}；藻敏"雪"ban^{42}，"冰"ban^{42}。② 克钦语 khyen ~ gyen ~ tsen "雪、冰"③。

"冰"与"结冰"相关。比如：

【凌】《广韵》力膺切，平蒸来。兼有"冰"和"结冰"两个意义。《广雅·释言》："朕，仌也。"王念孙疏证："《豳风·七月》篇：'三之日纳于凌阴。'毛传云：'凌阴，冰室也。'凌，《说文》作朕。"《说文·仌部》："朕，仌出也。"段玉裁注："仌出者，谓冰之出水，文棱棱然。"此意为结冰。

【冻】《广韵》多贡切，去送端。又德红切，东部。一为厚冰。《说文·仌部》："冻，仌也。"段玉裁注："初凝曰仌，仌壮曰冻。"又表示液体或含水分的东西遇冷凝结。《礼记·月令》："孟冬之月，水始冰，地始冻。"

【冰】《广韵》笔陵切，平蒸帮。始作仌。《说文·仌部》："仌，冻也。象水凝之形。"而"冰"本为凝结、结冰。《说文·仌部》："冰，水坚也。从仌，从水。凝，俗冰，从疑。"段玉裁注："以冰代仌，乃别制凝字。"

---

① 日本株式会社旺文社编：《日汉双解学习词典》，外语教学与研究出版社 2005 年版，第 860 页。
② 丁邦新、孙宏开：《汉藏语同源词研究（二）——汉藏、苗瑶同源词专题研究》，广西民族出版社 2001 年版，第 187 页。
③ [美] 白保罗：《汉藏语言概论》，乐赛月等译，中国社会科学院民族研究所 1972 年版，第 224 页。

比较藏语 khyag（s）– pa "结冰，冰；霜，冷"，它可能来自 *khlag，米基尔语 paŋ – kleŋ "冻结"。① 英语 ice "冰；在（糕饼上）加糖霜"；ice – up "（使）结上一层冰，覆盖着冰"。②

有时结的不一定是冰，可能是类似于冰的一种事物。汉语"冰糖"，是一种形状像"冰"的糖，"冰糖葫芦"也不是结了冰的糖葫芦，只是水果外蘸上的糖像冰，所以叫冰糖葫芦。汉语"冻"也是如此，"冻珠、青天冻石、鸡血冻"没有一个是冷却冻住的，只是因为像冰冻一样晶莹润泽，而称作冻。明文彭《印章集说·石印》："石有数种，灯光冻石为最。"

"冰冻"与"冻僵""冻坏"语义上关联。

法语 congeler "使冻结，使结冰，使凝结；冷冻；冻伤，冻僵，冻坏"。③ 英语 freeze "（使）冻结，结冰；使冻结，冻住；冰冻，严寒；极冷，（使）冻死"。④

"冰冻"也引申为"（使）失去活力、热情""（使）停止"等意义。

汉语"冷场"表示戏剧、曲艺等演出时因演员迟到或忘记台词造成演出不能正常进行的场面，意为演出暂时中断、停止，"寒心""心灰意冷""冷淡""冷眼"等都与没有热情、兴趣等相关。汉语"凝"，冰冻；结冰。同时表示凝聚、专注/集中、停止等意义。柳宗元《夏夜苦热登西楼》："山泽凝暑气，星汉湛光辉。"此意为凝聚、聚积。《庄子·达生》："用志部分，乃凝于神。"此意为专注、集中。《楚辞·刘向〈九叹·忧苦〉》："折锐摧矜，凝泛滥兮。"王逸注："凝，止也。"

法语 geler "使结冰，使冰冻，使冻得变硬；冻裂，冻伤，冻僵；使感到极冷，使冻入脊髓；冲凉，浇冷水，使愣住，使僵住，使沮丧，使扫兴，使寒心；暂停，中止，冻结"；glace, glacer, glacé 等都有

---

① ［美］白保罗：《汉藏语言概论》，乐赛月等译，中国社会科学院民族研究所 1972 年版，第 212 页。
② ［英］A. S. 霍恩比编：《牛津高阶英汉双解词典》，王玉章等译，商务印书馆 2009 年版，第 1008 页。
③ 张寅德编：《新法汉词典》，上海译文出版社 2000 年版，第 210 页。
④ ［英］A. S. 霍恩比：《牛津高阶英汉双解词典》，王玉章等译，商务印书馆 2009 年版，第 813 页。

"冷淡、冷漠""使失去活力、热情"等意义。① 英语 freeze 也可意为"（因害怕等）停住不动，惊呆，吓呆；（屏幕）冻结；使固定不动；冻结（资金、银行账户等）；物价（冻结）"②。日语みず"①水，生水，流水，冷水；②液，汁，溶液，液体；③大水，洪水；④（相扑）比赛暂停"。③

"霜"与"结霜"有关。有时结的是一种霜状物。

法语"givre 霜，雾凇；受冷容器表面结出的霜"；givré,e"结霜的，表面有一层霜状物的；发疯的"；givrer"结霜于…上，覆以霜；在……上加一层霜状物"；givreux,se"结霜的，覆霜的；有伤痕的"。④

二 雪/冰/霜及相关形容词

（1）与冰冷、寒凉有关。

【冻】《广韵》多贡切，去送端。又德红切，东部。既表示厚冰。《说文·仌部》："冻，冰也。"段注："初凝曰冰，冰壮曰冻。"《管子·五行》："然则冰解而冻释，草木区萌。"也泛指像冰一般晶莹润泽。如冻珠；冻石等。也表示寒冷、受冷或感到冷。《广韵·释诂四》："冻，寒也。"《管子·五辅》："衣冻寒，食饥渴，匡贫窭，振罢露，资乏绝，此谓振其穷。"

【冷】《广韵》郎丁切，平青来。一方面表示寒，凉，同"热"相对。如冷水、冷食、冷血动物等。《说文·仌部》："冷，寒也。"《庄子·则阳》："夫冻者假衣于春，暍者反冬乎冷风。"《集韵·迥韵》："冷，凓冷，寒也。"也为冰凌。《广韵·青韵》："冷，冷泽，吴人云冰凌。"

【凔】《广韵》力竹切，入屋来。《集韵·屋韵》："凔，凝雨也。"即冰。也表示寒。《字汇·冫部》："凔，寒。"

【漱】《集韵》先侯切，平侯心。《集韵·侯韵》："漱，冷也。一

---

① 张寅德编：《新法汉词典》，上海译文出版社 2000 年版，第 457、464 页。
② [英] A.S. 霍恩比编：《牛津高阶英汉双解词典》，王玉章等译，商务印书馆 2009 年版，第 813 页。
③ 日本株式会社旺文社编：《日汉双解学习词典》，外语教学与研究出版社 2005 年版，第 1622 页。
④ 张寅德编：《新法汉词典》，上海译文出版社 2000 年版，第 464 页。

曰冰气。"

【霮】《广韵》都念切，去㮇端。谈部。《说文·雨部》："霮，寒也。"《九经字样》："霮，音店，寒也。"也表示早霜。《说文·雨部》："霮，或曰早霜。"《广韵·㮇韵》："霮，早霜寒。"《集韵·㮇韵》："霮，早霜而寒谓之霮。"

【冰】《广韵》笔陵切，平蒸帮。也意为寒凉、使感到冷。如冰手。《集韵·证韵》："冰，冷迫也。"宋杨万里《六月二十四日病起喜雨闻莺》之二："夜来梦入清凉国，风月冰人别是乡。"

【泠】《广韵》分勿切，入物非。寒冰貌。一说寒冰。《玉篇·冫部》："泠，寒冰貌。"《广韵·月韵》："泠，寒冰。"

比较克钦语 khyen ~ gyen ~ tsen "雪、冰"；缅语 khyam "冷"（藏—缅语 * kyam）。①

英语 ice "冰", ice-cold "冰冻的、冰凉的"。freeze "结冰；冰冷"。② 德语 frieren "感到寒冷；上冻，结冰；冰冻，结冰"③。法语 gelé "冰冻的，结冰的；极冷的"; glaciation "结冰；冰期"; glacière "冰川；冰窖，冰库，冰冷的地方；制冰器；冰箱"④。

汉语方言"冰"与"冷"也有关。冰，冰冷，冰凉：中原、兰银官话、西南官话，晋语，吴、闽语。冰清，冰凉，寒冷：西南官话，成都话（pin⁵⁵ tɕ'in²¹³），贵州沿河（pin⁵⁵ tɕ'in²⁴）。黄陂话"冷清"lent ɕ'in˙。溦，发冷，闽语。冷，吴语。冷，冰雹：中原官话，晋语。冰凌，《广韵》："冷，冷泽，吴人云冰凌。"冷子，冰雹，官话。冷泽，结冰，赣语。清，发冷，闽语。使人感到凉、冷，西南官话、湘语。凉，冷，晋、西南官话、湘、闽语。溦，冷，吴、闽语。福建福州 tsʻɛŋ⁻，漳平、永福 tsʻin²¹。使感觉到冷，江淮官话，江苏盐城 tsʻən³¹。⑤

---

① ［美］白保罗：《汉藏语言概论》，乐赛月等译，中国社会科学院民族研究所1972年版，第51页。
② ［英］A. S. 霍恩比编：《牛津高阶英汉双解词典》，王玉章等译，商务印书馆2009年版，第1008、433页。
③ 张才尧等编：《新编德汉词典》，外语教学与研究出版社2004年版，第579页。
④ 张寅德编：《新法汉词典》，上海译文出版社2000年版，第457、464页。
⑤ 许宝华等主编：《汉语方言大词典》，中华书局1999年版，第2200、5744、2879、2880、5077、7133页。

（2）"冰冷""寒凉"可以派生出冷落、寂静义。如冷冷清清。白居易《晚出西郊》："散吏闲如客，贫州冷似村。"进而引申为冷僻的，少人过问的，如冷门货。也表示闲散、清闲。杜甫《醉时歌》："诸公衮衮登台省，广文先生官独冷。"黄树先曾把印度尼西亚语-ning对应汉语"宁"。印度尼西亚语：hening"清澈的，透明的；纯洁的，洁净的；静的，安静的，宁静的"。①

（3）如果用来表示对人的态度，"冷"可以表示冷静；冷淡、不热情。梁萧衍《净业赋》："心清冷其若水，志皎洁其如雪。"杨显之《临江驿潇湘秋夜雨》："常将冷眼看螃蟹，看你横行得几时？"再如"凉"。"凉，薄也"（《说文·水部》）。《诗·大雅·桑柔》："民之罔极，职凉善背。"毛传："凉，薄也。"马瑞辰通释："……谓凉薄者善相欺背，从《传》训凉为薄是也。"

比较英语 ice-cold"冰冻的、冰凉的；冷漠无情的、冷淡的"。cold"寒冷的，冷的；冷漠的，不友好的"②。印度尼西亚语：aden"［雅］凉，凉爽，阴凉；（头脑，态度或举止）冷静；淡而无味"；dingin"冷，寒；冷淡的，不热情的"③。法语 flegmatique"淋巴质的，粘液质的；冷静的，冷漠的，冷淡的"；flegme"淋巴液，粘液，粘痰；冷静，冷漠，冷淡，无动于衷；酒头"；glacon"冰块，浮冰，小块人造冰；冷若冰霜的人"。④ 韩语내:우"冷雨，寒雨；冷遇，冷待，怠慢"；냉:혈"潮湿的墓穴；瘀血；冷血；没有人情味，无情"。⑤

（4）此外，"冰冷"与"凉爽""清爽"等有关，"凉爽""清爽"褒义。如英语 cool，除了上述的冷淡、平静等意义以外，还有"凉爽""绝妙"等意义。形容词意为"凉爽的，凉快的；使人感到凉爽的，冷色的；冷静的，镇静的，平静的；不友好的，冷淡的，冷漠的；（因时

---

① 北京大学东方语言文学系印度尼西亚语言文学教研室编：《新印度尼西亚汉语词典》，商务印书馆1997年版，第229页。
② ［英］A.S.霍恩比编：《牛津高阶英汉双解词典》，王玉章等译，商务印书馆2009年版，第1008、376页。
③ 北京大学东方语言文学系印度尼西亚语言文学教研室编：《新印度尼西亚汉语词典》，商务印书馆1997年版，第4、159页。
④ 张寅德编：《新法汉词典》，上海译文出版社2000年版，第423、424、464页。
⑤ 刘沛霖编：《韩汉大词典》，商务印书馆2004年版，第308、309页。

髦、漂亮且与众不同而）令人钦佩的，绝妙的，顶呱呱的；（表示满意或赞同）妙极的，酷的；孤傲冷漠的，满不在乎的，整整的，足足的"。动词义为"（使）变凉，冷却；冷静下来，镇静下来"①。西班牙语 fresco 凉爽的，清凉的；新鲜的。名词，凉爽，清凉；鲜鱼，陷肉。sejuk 凉，稍冷；凉爽，清凉；爽快，舒坦，快慰。②

相反，"热"自然与发热、发烧、生气等有关。如西班牙语 panas 热，热的；（身体）发热，发烧；［喻］妒忌，生气，激烈，紧张；不吉利的，有不良影响的；最新（消息）。panas - panas 热热的，还热的，刚出锅的。berpanas 晒太阳。berpanas - panas（在阳光下）晒身（或走路等）。memanasi 加热，弄热；= memanas - manasi。③ //汉语：热~加热（烧），比较"晒、暴"。kepanasan 热，热度，温度；使生气。④

（5）因为"雪/冰/霜"的颜色是白色的，"雪/冰/霜"又具有白色义。如隋卢思道《孤鸿赋》："振雪羽而临风，掩霜毛而候旭。"李白《将进酒》："高堂明镜悲白髮，朝如青丝暮成雪。""雪"，白也。再如《汉书·地理志下》："（齐地）其俗弥侈，织作冰纨绮绣纯丽之物，号为冠带衣履天下。"颜师古注："冰，谓布帛之细，其色鲜洁如冰者也。"又如"霜"，也可表示白色。如杜甫《古柏行》："霜皮溜雨四十围，黛色参天二千尺。"

白色又表示洁白无瑕，比喻高洁。比如唐贯休《送姜道士归南岳》："松品落落，雪格索索。"雪，高洁也。再如唐王昌龄《芙蓉楼送辛渐》："洛阳亲友如相问，一片冰心在玉壶。"一片冰心，形容心地纯洁，不羡慕荣华富贵。冰清玉洁，也是比喻高尚纯洁。⑤ 霜，也喻指志行高洁。如《文选·陆机〈文赋〉》："心懔懔以怀霜，志眇眇而临云。"李善注："怀霜、临云，言高絜也。"宋杨万里《送乡人畲文明劝

---

① ［英］A. S. 霍恩比编：《牛津高阶英汉双解词典》，王玉章等译，商务印书馆2009年版，第439、440页。
② 北京外国语学院西班牙语系《新西汉词典》组编：《新西汉词典》，商务印书馆2008年版，第512、579页。
③ 同上书，第472、473页。
④ 同上书，第473页。
⑤ 中国社会科学院语言研究所词典编辑室编：《现代汉语词典》（第六版），商务印书馆2016年版，第1526、91页。

之以归》:"一别高人又十年,霜筋雪骨健依然。""霜"与"雪"并举,都为高洁。由高洁可以派生出严厉义。《晋书·索靖传付索綝》:"孤恐霜威一震,玉石俱摧。""霜",严厉也。

比较法语 neige,意为"雪,雪地,滑雪站;似雪的东西,雪白的东西;白面儿(白粉);纯白的,雪白的";neigeux, se "被雪覆盖的,积雪的;雪一般的,雪白的"。① 韩语:빙석,既表示冰雪,又喻指冰清玉洁。옥설,"玉屑;玉雪(雪的美称);白雪;干净,洁净"。② 日语ゆき"①雪;②雪白,洁白"。③

(6)此外,"霜/雪"也能喻指"艰苦""辛苦"。韩语:설상,"雪上;霜雪;(喻)艰苦"。④ 汉语"风霜",比喻旅途上或生活中所经历的艰难困苦。"雪上加霜",比喻一再遭受灾难,损害愈加严重。"雪中送炭",比喻在别人急需的时候(注:即在艰苦的时候)给予帮助。⑤

第三节 雾与相关词语

"雾"本身就是一级核心词。"雾"和"云""烟""小雨""天"以及"尘土"等都存在一定的关系。黄树先曾探讨了尘土与烟雾的关系:

> 尘土跟烟雾有相似的地方。《庄子·逍遥游》:"野马也,尘埃也,生物之以息相吹也。"陆宗达先生说,这里的"马"就是《楚辞》里"愈氛雾其如塺"的"塺"字。"塺"是尘土。"野马"的不同解释,还可参考杭世骏《订讹类编》。英语 fog "雾;烟雾,尘雾"。德语 Mist[1] "粪便;粪肥;废物",Mist[2] "(英)[海员用

---

① 张寅德编:《新法汉词典》,上海译文出版社 2000 年版,第 664 页。
② 刘沛霖编:《韩汉大词典》,商务印书馆 2004 年版,第 765、1175 页。
③ 日本株式会社旺文社编:《日汉双解学习词典》,外语教学与研究出版社 2005 年版,第 1737 页。
④ 刘沛霖编:《韩汉大词典》,商务印书馆 2004 年版,第 874 页。
⑤ 中国社会科学院语言研究所词典编辑室编:《现代汉语词典》,商务印书馆 2016 年版,第 1480、1481 页。

语] 薄雾"。保加利亚语 облак/oblak "云；云状物（如烟、尘土）"。①

白保罗曾比较普沃语 khu 和斯戈语 khü（"烟，薄雾"），来自藏—缅语 *kuw。此外克钦语 muʔ（高调）"雷，云"，ləmuʔ（低调）"天空"（卡瑙里语方言），安家米那语 hmuu – tsa 则为"雾"。他认为其来自 *s – muk。克钦语用 ləmu "天空"代替 ləmuʔ，同藏语 rmugs – pa "浓雾"有关，rmugs – pa 源自藏—缅语的 *r – mu·k。嘉绒语 termu < *r – mu 或 *r – muk 还不能确定，同固戎语和塔卡利语 mu "天空"的情况一样，但是昌那加语 müɣ < *məw "天空"同藏—缅语的 *r – muw = *r – məw 有关。② 德语 Nebel 雾，烟雾；烟幕；[天] 星云，星系；Wolke 云；云雾状的东西，烟雾，尘雾。③ 熏，烟，烟雾，闽语。④ 汉语表示"雾"的词语主要有雾（霚/霿）、雰、霏、晦、霭、霏（霏）、霾等。

一　雾与笼罩及相关动词

【霏】《广韵》芳菲切，平微敷。一方面表示云雾气。比如唐韩愈《山石》："天明独去无道路，出入高下穷烟霏。"钱仲联补释："烟霏，烟雾。"又弥漫，笼罩。唐白居易《和刘道士游天台》："烟霏子晋裾，霞烂麻姑裙。"还意为飘洒、飞扬。《世说新语·文学》："羊孚作《雪赞》云：'资清以化，乘气以霏。'"

【雾】《广韵》亡遇切，去遇微。表示雾气。《尔雅·释天》："地气发，天不应曰雾；雾谓之晦。郭璞注：言晦冥。"也比喻消散。汉司马相如《封禅文》："旁魄四塞，云布雾散。"

【霭】《广韵》于盖切，去泰影。又乌葛切。"霭"指云雾气。晋陶潜《时运》四首之一："山涤余霭，宇暧微霄。"《古今韵会举要·贿韵》："霭，氛也。"还表示笼罩。唐陈标《秦王卷衣》："秦王宫阙霭

---

① 黄树先：《比较词义探索》，巴蜀书社 2012 年版，第 376 页。
② [美] 白保罗：《汉藏语言概论》，乐赛月等译，中国社会科学院民族研究所 1972 年版，第 142、236、254 页。
③ 张才尧等编：《新编德汉词典》，外语教学与研究出版社 2004 年版，第 1083、1956 页。
④ 许宝华等主编：《汉语方言大词典》，中华书局 1999 年版，第 6862 页。

春烟，珠树琼枝近碧天。"

比较藏语 smuʔ-ba"雾"，克钦语 mu"有云的；天；雷和闪电"，ləmu（考里方言 məmu）"天"，怒语 mu"天"（mru"被闪电侵袭"），缅语 mui（gh）"天；云，雨"。缅语 mui 则是"盖，在头顶上撑开（如伞）"，amui"屋顶"，来自藏缅语 *r-muw。①

英语 fog-up，动词，（使）雾气笼罩。② 法语 embrumer"使密布浓雾；使浓雾笼罩"。③

二 雾与朦胧及相关形容词

多数时候，"雾"与形容词相关。首先，雾与朦胧、昏暗有关。比如"霿（雺/霚/雾）、晦"等，都在表示雾气的同时表示天色昏暗、朦胧。自然域转到人体域，则表示人看不清楚、眼睛模糊等；转到人的内心域，则表示人困惑不解、烦闷、昏聩、愚昧等。

【霿】《玉篇·雨部》："霿"，同"雾"。表雾气。同时表示天色昏暗。《素问·六元正纪大论》："天气下降，地气上腾，原野昏霿。"还表示人昏昧，愚蒙。《古今韵会举要·宥韵》："霿，区霿无识。"《尚书大传·洪范五行传》："次五事，曰思心，思心之不容，是谓不圣，厥咎霿。"郑玄注："霿，冒也。君臣心有不明则相蒙冒矣。"《尔雅·释天》："天气下地不应曰雺。"郭璞注："雺，言蒙昧。"《集韵·东韵》：雺，或作霿。"雾"，通"雺（霿）"，天色阴暗；昏蒙。

【叆】叆靆，也作叆逮，指云（注：云与雾有关，故此讨论）。清王夫之《九昭·汨征》："骇哀吟之宵鼯兮，郁薄宵乎夕叆。"自注："夕叆，暮云。"又阴晴不明。清陆葇《游白云山记》："望城中越秀山，林木叆靆。"此外还有叆霼。《文选·木华〈海赋〉》："且希世之所闻，恶审其名，故可仿像其色，叆霼其形。"张铣注："叆霼，不明貌。"

【晦】《尔雅·释天》："地气发，天不应曰雾，雾谓之晦。"邢昺

---

① [美]白保罗：《汉藏语言概论》，乐赛月等译，中国社会科学院民族研究所1972年版，第159页。

② [英]A. S. 霍恩比编：《牛津高阶英汉双解词典》，王玉章等译，商务印书馆2009年版，第786页。

③ 张寅德编：《新法汉词典》，上海译文出版社2000年版，第341页。

疏："雾又名晦。"又意为昏暗。《楚辞·九歌·山鬼》："云容容兮而在下，杳冥冥兮羌昼晦。"王逸注："晦，暗也。"还表示隐晦、隐藏。《隋书·高祖纪》："高祖甚惧，深自晦匿。"晦，隐藏也。与前两者不同，"晦"的"雾"义为后产生的。

再看几个现代汉语词汇。"云雾"，比喻遮蔽或障眼的东西：拨开云雾见青天。"愁云"，比喻忧郁的神色。成语"云山雾罩"，一形容云雾弥漫，二形容说话漫无边际，使人困惑不解。"一头雾水"，〈方〉形容摸不着头脑，糊里糊涂。"雾里看花"，本形容老眼昏花，后比喻对事物的真相或本质看不清楚。"云里雾里"，好像身处云雾之中，比喻人迷惑不解的样子。"愁云惨雾"，形容使人感到愁闷凄惨的景象或气氛。①

比较列普查语 muk"多雾的，有薄雾的"，muk–muk"阴暗，黑暗"＜藏—缅语＊r–mu·k；muŋ"阴暗的，多云的"＜藏—缅语＊mu·ŋ。藏语 rab–rib～hrab–hrib"轻雾，暗淡"。藏–缅语 miǔŋ/miuŋ"梦"，miǔŋn/miuŋ～mwaŋ（A调）"瞢"（目不明；惭愧；烦闷），藏—缅语＊mu·ŋ"多云的，暗的、阴沉沉的"；＊r–mu·k"多雾的、黑暗，阴暗的"。藏缅语：列普查语 so muŋ"阴天"，克钦语 muŋ"多云的，阴沉的"，缅语 hmuiŋ"阴沉的，萎靡不振的"，hmuiŋ"很暗"，来自藏缅语 mu·ŋ，是＊mu·k 的一个同源异形词。②

英语 fog"名词，雾；迷惘，困惑。动词，（使）雾气笼罩；使迷惘，使困惑，使混淆不清"。mist"名词，薄雾，水汽；液体喷雾。动词（mistup），（使）结满雾气（模糊不清）；mistover（眼）含泪水，泪水模糊"。haze"（尤指热天引起的）薄雾，霾；（烟尘等的）雾霭，烟雾；迷蒙，迷糊。动词，（使）笼罩在薄雾中；戏弄，欺凌"。hazy"朦胧的，薄雾蒙蒙的；记不清的，模糊的；主意不定的，困惑的"。cloud"名词，云；云状物（如尘雾、烟雾、一群飞行的昆虫）；阴影，忧郁，焦虑，令人忧虑的事。动词，使难以理解，使记不清楚，使模糊；～（over）显得阴沉（或恐惧、愤怒等），看起来忧愁（或害怕、愤怒等）；（尤指用无

---

① 中国社会科学院语言研究所词典编辑室编：《现代汉语词典》，商务印书馆 2016 年版，第 1611、185、1611、1528、1387、1611、185 页。

② ［美］白保罗：《汉藏语言概论》，乐赛月等译，中国社会科学院民族研究所 1972 年版，第 234、256、313 页。

关的话题来）混淆、搅混（问题）；布满云；使减少乐趣，使不快；（使）不透明，（使）模糊"。cloudless "晴朗的，无云的"。cloudy "被云遮住的，阴云密布的，阴天的，多云的；（液体）不清澈的，不透明的，浑浊的"。clouded "布满云的；模糊的，含糊的；斑驳的"；murk "黑暗，朦胧；雾"；nebulous "星云的；模糊不清的；［古］多云的"。①

法语 brume "轻雾，雾；神志迷糊，懵懂，模糊不清"；brumeux, se "有雾的，雾蒙蒙的；模糊不清的"；embrumer "使密布浓雾，使浓雾笼罩；使思想坠入迷雾，使思想混乱；使阴沉，使忧郁"。nébulosité "薄暮状云，雾状云；阴暗，阴沉；模糊，含糊；云量法"。mélasse "废糖蜜；浓雾，污泥；困境，贫困，混杂法。"②

德语 Nebel "雾，烟雾；bei Nacht und Nebel, 悄悄地，偷偷摸摸地；ein Nebel von Unwissenheit leben 浑浑噩噩地生活；im Nebel des Alkohols 醉醺醺；rote Nebel vor den Augen haben 视觉模糊，看不清楚；【军】烟幕；【天】星云，星系"。nebelfeucht 雾气潮湿的。nebelgrau 雾蒙蒙的，灰蒙蒙的。nebelhaft "有雾的，多雾的，雾状的；模糊不清的，朦胧的，没有明确概念的" wolke "云；云雾状的东西；烟雾，尘雾"。wolkig "多云的，阴霾的；烟雾腾腾的；阴暗的，模糊的，不鲜明的，有斑点的；如云层状的，云一般的；【罕】含糊的，不清楚的，朦胧的"。德语 dunst "蒸气，雾气，云雾，烟雾；污浊的空气，臭气"。dunstig "阴沉沉的，有雾的，阴霾的；烟雾腾腾的"。③

印度尼西亚语：awan "云；云状物"；berawan-awan "模糊不清的，朦胧的。mengawan 成云，像云；升入云层，高升，上升"；kabut "浓雾；朦胧，模糊，昏暗"；kabus "雾；模糊不清"；mendung "乌云，霾云；阴沉沉的，昏暗的（天气）；［喻］（脸色）忧郁的，阴沉的"。④

---

① ［英］A. S. 霍恩比编：《牛津高阶英汉双解词典》，王玉章等译，商务印书馆 2009 年版，第 786、1286、940、365、366 页。
② 张寅德编：《新法汉词典》，上海译文出版社 2000 年版，第 130、341、663、618 页。
③ 张才尧等编：《新编德汉词典》，外语教学与研究出版社 2004 年版，第 1083、1956、349 页。
④ 北京大学东方语言文学系印度尼西亚语言文学教研室编：《新印度尼西亚汉语词典》，商务印书馆 1997 年版，第 37、38、281、432 页。

西班牙语 calígine "雾；黑暗"。ahumar "熏制；烟雾腾腾；喝醉"；jumadera "烟雾；酒醉"。

罗马尼亚语 afumá "熏制；熏；喝醉，晕"；fum "烟，烟雾；（酒精引起的）眩晕；高傲，傲气"。

土耳其语 bulutlu "多云的，阴的；模糊的"。bulut "云，云彩；酩酊大醉"。duman "烟，雾"，dumanlamak "烟熏；[转指]使模糊不清，（喝酒）喝得犯糊涂"。

意大利语 calìgine "雾，烟雾；（视力）模糊，糊涂"；① nébbia "雾；烟雾；模糊不清"。② fumo "烟；水气，蒸汽；醉意"，fumosità "烟雾弥漫；[古] 醉意；隐晦"。③

葡萄牙语 bruma "雾；模糊不清"；brumal "雾的；忧郁的"；neblina "雾，浓雾；黑暗；[巴西] 毛毛雨"；negrume "黑暗；乌云"；névoa "雾，云雾；昏暗"；nevoeiro "浓雾；黑暗"；nuvem "云；烟雾；朦胧"；caligem "浓雾；黑暗；愚昧"（比较西班牙语 calígine 和意大利语 calìgine）。④

俄语 туман/tuman "雾；愁云；模糊"。

保加利亚语 облачен/oblachen "云彩的；阴暗的"；облак/oblak "云；云状物（如烟、尘土）；不愉快的事情"。

日语 くも "①云，云彩；②（喻）洒落之物，有朦胧感的东西"。⑤

其次，"雾"与"轻细""浓密""多"等有关。比如：

【雾】除了表示雾气，还比喻轻细、浓密。如《文选·宋玉〈神女赋〉》："动雾縠以徐步兮，拂墀声之珊珊。"李善注："縠，今之轻纱薄如雾也。"雾，轻薄也。云类似，有时也指稀薄。"云气"，指稀薄游动的云。又比喻浓密、众多。如《史记·淮阴侯列传》："天下之士，云合雾集。"《齐风·敝笱》："齐子归止，其从如云。"传："如云，言盛

---

① 北京外国语学院《意汉词典》组编：《意汉词典》，商务印书馆2008年版，第128页。
② 王焕宝等编：《现代意汉汉意词典》，外语教学与研究出版社2000年版，第498页。
③ 同上书，第327页。
④ 陈用仪编：《葡汉词典》，商务印书馆2007年版。
⑤ 日本株式会社旺文社编：《日汉双解学习词典》，外语教学与研究出版社2005年版，第457页。

也。"字或作"芸""纭",《孙子·势》:"纷纷纭纭,斗乱而不可乱也。"字或径作"云",《小雅·正月》:"洽比其邻,昏姻孔云。"高本汉说,"云"是同音的"芸"的省体。"昏姻孔云"这句话是说"他们的亲戚很多"。① "云鬟",妇女多而美的鬟发。"云合雾集"云和雾并举,雾也表示多。

【霏】《广雅·释训》:"霏霏、雰雰,雪也。"王念孙疏证:"皆雪盛貌也。"也表示云气盛貌。如《楚辞·九章·涉江》:"霰雪纷其无垠兮,云霏霏而承宇。"此外还表示泪下貌、草盛貌和露盛貌等。

比较葡萄牙语 nuvem "云;烟雾;大批,大量,大群"。② 英语 cloud "云;一大群"。西班牙语 nube "云;大片,大堆"。意大利语 nùgolo "云;大群"。捷克语 mrak "云,乌云;大量,许多"。③ 土耳其语 bulut "云,云彩;(虫、鸟等)飞掠而过的一群"。

第四节 小结

总的说来,名动相转和名形相转是语义衍生过程中常见的方式之一,有些名词通过名动相转或名形相转的方式变成动词或形容词,如雪>下雪、雪>白>纯洁、雾>笼罩、雾>朦胧>迷惘等。也有相反的情况,形容词或动词通过名动相转或名形相转的方式变成名词,如晦>雾、下雨>雨。

R. Quirk,etal 中将名词转动词分为以下七大类;(a)方位容器类;(b)供给类;(c)去皮表类;(d)人体工具类;(e)身份职业类;(f)状态类;(g)运动类。动词转名词分为:(a)动作的执行者;(b)动作的结果;(c)动作工具;(d)动作地点。④ 自然之水在名动和名形转换过程中,多数为自然之水的运动及其状态。

---

① 高本汉:《高本汉左传注释》,中华丛书编委会 1961 年版:第 539 页;《汉语的本质和历史》,商务印书馆 2010 年版,第 84 页。
② 陈用仪编:《葡汉词典》,商务印书馆 2007 年版,第 755 页。
③ 北京外国语大学《新捷汉词典》编写组编:《新捷汉词典》,商务印书馆 1998 年版,第 399 页。
④ R. Quirk, etal. A *Grammar of Contemporary English*. London:Longman, 1972.

此外，认知域的转换也是名动转换和名形转换的重要特征，尤其在间接派生义的产生中具有十分重要的意义。如雾＞模糊＞忧郁、雪＞雪白＞高洁、雪＞艰苦等没有一个不是因为认知域发生转变而具有的新意义。

第十章　结束语

本书对汉语核心词"水"进行了较为细致的归纳和较为深入的研究。采用的是一种"语义场—次语义场—词"三级比较的研究思路，运用的方法主要有比较词义法和文献系统归纳法。

本书大致分为两个部分，第二章到第七章是对"水"的语义场展开研究，采取"语义场—次语义场—词"的研究思路对这一语义场进行了系统的整理和归纳，探讨了这一语义场中词语的组合和聚合问题。有时也比较汉藏语系和其他语系语言，探讨了其中共同的语音语义规律。第八章和第九章则系统运用"比较词义"的研究方法，把自然之水和身体之水的语义演变放入世界诸语言的背景下，从类型学的角度探讨其共同的语义演变规律。

这里说两点体会。

（一）对"水"语义场中的词语进行归纳和整理非常必要，这是开展本研究的基础。

我们先是全面搜索汉语语料，检索出其中含有［＋液体］（包括其物理变化形态）以及与之相关的词语。然后以语义为分类标准，对"水"语义场进行逐层分类，最终把检索出来的词语落实在各个语义类中。之后，我们通过比较汉藏语系语言和其他语系语言，探讨其中的共同语义和语音规律。其他语言的词典和书籍的检索也基本相同；也是全面搜索，系统检阅。工作多为人工完成。

（二）比较词义研究是一种新的研究视点，将使得我们的核心词研究，尤其是在语义分析领域更加深入、广泛。

黄树先说："我们以往研究汉语词义的引申，系联同族词，基本上是局限于汉语内部的材料，没有别的语言的支持，视野是不开阔的；在进行历史比较的时候，我们拿一个语言的词跟另外一个语言进行比较，也有很大的主观性，基本上没有其他语言的支持。"因此，他主张把汉语词义的引申放入世界诸语言（包括亲属语言和非亲属语言甚至方言）的背景下，探讨"词义发展的一般规律"。他说："我们从语言比较来看词义的发展，更多的，更主要的是看语言中词义发展的一般规律。我们研究汉语词义的发展，主要是研究汉语词义发展的基本规律。""跟亲属语言进行比较，应该把语言词义研究放在语言比较中来进行。"①
伍铁平的观点类似，也主张在词义引申方面是可以广泛援引其他语言的材料的："历来的科学词源学家虽然一贯坚持一条原则：词源研究在语音上不能引用非亲属语言的材料，然而，词源学家也一直认为在词的语义的形成和演变方面是可以广泛引证非亲属语言材料的。"②

我们挑选的仅仅是"水"语义场中的两类，对自然之水和身体之水的语义演变规律进行了探讨。实际上可写的东西很多，只是实在由于时间的限制，有些词义演变来不及系统阐述。比如：

身体之水与身体部位之间存在非常密切的关系。"鼻子"和"鼻涕""乳房"和"乳汁"是受关注最多的两个现象。先看"鼻子"和"鼻涕"。黄树先说：

> 汉语的内部材料可以看出，"鼻子、鼻涕"可以用一个词来表示。《陈风·泽陂》："涕泗滂沱。"传："自目曰涕，自鼻曰泗。"字或作洎，《玉篇》音鼻："涕也。"字或作濞。《红楼梦》第十回："忽听一位高声叫道：咱们有头发的，戴着帽子还怕冷，骆年兄头上无毛，受不住冷，别叫他光着这秃脑袋冻出濞子来。"黄陂人管鼻子、鼻涕都叫"鼻子"。
>
> 藏缅语的"鼻子"和"鼻涕"也是有联系的：藏语 sna，内瓦尔语 hna – sa，马加里语 hna，迪马尔语 hna – pu，迪加罗语 həna –

---

① 黄树先：《比较词义的几个问题》，《汉藏语学报》，商务印书馆 2007 年版，第 130 页。
② 伍铁平：《比较词源初探》，《外国语言文学》1984 年第 1 期。

gam～hnya－gom（注意腭化作用），怒语 śəna，卡杜语 sna，缅语 hna，卢舍依语 hna·r，"鼻子"，列普查语 nyo"鼻涕"，藏缅语 ∗s－na。藏语 snabs，缅语 hnap，卢舍依语 hnap"鼻涕"，藏缅语 ∗s－nap。①

"鼻涕"来源于"水"。藏语 diər/i（A 调）～ t^hier/t^hiei（C 调）"洟"（鼻中粘液），藏—缅语 ∗(sna－)ti(y)（A 调）"鼻水"（迪马萨语 hna－thi"鼻涕"），汉—藏语 ∗təy"水"。②

再看"乳房"和"乳汁"。汉语里能表示乳汁的词语有"乳、奶、湩"等，这些词语常兼有乳房义，还有哺乳之类的动词义和初生的这类形容词义相关。

【乳】《增韵》："乳，湩也。"即乳汁。《魏书·王琚传》："常饮牛乳，色如处子。"也表示乳房。《史记·扁鹊仓公列传》："意（仓公）告之后百余日，果为疽发乳上。"还有动词义，哺乳。《左传·宣公四年》："邔夫人使弃诸梦中，虎乳之。"视点转换，由喂养者到被喂养者，"乳"因此还有"饮"义。鲍照《芜城赋》："伏虣（暴）藏虎，乳血飧肤。"

【奶】一为乳汁。《红楼梦》第十九回："我的血变的奶，吃的长这么大，如今我吃他一碗牛奶，他就生气了？"二为乳房。如：奶头。同样也可以表示喂奶。《红楼梦》第二十回："把你奶了这么大。"

【湩】《正字通·水部》："湩，吴元满《总要》：乳，音汝。胸酥也，谚呼为奶，又泥吼切，湩，湩也，母血所化，以饮婴孩者。"按吴元满《总要》，"乳"和"湩"是有区别的，前者表示乳房，后者表示乳汁。"湩"也表示哺乳，也作"𣫭"。

藏语 nu－ma"乳房"，藏拉语 nu"奶"，缅语 nuí，卢舍依语 hnu-te"乳房，奶"，藏缅语 ∗nuw。③ 古侯切 ∗kug，苗语"奶头"，川黔滇 kua⁵，侗台语"奶汁"；仫佬语 kɤo⁵ne⁵。再看韩语的例子：젖，奶，乳

---

① 黄树先：《比较词义的几个问题》，《汉藏语学报》，商务印书馆 2007 年版，第 130 页。

② [美] 白保罗：《汉藏语言概论》，乐赛月等译，中国社会科学院民族研究所 1972 年版，第 294 页。

③ 同上书，第 105 页。

汁，乳房，植物乳汁。①

"胆汁"与"酸/苦"相关。原始苗语＊tsji^A"胆"，畲语 tsji1"胆"。列普查语 kri"苦"，克钦语 khri"酸的"，莫尚语 əhi＜＊əkhri"酸的"，迪马萨语 khiri"酸的"，来自藏—缅语＊kri（y）。藏语 mkhris－pa＜＊mkhrids，西部藏语 thigs－pa"胆汁"，怒语 səhi＜＊səkhri"胆囊"，缅语 san－khre"胆汁"（san"肝"），加罗语 kha－khit"胆汁"（kha"苦"＝"肝"），迪马萨语 bikhlu＜＊bikhlit"胆汁"，来自藏—缅语＊(m－)kri－t。藏—缅语＊(m－)kri－t"胆汁"＜＊kri(y)"酸"。西部藏语 thigs－pa"胆，胆汁"，藏—缅语＊m－kri－t。藏—缅语＊(m－)kri－t"胆汁"：藏语 mkhris－pa。藏—缅语＊m－kri－t"胆汁"＜它的酸臭味（＊kri），参见藏—缅语＊m－sin"肝"，源自仍然保留在梅特黑语（əsin"酸"）中的古词根 sin，还可参见博德—加罗语 kha"苦"，bikha～bakha"肝"以及哈卡语 hni·t－ka"胆汁"（hni·t"胆囊"，ka"苦"）。②

现代汉语 kan"肝"＜（前缀）——＊ka－n 和以汉语词根 k'o"苦"来代表的藏—缅语＊ka"苦"里出现后缀－n 是一个极为重要的现象。……这一结构从整体来看和藏—缅语来自古老词根＊sin"酸"的＊m－sin"肝"紧密相关，也和博德—加罗语来自藏—缅语＊ka"苦"的＊b－ka 紧密相关。汉语 sien"辛"，藏—缅语＊m－sin"肝"＜＊sin"苦、酸"。③

"膀胱"和"尿液"也存在派生上的关系。比较各汉藏语"膀胱"与"尿液"：

膀胱：壮（武鸣）ɣo：ŋ²ȵou⁶，壮（龙州）tom²neu⁶，布依语 luŋ⁶po²，傣（西）hoŋ²jeu⁶，傣（德）pilpɔŋ²jeu⁶，侗 pom¹ȵeu⁵，仫佬 tu³nja:u⁵，水 tum¹，毛难 tom¹ʔnɛu⁵，黎（通什），ge：ʔ³；ru：ʔ⁷dou¹，黎（保定）ru：k⁷dou¹。④

尿：壮（武鸣）ȵou⁶，壮（龙州）neu⁶，布依语 ȵu⁶，傣（西）

---

① 刘沛霖编：《韩汉大词典》，商务印书馆 2004 年版，第 1428 页。
② ［美］白保罗：《汉藏语言概论》，乐赛月等译，中国社会科学院民族研究所 1972 年版，第 103、107、196、128、127 页。
③ 同上书，第 164、174 页。
④ 王均等：《壮侗语族语言简志》，民族出版社 1984 年版，第 816 页。

jeu⁶，傣（德）jeu⁶，侗 ȵeu⁵，仫佬 nja：u⁵，水 ʔniu⁵，毛难 ʔnɛu⁵，黎（通什）dou¹；nam³dou¹，黎（保定）dou¹；nom³dou¹。①

　　总之，这样的例子还有很多，如"油脂"与"肉""油脂"与"肥胖""油脂"与"美味""油脂"与"美丽"等都存在十分密切的联系。克钦语 sau "油，肥肉，脂肪；油的，美味可口的"，卢舍依语 thau "肥肉，脂肪；胖的"，加罗语 tho，迪马萨语 thau "油"，博德语 thau "油"，gathau "甜味，滋味"（藏—缅语 *sa·w）。缅语 tshi "油"，atshi "肥"，藏语 tshil "脂油"。普沃语和斯戈语 θo "油，肥肉"，藏—缅语 *sa·w。卡瑙里语 tshos "肥的" < 藏—缅语 *tsow。藏—缅语（以及汉—藏语）ziak/iäk "液"，藏—缅语 *ryak "动物脂、油、汁液"。藏语 zag "脂肪，兽脂（流体状）"，卢舍依语 sa-hriak "油、兽脂"（sa "肉"），缅语 pan-rak~wat-rak "花的汁"（藏—缅语 *ryak）。汉—藏语 *ryak "油脂，油；（果汁，液体的）"。② 汉语的"膏、肥、腥、胰、胏、䐃、臂"等也都是如此，在表示油脂的同时，还具有肥胖、美味等多种意义。

　　因此，需要我们不断对词语的比较词义展开研究。以"语义场—次语义场—词"三级比较为研究思路，对比各语系语言，寻找其中的共同语义演变规律。

---

①　王均等：《壮侗语族语言简志》，民族出版社 1984 年版，第 816 页。
②　[美] 白保罗：《汉藏语言概论》，乐赛月等译，中国社会科学院民族研究所 1972 年版，第 68、195、144、157、247、300、306、323、314 页。

参考文献

[美] 白保罗:《汉藏语言概论》,乐赛月等译,中国社会科学院民族研究所1972年版。

[美] 包拟古:《藏文的sdud(衣褶)与汉语的"卒"及"*st-假说"》,潘悟云等译,《原始汉语与汉藏语》,中华书局2009年版。

曹振怡:《长沙方言"水"析》,《湖南师院学报》(哲学社会科学版)1981年第3期。

陈克炯:《"水"中沉淀的民族文化说略——文化词汇学问题探讨之一》,《中南民族学院学报》(哲学社会科学版)1991年第6期。

陈孝玲:《侗台语核心词研究》,巴蜀书社2011年版。

陈秀兰:《从常用词看魏晋南北朝文与汉文佛典语言的差异》,《古汉语研究》2004年第1期。

陈咏渝:《香港粤语"水"义的修辞引申》,《修辞学习》2002年第4期。

池昌海:《〈史记〉同义词研究》,上海教育出版社2004年版。

崔宰荣:《汉语"吃喝"语义场的历史演变》,《语言学论丛》(第24辑),商务印书馆2002年版。

董志翘:《再论"进"对"入"的历时替换——与李宗江先生商榷》,《中国语文》1998年第2期。

丁邦新、孙宏开:《汉藏语同源词研究(二)——汉藏、苗瑶同源词专题研究》,广西民族出版社2001年版。

[瑞典] 高本汉:《高本汉左传注释》,中华丛书编委会1961年版。

[瑞典] 高本汉:《汉语的本质和历史》,商务印书馆2010年版。

黄布凡:《同源词比较词表的选词范围和标准——以藏缅语同源词比较

词表的制定为例》，《民族语文》1997 年第 4 期。

黄金贵：《水·渎·江·河·川词义辨析》，《湖北大学学报》（哲学社会科学版）1994 年第 3 期。

黄金贵、胡丽珍：《评王力的"羹、汤"说》，《浙江大学学报》（人文社会科学版）2005 年第 1 期。

黄金贵、胡丽珍：《"羹"、"汤"辨考》，《湖州师范学院学报》2005 年第 6 期。

黄树先：《古楚词释词》，《语言研究》1989 年第 2 期。

黄树先：《说"膝"》，《古汉语研究》2003 年第 3 期。

黄树先：《汉缅语比较研究》，华中科技大学出版社 2003 年版。

黄树先：《从核心词看汉缅语的关系》，《语言科学》2005 年第 3 期。

黄树先：《汉语核心词研究的四点思考》，待刊。

黄树先、郑春兰：《试论汉藏语系核心词比较研究》，《广东技术师范学院学报》2006 年第 2 期。

黄树先：《比较词义的几个问题》，《汉藏语学报》，商务印书馆 2007 年版。

黄树先：《汉藏语论集》，华中科技大学出版社 2007 年版。

黄树先：《汉语核心词"鼻"音义研究》，《语言研究》2009 年第 2 期。

黄树先：《说"径"》，《汉语学报》2009 年第 4 期。

黄树先：《汉语及其亲属语言的"日"和"首"》，《语言科学》2009 年第 3 期。

黄树先：《比较词义学初探》，《汉藏语学报》，商务印书馆 2009 年版。

黄树先：《食物名探源》，《民族语文》，商务印书馆 2010 年第 5 期。

黄树先：《比较词义探索》，巴蜀书社 2012 年版。

季羡林：《季羡林文集第九卷——糖史（一）》，江西教育出版社 1998 年版。

江荻：《论汉藏语言历史比较词表的确定》，《民族语文》2000 年第 3 期。

江蓝生：《魏晋南北朝词语汇释》，语文出版社 1988 年版。

蒋礼鸿：《敦煌变文字义通释》，上海古籍出版社 1997 年版。

蒋绍愚：《古汉语词汇纲要》，北京大学出版社 1989 年版。

蒋绍愚：《白居易诗中与"口"有关的动词》，《语言研究》1993 年第

1 期。

蒋绍愚:《近代汉语研究概况》,北京大学出版社 1994 年版。

李崇兴:《元语言词典》,上海教育出版社 1998 年版。

李梦龙:《释"河"》,《语言研究》1993 年第 1 期。

李壬癸:《汉语和南岛语有发生学联系吗?》,载王士元主编《汉语的祖先》,李宝嘉主译,中华书局 2005 年版。

李维琦:《佛经释词》,岳麓书社 1993 年版。

李宗江:《"进"对"入"的历时替换》,《中国语文》1997 年第 3 期。

李宗江:《汉语常用词演变研究》,汉语大词典出版社 1999 年版。

梁敏等:《侗台语族概论》,中国社会科学出版社 1996 年版。

林木:《说"州""洲"》,《语文建设》1992 年第 1 期。

刘成玉、陈素君:《"涕""泪"说》,《攀枝花大学学报》1999 年第 3 期。

刘俊:《〈颜氏家训〉核心词研究》,硕士学位论文,华中科技大学,2007 年。

刘沛霖:《韩汉大词典》,商务印书馆 2004 年版。

刘曦:《〈论衡〉核心词研究》,硕士学位论文,华中科技大学,2006 年。

刘绪义:《〈说文解字〉"水部"的文化阐释》,《语文学刊》2006 年第 1 期。

黎李红:《汉语身体类 4 个核心词研究》,硕士学位论文,华中科技大学,2004 年。

李敏:《〈潜夫论〉核心词研究》,硕士学位论文,华中科技大学,2007 年。

龙丹:《魏晋核心词"油"语义场初探》,《广西社会科学》2007 年第 7 期。

龙丹:《魏晋核心词研究》,巴蜀书社 2015 年版。

陆镜光等:《香港粤语表钱财义的"水"》,《方言》2001 年第 4 期。

陆澹安:《小说词语汇释》,上海古籍出版社 1979 年版。

吕东兰:《从〈史记〉、〈金瓶梅〉等看汉语"观看"语义场的历史演变》,《语言学论丛》第 21 辑,商务印书馆 1998 年版。

罗昕如:《新化方言丛书》,湖南教育出版社 1998 年版。

南原：《〈聊斋·五通·又〉中的"河"》，《古籍整理研究学刊》1999 年第 3 期。

牛太清：《常用词"隅、角"历时更替考》，《中国语文》2003 年第 3 期。

潘悟云：《对华澳语系假说的若干支持材料》，载王士元主编《汉语的祖先》，李宝嘉主译，中华书局 2005 年版。

[加拿大] 蒲立本：《上古汉语的辅音系统》，潘悟云等译，中华书局 1999 年版。

钱海峰：《〈颜氏家训〉名词研究》，硕士学位论文，扬州大学，2007 年。

钱曾怡：《钱曾怡汉语方言研究文选》，山东大学出版社 2008 年版。

任学良：《〈古代汉语·常用词〉订正》，浙江大学出版社 1987 年版。

[美] 沙加尔（Laurent Sagart）：《论汉语、南岛语的亲属关系》，郑张尚芳等译，载《汉语研究在海外》，北京语言学院出版社 1995 年版。

[美] 沙加尔（Laurent Sagart）：《上古汉语词根》，龚群虎译，上海教育出版社 2004 年版。

施珍真：《〈后汉书〉核心词研究》，巴蜀书社 2011 年版。

史光辉：《常用词"焚、燔、烧"历时替换考》，《古汉语研究》2004 年第 1 期。

史有为：《汉语外来词》，商务印书馆 2000 年版。

[美] 斯瓦迪士（M. Swadesh）：《一百词的修订表》，喻真译，《音韵学研究通讯》1990 年第 14 期。

宋玉珂：《释"羹"》，《语文研究》1989 年第 3 期。

汪维辉：《东汉—隋常用词演变研究》，南京大学出版社 2000 年版。

汪维辉：《汉语"说类词"的历时演变与共时分布》，《中国语文》2003 年第 4 期。

汪维辉、[日] 秋谷裕幸：《汉语"站立"义词的现状与历史》，《中国语文》2010 年第 4 期。

王畅：《诠"涿"》，《辞书研究》1983 年第 1 期。

王凤阳：《古辞辨》，吉林文史出版社 1993 年版。

王建喜：《"陆地水"语义场的演变及其同义语素的叠置》，《语文研究》2003 年第 1 期。

王均等：《壮侗语族语言简志》，民族出版社 1984 年版。

王力：《古代汉语》（第 4 册），中华书局 1981 年版。

王力：《同源字典》，商务印书馆 1982 年版。

王力：《汉语滋生词的语法分析》，《龙虫并雕斋文集》，中华书局 1982 年版。

王力：《新训诂学》，《王力语言学论文集》，商务印书馆 2000 年版。

王力：《汉语史稿》，中华书局 2004 年版。

王念孙：《释"大"》，《高邮王氏遗书》（罗振玉辑），江苏古籍出版社 2000 年版。

王小莘：《从魏晋六朝笔记小说中看中古汉语新旧质素的共融和更替》，《南京师范大学学报》2003 年第 1 期。

王玉柱：《"江""河"词源义试探》，《四川理工学院学报》（社会科学版）2008 年第 4 期。

王秀玲：《浅谈"慢"常用义之演变》，《华南师范大学学报》2003 年第 2 期。

王作新：《释"羹"——兼谈对立词项的义素分析与词义解说》，《宜昌师专学报》（社会科学版）1994 年第 1 期。

王作新：《三峡峡口方言词汇与民俗》，社会科学文献出版社 2009 年版。

吴安其：《汉藏语同源研究》，中央民族大学出版社 2002 年版。

吴宝安：《西汉核心词研究》，巴蜀书社 2011 年版。

吴桂芳：《"江""河"义释》，《中学语文教学参考》1999 年第 5 期。

伍铁平：《比较词源初探》，《外国语言文学》1984 年第 1 期。

伍铁平：《比较词源再探——为〈外国语文教学〉公开发行而作》，《外国语文教学》1985 年第 1—2 期。

伍铁平：《论语言中所反映的价值形态的演变——比较词源四探》，《解放军外语学院学报》1992 年第 2 期。

解海江、张志毅：《汉语面部语义场历史演变——兼论汉语词汇史研究方法论的转折》，《古汉语研究》1993 年第 4 期。

邢公畹：《汉台语比较手册》，商务印书馆 1999 年版。

熊露露：《〈说文〉"水"部字的文化观照》，《现代语文》2007 年第 9 期。

徐时仪：《玄应〈众经音义〉所释常用词考》，《语言研究》2004 年第

12 期。

阎艳：《释春酒》，《汉字文化》2003 年第 3 期。

杨永龙：《〈说文解字·水部〉补校》，《古籍整理研究学刊》2000 年第 1 期。

杨镇：《江、河、湖、海、川文化义阐释》，硕士学位论文，内蒙古大学，2006 年。

［英］A. S. 霍恩比编：《牛津高阶英汉双解词典》，王玉章等译，商务印书馆 2009 年版。

俞敏：《汉藏文献相互为用一例》，《语言研究》1991 年第 1 期。

俞敏：《汉藏同源字谱稿》，《俞敏语言学论文集》，商务印书馆 1999 年版。

曾侨骄等：《论汉语"水"的概念隐喻》，《宁波教育学院学报》2009 年第 5 期。

张博：《汉语同族词的系统性与验证方法》，商务印书馆 2006 年版。

张芳：《说"油脂"》，《语言研究》2013 年第 1 期。

张洪明：《汉语"江"词源考》，颜洽茂等译，《浙江大学学报》（人文社会科学版）2005 年第 1 期。

张觉：《"池塘"说解辩证》，《辞书研究》1990 年第 3 期。

张树铮：《河流名称"水"和"川"的地理分布及其语言背景》，《山东大学学报》（哲学社会科学版）1993 年第 2 期。

张树铮：《汉语水泽词语的地理分布初探》，《古汉语研究》1994 年第 2 期。

张文轩、莫超：《兰州方言词典》，中国社会科学出版社 2009 年版。

张永言：《读王力主编〈古代汉语〉札记》，《中国语文》1981 年第 3 期。

张永言：《论上古汉语的"五色之名"兼及汉语和台语的关系》，《语文学论集》，语文出版社 1998 年版。

张永言、汪维辉：《关于汉语词汇史研究的一点思考》，《中国语文》1995 年第 6 期。

张昭：《从〈说文〉"水部"看水的文化母题》，《长沙大学学报》2007 年第 4 期。

张相：《诗词曲语词通释》，中华书局 1953 年版。

郑奠：《汉语词汇史随笔》，《中国语文》1959 年第 6 期。

郑春兰：《甲骨文核心词研究》，博士学位论文，华中科技大学，2007 年。

郑张尚芳：《汉语与亲属语同源根词及附缀成分比较上的择对问题》，《中国语言学报》1995 年第 2 期。

郑张尚芳：《汉语的同源异形词和异源共形词》，载侯占虎《汉语词源研究》（一），吉林教育出版社 2001 年版。

钟明立：《"洟/泗/涕/鼻涕"历时更替考》，《华南师范大学学报》2007 年第 2 期。

朱建颂：《武汉方言概要》，华中师范大学出版社 2009 年版，第 213 页。

Jerry Norman, Tsu-linMei, "The Austro Asiaticsin Ancient South China: Some Lexical Evidence", *Monumenta Serica*, Vol. 32, 1976.

R. Quirk, et al., *A Grammar of Contemporary English*. London: Longman, 1972.

词典引用：

北京大学东方语言文学系印度尼西亚语言文学教研室编：《新印度尼西亚汉语词典》，商务印书馆 1997 年版。

北京大学东方语言文学系编：《缅汉词典》，商务印书馆 1990 年版。

北京外国语大学亚非学院《柬汉词典》编写组编：《柬汉词典》，外语教学与研究出版社 2008 年版。

北京外国语大学《新捷汉词典》编写组编：《新捷汉词典》，商务印书馆 1998 年版。

北京外国语学院西班牙语系编《新西汉词典》组编：《新西汉词典》，商务印书馆 2008 年版。

北京外国语学院《意汉词典》组编：《意汉词典》，商务印书馆 2008 年版。

陈用仪编：《葡汉词典》，商务印书馆 2007 年版。

广州外国语学院编：《泰汉词典》，商务印书馆 1990 年版。

《汉语大字典》编辑委员会编：《汉语大字典》，湖北辞书出版社 1987 年版。

罗竹凤主编：《汉语大词典》（第二版），四川辞书出版社 2010 年版。

蒙朝吉、蒙凤姣编：《瑶汉词典》，民族出版社 2008 年版。

日本株式社会旺文社编：《日汉双解学习词典》，外语教学与研究出版社 2005 年版。

许宝华等编:《汉语方言大词典》,中华书局 1999 年版。

王焕宝等编:《现代意汉汉意词典》,外语教学与研究出版社 2000 年版。

张才尧等编:《新编德汉词典》,外语教学与研究出版社 2004 年版。

张寅德编:《新法汉词典》,上海译文出版社 2000 年版。

郑述谱等编:《精选乌汉汉乌词典》,商务印书馆 2008 年版。

中国社会科学院语言研究所词典编辑室编:《现代汉语词典》,商务印书馆 2016 年版。

后　记

　　本书出版在即，我的心情欢快而欣喜。本书是在我博士学位论文的基础上略做修改而成的。2011年博士毕业至今有6个年头了。其间，我对博士论文的出版总是犹豫而迟疑。在学术路上走得越久，就越觉得自己渺小，越觉得学问做得不够扎实。

　　我一直认为自己是一个非常幸运的人。我很幸运能跟随恩师黄树先先生读博士。我很幸运能跟随恩师汪维辉先生做博士后。每每研读两位恩师的文章，总是觉得汗颜。博士三年，从我进校的那天起，黄老师就和我谈论文的大致方向。从收集资料到论文成文，老师一路指引着我走来。记得我把论文的第一稿发给老师，反馈回来的是密密麻麻的批注。大到文章结构，小到错别字，老师都不厌其烦一一指导。博士后期间，正值老公出国、孩子尚小的时候，初为人母，手忙脚乱。汪老师对我宽容至极。跟随汪老师，感受老师学问的严谨，我仅学了皮毛。从两位老师的身上，深切明白了做学问之不易，学习了对待需要帮助的人应该不遗余力。现在我对待自己的学生，也是这样。不管多忙，我都会尽自己的力量帮助他们。

　　感谢人文学院敬爱的领导们！感谢武汉语言文化研究中心敬爱的领导们！感谢我亲爱的同事们！感谢你们对我的包容和帮助！正因为有了这么好的领导和同仁，我才能更好地干好自己的工作！尤其是本书的出版，得到学院领导和武汉语言文化研究中心的鼎力支持！在此，一并感谢！

　　感谢我的老公，给我莫大的精神鼓励。感谢我的公公婆婆、爸爸妈妈，帮我带孩子，解除我的后顾之忧。尤其是我的爸爸，直到生命的最后一刻，还在念叨怎么减轻我的压力，怎么帮我度过最艰难的时光。感恩上苍赐给我两个可爱的孩子！看到他们，我的生活充满力量！感谢本书的责编刘芳老师以及同人们，因为本书很多生僻字和国际音标，给你们增添了不少麻烦。在此一并感谢。

  要感谢的人还有很多很多。我能做的是：怀着感恩的心，尽我所能，积极向上！尽我所能，帮助他人！怀着感恩的心，在我的人生道路上继续前进！

张 芳

2017 年 9 月于武汉三角湖畔